Peter Graf Kielmansegg

Die Grammatik der Freiheit

Acht Versuche über den demokratischen Verfassungsstaat

Nomos

Die Deutsche Nationalbibliothek verzeichnet diese Publikation in der Deutschen Nationalbibliografie; detaillierte bibliografische Daten sind im Internet über http://dnb.d-nb.de abrufbar.

ISBN 978-3-8329-7855-6

1. Auflage 2013

Inhaltsverzeichnis

Einleitung

Den Titel für mein Vorhaben, ein aktuelles Porträt des demokratischen Verfassungsstaates in acht Anläufen zu zeichnen, habe ich bei Thomas Paine gefunden. In Thomas Paines Kampfschrift „Rights of Man", 1790 zur Verteidigung der Französischen Revolution gegen Edmund Burkes Aufsehen erregende „Reflections on the Revolution in France" verfasst, findet sich der bemerkenswerte Satz: „Was die Grammatik für die Sprache ist, sind die amerikanischen Verfassungen für die Freiheit." (Der Plural fasst die Verfassungen des Bundes und der dreizehn Gründerstaaten zusammen.) Paines überraschender Vergleich ist weit mehr als originell, er ist auf eine genialische Weise erhellend. Politische Freiheit, wenn sie denn allen zuteil werden soll, gibt es nur als in Regeln gefasste, als verfasste Freiheit. Wer das Regelsystem, das politische Freiheit möglich macht und sichert, Grammatik der Freiheit nennt, sagt zuerst und vor allem: So wie erst die Grammatik die Sprache zur Sprache macht – in dem Sinn nämlich, dass erst durch die Grammatik die Möglichkeit geschaffen wird, Wörter zu Aussagen zusammenzufügen, die verstanden werden können –, bringt auch die Grammatik der Freiheit die Freiheit überhaupt erst hervor; sie ist nichts der Freiheit nur Hinzugefügtes. Ohne Kenntnis der Grammatik der Freiheit gibt es kein Leben in Freiheit.

Jede Grammatik – auch darin ist die Übertragung des Begriffs durchaus erhellend – ist ein Produkt aus Logik und Geschichte. So auch das Regelsystem, in dem sich Freiheit konstituiert. Dabei ist die Bedeutung der Geschichte eher größer als die der Logik. Freiheitliche Ordnungen sind in besonderem Maße der Versuchung ausgesetzt, sich als Deduktionen aus ihren normativen Prämissen misszuverstehen. Das sind sie in Grenzen auch. Vor allem aber sind sie Schöpfungen einer langen, konfliktreichen Geschichte, in der Erfahrungen gemacht und Erfahrungen verarbeitet werden.

Ist es nötig, sich die Grammatik der Freiheit in Erinnerung zu rufen? Ist sie uns nach zweihundert Jahren neuzeitlicher Demokratiegeschichte nicht so gegenwärtig, so selbstverständlich wie die

Grammatik unserer Muttersprache? Ja und nein. Ja, insofern wir uns einigermaßen sicher sein können, dass es zu dem uns vertrauten institutionellen Grundgerüst der neuzeitlichen Verfassung der Freiheit, so wie es sich uns im demokratischen Verfassungsstaat darstellt, im Wesentlichen keine Alternative gibt. Geschichte und Logik haben dieses Grundgerüst gemeinsam geschaffen. Dass sie eines nicht zu fernen Tages ganz andere Antworten geben könnten, ist nicht wahrscheinlich. Das Demokratieschisma des 20. Jahrhunderts, das der siebente Versuch näher betrachtet, stützt diese Einschätzung.

Nein, insofern die Debatte über die Verfassung der Freiheit nicht abschließbar ist. Sie ist es nicht, weil die Verfassung der Freiheit im Fortgang der Geschichte vor immer neue Bewährungsproben gestellt wird; die jüngste ist mit dem Stichwort Globalisierung bezeichnet – sie wird uns im sechsten und im achten Versuch beschäftigen. Sie ist es auch deshalb nicht, weil es zum Wesen einer freiheitlichen Verfassung gehört, dass sie den Zweifel an sich selbst, den Zweifel daran, ob die gefundene Antwort wirklich die richtige sei, gegen alle Gewissheiten der Logik wie der geschichtlichen Erfahrung immer wieder neu hervorbringt. Die Frage, ob die direkte Demokratie nicht doch die wahre Demokratie sei, um die es im zweiten wie im vierten Versuch geht, auch die Frage, die der dritte Versuch, die Parteien betreffend, aufwirft, mögen als Beispiele für diese Kontinuität des Selbstzweifels dienen. Und schließlich: Selbst wo es diesen Zweifel nicht gibt, muss man sich des Argumentes, das die Verfassung der Freiheit als solche ausweist, immer wieder neu versichern.

So erhellend Paines Metapher oder Vergleich auch ist, man muss es nicht zu weit damit treiben. Der gewählten Darstellungsform nach – acht locker miteinander verknüpfte Essays, eben Versuche, von denen jeder, der Verknüpfungen ungeachtet, auch für sich selbst stehen soll – ist der Text alles andere als ein systematisches Lehrbuch der Grammatik der Freiheit. Diese Darstellungsform soll gerade umgekehrt sichtbar machen, dass das Nachdenken über die Verfassung der Freiheit nur dann fruchtbar ist, wenn es nicht als Sache strenger deduktiver Systematik verstanden, sondern zur Aufgabe einer ihren Gegenstand immer wieder neu umkreisenden historisch informierten praktischen Vernunft gemacht wird.

Die Auswahl der Themen ist freilich keineswegs eine willkürliche. Alle Essays haben es, im Anschluss an die einleitenden Überlegungen zum Thema „Demokratie und Wahrheit“, mit Fragen zu tun, die sich dem demokratischen Verfassungsstaat hier und heute dringlich stellen. In den Versuchen zwei bis vier geht es darum, die repräsentative Demokratie, der derzeit der Wind ins Gesicht bläst, richtig zu verstehen, als normativen Entwurf wie in ihren faktischen Schwächen, und die ihr so oft als wahre und eigentliche Demokratie gegenübergestellte direkte Demokratie – ohne dogmatische Einseitigkeit – zu entmythologisieren. Der fünfte Versuch hat es mit der verfassungsstaatlichen Komponente in ihrer entschiedensten Ausprägung zu tun, der Verfassungsgerichtsbarkeit. Näherhin mit der bemerkenswerten, nicht nur in Deutschland zu beobachtenden Gewichtsverschiebung zwischen Demokratie und Verfassungsstaat und der Frage, ob sich diese Entwicklung nicht nur erklären sondern auch rechtfertigen lässt. Der sechste Versuch greift ein derzeit besonders aktuelles und bedrängendes Thema auf, das Verhältnis zwischen Demokratie und Marktwirtschaft. Die Frage, ob und wie sie zusammengehören, stellt sich nicht mehr so, wie der Marxismus sie früher gestellt hat. Aber sie stellt sich noch immer oder wieder. Die letzten beiden Essays schließlich versuchen sich an einer historischen Standortbestimmung des demokratischen Verfassungsstaates. Der erste blickt zurück und fragt, was uns das 20. Jahrhundert über die Verfassung der Freiheit gelehrt hat. Der zweite blickt nach vorn, ins 21. Jahrhundert hinein, und fragt, was wohl aus ihr wird. Alle Texte haben miteinander gemein, dass sie ein Kapitel der Grammatik der Freiheit ins Visier nehmen. Insofern bilden sie ein Ganzes. Nur der erste steht in gewissem Sinn vor der Klammer.

Zu den Essays gibt es Vorfassungen, die zu verschiedenen Zeiten und an verschiedenen Orten veröffentlicht wurden. Sie sind im Anhang genannt. In fünf Fällen sind es wirklich nur Vorfassungen. Die hier vorgelegten Texte sind zu einem guten Teil neu geschrieben, auch sind sie stärker als zuvor zueinander in Beziehung gesetzt. Drei Texte, der zweite, der fünfte und der siebente Versuch, sind mit nur geringen Veränderungen nachgedruckt, weil ich nichts Wesentliches hinzuzufügen hatte.

Danksagungen am Ende einer solchen Einleitung sind guter akademischer Brauch. In diesem Fall ist es ein ganzes universitäres Leben mit seinen Seminaren und Tagungen, seinen Lektüren, seinen beiläufigen Gesprächen und seinen förmlichen Debatten, das eingegangen ist in die Texte. Aufzählen lassen sich die vielen Namen, die zu diesem Leben gehören, nicht. Wohl aber lässt sich eine Voraussetzung dafür benennen, dass Texte entstehen können, die Reifezeit brauchen: Die Universität hat mir für meine Arbeit in den Jahren meines akademischen Lebens die Freiheit gelassen, meine eigenen Prioritäten zu setzen. Dafür bin ich dankbar. Ich bezweifle, dass ich in der Universität von heute diese Freiheit noch besäße.

Laudenbach, im April 2012 *Peter Graf Kielmansegg*

Erster Versuch. Demokratie und Wahrheit.

I.

Demokratie und Wahrheit – für welche Frage steht dieses Begriffspaar in seinem Pathos? Es steht für eine Frage, mit der eigentlich jede aufs Grundsätzliche gerichtete Demokratiediskussion beginnen müsste und die doch nur erstaunlich selten gestellt wird.[1] Sie lautet: Gründet sich die moderne verfassungsstaatliche Demokratie auf Gewissheit oder auf Zweifel? Steht sie ihrem Selbstverständnis nach auf einem Wahrheitsfundament, will sagen: Wird vernünftiger Zweifel an der Geltung der Demokratienorm für ausgeschlossen gehalten? Oder hat sie, gerade umgekehrt, die Auffassung zur Voraussetzung, dass es Wahrheitsgewissheit nicht gibt? Im Fortgang der Erörterung dieser Frage wird sichtbar werden, dass das Thema „Demokratie und Wahrheit" noch eine andere Dimension hat. Wie soll Demokratie, das ist die zweite Frage, die es aufwirft, mit Wahrheitsansprüchen anderer, nicht-politischer Autoritäten, die ihr entgegentreten, umgehen? Unter welchen Bedingungen sind sie demokratiekompatibel? In dieser Frage, das ist offensichtlich, steht vor allem das Verhältnis von Demokratie und Religion zur Diskussion. Zuerst aber und vor allem ist der Anspruch, mit dem die Demokratie selbst auftritt, zu bedenken.

Er wurde beim Eintritt der modernen Demokratie in die Geschichte sehr eindeutig formuliert. Man muss die berühmten Sätze in der Sprache, in der sie niedergeschrieben wurden, zitieren, damit

1 Ich habe eine Monographie ausfindig machen können, die den Titel „ Demokratie und Wahrheit" trägt: Nida-Rümelin (2006). Sie folgt aber einer anderen Fragestellung. Nida-Rümelin geht es nicht um Demokratiebegründung sondern um die Frage, ob die politischen Auseinandersetzungen in der Demokratie in ihrer sachlichen Dimension als „Wahrheitssuche" verstanden werden sollten. Henning Ottmann habe ich dafür zu danken, dass er mir ein noch unveröffentlichtes einschlägiges Vortragsmanuskript zur Verfügung gestellt hat Es ist überschrieben „Demokratie und Wahrheit – ein Gegensatz?".

sie den richtigen Klang haben: "We hold these truths to be self-evident: that all men are created equal; that they are endowed by their Creator with certain inalienable rights; that among these are life, liberty and the pursuit of happiness; that to secure these rights, governments are instituted among men, deriving their just powers from the consent of the governed."

Das Stichwort, um dessentwillen die amerikanische Unabhängigkeitserklärung vom 4. Juli 1776 am Anfang unserer Überlegungen steht, heißt natürlich „truth" – Wahrheit. Man kann in der amerikanischen Unabhängigkeitserklärung das Dokument sehen, mit dem die neuzeitliche Demokratie aus der Sphäre des Denkens heraus- und in die Geschichte eintritt. Die moderne, aus den Menschenrechten hergeleitete Demokratie, heißt das, präsentiert sich in ihrer Geburtsurkunde als „Wahrheit", mehr noch: als offenkundige, jedermann einleuchtende, keiner weiteren Erläuterung und Begründung bedürftige, aus sich selbst heraus einsichtige Wahrheit.

Dem Selbstbewusstsein, mit dem die Gründer ihre Wahrheit verkündeten, entspricht die Verehrung, die in den ihnen von der Nachwelt errichteten Monumenten sichtbar wird. Diese Monumente verleihen der Gründung der Union, die die „Wahrheit" in die Welt brachte, heilsgeschichtliche Züge.[2] Wer in die Kuppel des gewaltigen Kongressgebäudes in Washington emporblickt, sieht dort wie in einer barocken europäischen Kirche ein Deckengemälde, das eine Apotheose zeigt: die Apotheose George Washingtons. Und wer, am anderen Ende der Mall, vor dem riesig über ihm thronenden marmornen Lincoln steht, der darf an den im Tempel von Olympia thronenden Zeus des Phidias denken; er hat wohl als Vorbild gedient.

Auf die – in der Erinnerung gleichsam religiös überhöhte – Wahrheitsgewissheit, die sich in der Unabhängigkeitserklärung artikuliert, gründet sich natürlich auch das missionarische Selbstverständnis, das für die Vereinigten Staaten durchgehend, obschon in unterschiedlichen Ausprägungen, charakteristisch geblieben ist. Es begegnet uns in Abraham Lincolns Gettysburgh Adress, die in den so berühmt gewordenen Worten "that government of the people, by the

2 Dazu Ludwig (2004).

people, for the people shall not perish from the earth“ das Opfer der auf dem Schlachtfeld von Gettysburg Gefallenen als ein Opfer für den Fortbestand der Demokratie auf Erden deutet. Und es begegnet uns noch bei Präsident Bush jr., der seinen Interventionskriegen auf seine Weise eine menschheitsgeschichtliche Deutung gab: „Unser demokratischer Glaube ist mehr als das Credo unseres Landes, es ist die angeborene Hoffnung unseres Menschengeschlechtes.“[3] So spricht nur, wer sich im Besitz der Wahrheit weiß.

Was schon in den amerikanischen Anfängen ganz deutlich wird – die neuzeitliche Demokratie, unmittelbar aus den Menschenrechten abgeleitet, tritt mit einem Wahrheitsanspruch in die Geschichte ein, der in einer Art säkularer Heilsgeschichte seine Wurzeln hat – bestätigt sich in der Französischen Revolution, die ein gutes Jahrzehnt später ausbricht, auf das Eindringlichste. In ihren Manifestationen spricht sich die gleiche Selbstgewissheit aus. Auch sie verkünden eine Wahrheit. Der erste Satz der Erklärung der Menschen- und Bürgerrechte vom 26. August 1789 lautet: „Da die Vertreter des französischen Volkes, als Nationalversammlung eingesetzt, erwogen haben, dass die Unkenntnis, das Vergessen oder die Verachtung der Menschenrechte die einzigen Ursachen des öffentlichen Unglücks und der Verderbtheit der Regierungen sind, haben sie beschlossen, die natürlichen, unveräußerlichen und heiligen Rechte der Menschen in einer feierlichen Erklärung darzulegen.“ Natürlich schließen die Menschenrechte die hier nicht ausdrücklich genannte Demokratie als die ihnen gemäße Weise des Regierens ein.

In diesem Text sind es die Worte „Unkenntnis“ und „Vergessen“, die signalisieren: Es geht um Wahrheiten. Man muss die Wahrheiten nur aussprechen, muss sie nur in die Erinnerung zurückrufen, um ihren Geltungsanspruch zu sichern. Robespierre, der Wortführer der Französischen Revolution in ihrer Schreckensphase, hat in einer seiner großen Reden vor dem Nationalkonvent von den „heilbringenden Wahrheiten“ gesprochen: „Ach wenn doch diese heilbringenden Wahrheiten nicht auf unseren engen Raum beschränkt blieben, sondern bei allen Völkern den gleichen Widerhall fänden!“[4] Und er hat

3 Zitiert nach der *Frankfurter Allgemeinen Zeitung* Nr. 95/2004 S. 11.
4 Zitiert nach Grab (1973) S. 191.

damit die Botschaft von Freiheit, Gleichheit und Brüderlichkeit gemeint.

Mit dem Attribut heilbringend gibt Robespierre den Wahrheiten der Demokratie unverkennbar eine quasi-religiöse Deutung. Wie entschieden die Französische Revolution das nicht nur in einzelnen ihrer Repräsentanten sondern überhaupt getan hat, macht vor allem der unüberbietbar demonstrative Akt der Einführung eines neuen Kalenders sichtbar: An die Stelle der christlichen Zeitrechnung wird eine revolutionäre gesetzt, der Beginn der Zeiten ist die Konstituierung der Republik am 22. September 1792. Auch Ikonografie und Kult der Revolution sind von diesem Geist geprägt.[5] Für die Wiedergabe der Erklärung der Menschenrechte und der Verfassung wird regelmäßig die vertraute Form der mosaischen Gesetzestafeln gewählt. Auch werden diese Texte häufig auf „Vaterlandsaltären" eingraviert. Die an diesen Altären verehrte Gottheit des revolutionären Kultus war bekanntlich die Vernunft. Ein Gemeinwesen, das sich auf die als göttlich verehrte Vernunft gründet, ist seinem Selbstverständnis nach auf Wahrheit gegründet.

Zweihundert Jahre später tönt das Wahrheitspathos jedenfalls in Europa nicht mehr so laut wie zu Ende des 18. Jahrhunderts. Aber faktisch gilt heute das „self-evident" viel unbefragter als in der Zeit des Anfangs, als es in eine Welt hineingerufen wurde, die überwiegend noch anders dachte. Wer heute Demokratie sagt, braucht, wozu er sich bekennt oder was er einfordert, nicht mehr zu begründen. Der Wettstreit der Legitimitätsprinzipien ist, so stellt es sich zu Beginn der 21. Jahrhunderts dar, eindeutig zugunsten des demokratischen entschieden, jedenfalls fürs erste. Und das heißt nichts anderes als: Die menschenrechtlich begründete Demokratie wird von weiten Teilen der Weltöffentlichkeit als die normative politische Wahrheit schlechthin wahrgenommen. Etwas anders formuliert: Demokratie wird, zwei Jahrhunderte nach ihrem Eintritt in die Geschichte, weithin als in Verfassungsregeln gegossene Wahrheit verstanden.

5 Dazu das Kapitel „Revolutionäre Zeichensysteme" in Reichardt (1998).

II.

Aber es gibt auch eine ganz andere Sicht auf die Demokratie. Sie ist nicht an den großen Proklamationen der Demokratiegeschichte festzumachen, auch nicht am Alltagsverständnis von Demokratie, wie es sich unter den Bürgern der demokratischen Gemeinwesen findet. Man muss einen Blick in demokratietheoretische Texte werfen, um diesem anderen, konträren Verständnis von Demokratie zu begegnen: Demokratie nicht als Verfassungsform der Gewissheit, sondern als Verfassungsform des Zweifels.[6] Der Verdacht, dass es sich dabei um ein eher entlegenes intellektuelles Konstrukt handle, mag aufkommen. Es wird sich aber zeigen, dass das Verständnis der Demokratie als einer Verfassungsform des Zweifels, mag es auch keine starke bekennende Gefolgschaft haben, Argumente für sich vorzubringen hat, an denen eine grundsätzlich geführte Demokratiediskussion nicht vorübergehen kann; und dass die hier vorgeschlagene Unterscheidung zwischen zwei einander entgegengesetzten Demokratiebegründungen nicht nur theoretisch plausibel sondern auch praktisch folgenreich ist.

Der *locus classicus* der skeptizistischen Demokratiebegründung ist Hans Kelsens Schrift „Vom Wesen und Wert der Demokratie" aus den 1920er Jahren.[7] Im letzten Kapitel dieser Schrift entwickelt Kelsen auf wenigen Seiten mit großer Eindringlichkeit die These, dass die Demokratie die Staatsform des weltanschaulichen Relativismus, der Ungewissheit sei. Nur wenn wir davon überzeugt sind, argumentiert er, dass sichere Erkenntnis des Wahren, Guten, Richtigen unmöglich sei, können wir alle Meinungen als gleich gelten lassen. Dann freilich können wir es nicht nur, wir müssen es. Denn wie sollte begründet werden, dass diese Meinung, diese Weltanschauung, dieses politische Programm mehr zähle als jene Meinung, jene Weltanschauung, jenes Programm? Und weiter folgert Kelsen: Die Mehrheitsregel ist die einzige Entscheidungsregel, die unter der Bedingung der Ungewissheit zu einer legitimen Entscheidung füh-

6 Dazu Abschnitt VI des Kapitels 4 in Kielmansegg (1977).

7 Zunächst 1920 als Aufsatz erschienen, 1929 dann als erweiterte selbständige Schrift.

ren kann, also Zwang zu rechtfertigen vermag. Denn wenn wir die Verbindlichkeit einer Entscheidung, letztlich den Zwang, mit dem sie durchgesetzt wird, nicht mit ihrer Richtigkeit begründen können, bleibt nur die Mehrheitsregel, um Verbindlichkeit und Zwang dem, der anderer Meinung ist, zumutbar zu machen. Und das auch nur auf Zeit. Weil wir keine Gewissheit haben, weil unsere Überzeugungen und Einsichten so wenig den Rang von Wahrheiten haben wie die Überzeugungen und Einsichten anderer, muss jede Entscheidung zur Disposition stehen. Etwas anders formuliert: Da man nicht wissen kann, ob die Mehrheit Recht hat, muss die Chance der Minderheit, selbst Mehrheit zu werden, immer offen gehalten werden. Dass das Prinzip Offenheit, klassisch gesprochen: die Freiheit der Meinungsäußerung ins Zentrum einer so begründeten Demokratie rückt, versteht sich von selbst.

An diesem Punkt kommt ein anderer Name ins Spiel, Karl Popper. Poppers Verständnis von Demokratie, das er freilich nirgendwo systematisch entfaltet hat, ist dem seines Landsmannes Kelsen durchaus verwandt.[8] Poppers Demokratiekonzeption lässt sich auf das gleiche Axiom zurückführen wie seine Erkenntnistheorie. Wenn der Mensch ein Wesen ist, dass nicht zu Gewissheiten sondern nur zu begründeten Vermutungen vordringen kann, die so lange gelten, wie sie nicht widerlegt sind, dann heißt die Schlussfolgerung für die Politik: Befristung aller Machtverhältnisse. Offenheit für immer neue Antworten ist der einzig angemessene Umgang mit der Gegebenheit unentrinnbarer Ungewissheit. Die Fähigkeit und Bereitschaft zu zweifeln ist nicht nur die wissenschaftliche, sondern auch die politische Grundtugend.

Ähnlich hat auch Ralf Dahrendorf argumentiert:[9] Es gebe, so seine Fassung des Gedankens, immer eine Vielfalt möglicher Lösungen sozialer und politischer Fragen, von denen keine verlässlich als die einzig richtige erwiesen werden könne. Es sei deshalb die Aufgabe politischer Institutionen zu gewährleisten, dass kein einzelner Entwurf, keine einzelne Idee des Gerechten sich dauerhaft auf Kosten aller anderen zu etablieren vermöge. Eben das leiste die liberale De-

8 Dazu Spinner (1978).
9 Siehe Anm. 6.

mokratie, indem sie für Meinungsvielfalt, Offenheit, Vorläufigkeit Sorge trage.

Um mit einem vierten Namen noch auf eine weitere – eher konservative als liberale – Ausprägung des gleichen Grundgedankens hinzuweisen: Der englische Sozialphilosoph Michael Oakeshott hat in einem großen Essay, „The Fortunes of Scepticism" betitelt, zwei Arten von Politik unterschieden:[10] Politik, die sich auf Gewissheiten beruft, und Politik, die – der Begrenztheit menschlichen Wissens eingedenk – nicht programmatisch gefassten Gewissheiten folgt, sondern im Wechsel der Konstellationen das jeweils praktisch Notwendige zu erledigen versucht: „politics of faith" und „politics of scepticism". Es geht bei Oakeshott nicht um Demokratie im Besonderen, sondern um zwei Politikstile, Politikverständnisse. Auch ist er vor allem daran interessiert, diese Politikstile in der englischen Geschichte aufzuspüren. Verfassungsfragen spielen hinein – Gewaltenteilung etwa ordnet Oakeshott grundsätzlich dem politischen Skeptizismus zu –, aber sie stehen nicht im Mittelpunkt. Dennoch: Oakeshotts Argumentation lässt sich leicht zu der Kelsens, Poppers, Dahrendorfs in Beziehung setzen; gewissermaßen in das Begriffspaar „democracy of faith – democracy of scepticism" übersetzen. Und wie Kelsen, Popper, Dahrendorf dem skeptizistischen Verständnis von Demokratie den Vorzug geben, ja es für das einzig schlüssige Verständnis von Demokratie halten, so sympathisiert Oakeshott eindeutig mit den „politics of scepictism".

So wie die beiden Demokratieverständnisse – Demokratie als Wahrheit und Demokratie als eine Art des Umgangs mit Ungewissheit – bisher vorgestellt wurden, springt eine Asymmetrie unmittelbar ins Auge. Auf der einen Seite haben wir es offenbar mit Überzeugungen zu tun, die eine große historische Wirksamkeit entfaltet haben, die „Wahrheit" der menschenrechtlich begründeten Demokratie aber eher voraussetzen als theoretisch einsichtig machen; auf der anderen Seite mit Argumentationen, deren praktische Bedeutung unklar ist, die aber eine theoretisch gewichtige Explikation der skeptizistischen Demokratiekonzeption bieten. Das ist keine Fehlwahr-

10 Oakeshott (1996).

nehmung. Dem Druck, ihren Wahrheitsanspruch zu begründen, ist die Demokratie in der Gegenwart eher weniger ausgesetzt, als sie es in der Vergangenheit war. Die Evidenzbehauptung der Geburtsurkunden der modernen Demokratie gilt mit großer Selbstverständlichkeit faktisch fort. Offenbar behaupten ganz unabhängig vom Hin und Her der Theoriediskurse „volkstümliche" naturrechtliche Vorstellungen ihre demokratiebegründende Kraft. Diese Beobachtung darf aber nicht so gedeutet werden, als ignorierten diese Diskurse die Aufgabe, den Wahrheitsanspruch der Demokratie theoretisch zu unterlegen, einfach. Um nur ein, freilich besonders anspruchsvolles und wirkungsmächtiges, Beispiel zu nennen: Im Theoriegebäude von Jürgen Habermas sind auch normativer Sätze wahrheitsfähig;[11] ihre Geltung, heißt das, ist zweifelsfrei vernünftig begründbar. Es ist der Diskurs unter Freien und Gleichen mit dem einzigartigen Vernunftpotenzial, das er birgt, der prinzipiell diese Begründung zu leisten vermag – er allein, wie man hinzufügen muss, weil traditionale oder metaphysische Begründungen normativer Geltung in der Moderne keine ungeteilte Zustimmung mehr finden und finden können. So ist denn auch das Demokratieprinzip im Diskurs zweifelsfrei vernünftig begründbar. Demokratie heißt im Kern wiederum Diskurs, Diskurs zweiter Ordnung sozusagen, der nicht mehr die Wahrheit der Grundnorm sondern die Vernünftigkeit der gesetzgeberischen Entscheidungen, allgemeiner: des politischen Handelns zum Gegenstand hat. Demokratie ist, pointierend formuliert, die sich diskursiv als „wahr" begründende diskursive Ordnung des Politischen. Durch ihre Prozeduren und Institutionen gewährleistet sie, dass ihren Gesetzen „alle möglicherweise Betroffenen als Teilnehmer an rationalen Diskursen zustimmen könnten".[12] Es gibt, so Habermas, unter den Bedingungen der Modernität keine andere Antwort auf die Frage nach der legitimen politischen Ordnung mehr als eben diese: Legitim ist die Selbstregierung einer Diskursgemeinschaft Freier und Gleicher. Diese Antwort aber kann das Prädikat „ wahr" für sich in Anspruch nehmen.

11 Der wichtigste einschlägige Text ist „Faktizität und Geltung".
12 Habermas (1996) S. 138.

Dass es an kritischen Gegenfragen nicht fehlt, versteht sich von selbst. Es genügt hier, an sie zu erinnern: Ist der Konsens tatsächlich der Prüfstein der Wahrheit? Und können konstitutionelle Diskurse, um die es ja geht – das Thema ist Demokratiebegründung –, überhaupt im Konsens enden? Wenn sie es nur unter Bedingungen tun, die die Gegebenheiten des demokratischen politischen Prozesses – auch des demokratischen Konstitutionsaktes –, der aus Konflikten heraus in begrenzter Zeit zu Entscheidungen gelangen muss, prinzipiell ignorieren – was ist dann gewonnen? Diese Fragen an Habermas besagen nichts anderes, als dass auch unsere Frage einstweilen offen bleibt.

III.

Die Unterscheidung, die ich in einem ersten Schritt skizziert habe, mag plausibel sein. Aber trägt sie auch zum besseren Verständnis von Demokratien bei? Anders gefragt: Gibt es typische Muster der Entwicklung und des Verhaltens von Demokratien, die sich zu den beiden Ausprägungen des Selbstverständnisses in Beziehung setzen lassen? Macht es einen praktischen Unterschied, ob ein demokratisch verfasstes Gemeinwesen sich als verfasste Gewissheit oder verfasste Ungewissheit versteht? Erst dann würde diese Unterscheidung ja wirklich interessant.

Die Frage ist schon deshalb schwierig zu beantworten, weil es eher selten ist, dass eine Demokratie sich zu den hier erörterten alternativen Begründungsargumentationen bewusst verhält. In der Regel sind sie als Alternativen im öffentlichen Bewusstsein gar nicht präsent. Immerhin ist es möglich, den Idealtypus der einen wie der anderen Version von Demokratie nach seinen Implikationen zu befragen, um sich mit den Antworten den demokratischen Realitäten zuzuwenden. Es könnte sein, dass wir dann auch in der Welt der realen Demokratien fündig werden.

Die Vermutung liegt nahe, dass es für das Verfassungsverständnis eines demokratischen Gemeinwesens bedeutsam ist, ob Demokratie als eine auf Gewissheit oder als eine auf Ungewissheit gegründete Ordnung verstanden wird. Tatsächlich fällt vor dem Hintergrund dieser Unterscheidung auf, dass es Verfassungen gibt, die durch ein hohes Maß an Selbstgewissheit geprägt sind, und solche, für die das nicht gilt. Verfassungen, die sich selbst in ihren Kernelementen für unabänderlich erklären, wie es exemplarisch das Grundgesetz in Artikel 79 Absatz 3 tut, sind ihrer selbst in einer Weise gewiss, die auf eine Wahrheitsüberzeugung hinweist.[13] Mit welcher anderen Begründung sollte der Verfassungsgeber bestimmte Grundnormen dem Zugriff zukünftiger verfassungsändernder Mehrheiten entziehen können als mit der, dass in diesen Normen nicht Entscheidungen festgeschrieben sondern Wahrheiten anerkannt würden, Geltungen, die zu niemandes Disposition stünden? Wären es Entscheidungen, die der Verfassungsgeber getroffen hat, so liefe eine derartige Festschreibung auf einen schlechterdings unbegründbaren Herrschaftsanspruch von Toten über Lebende hinaus.[14] Ein Beispiel für den Gegentypus ist die Weimarer Verfassung, die sich, jedenfalls nach der vorherrschenden Überzeugung der Zeit, selbst ganz und gar zur Disposition der Mehrheit stellte, das Demokratieprinzip eingeschlossen. Das ist konsequenter Relativismus.

Näherhin wird man beim ersten Typus freilich immer fragen müssen: Was ist der Kern der Wahrheitsgewissheit? Im amerikanischen wie im deutschen Fall ist es die Überzeugung, dass Staatsmacht rechtlich eingehegt werden müsse, sind es, anders formuliert, die Grundrechte. Im französischen ist es die Volkssouveränität, und das stellt, gerade umgekehrt, jede Verfassung zur Disposition dieser besonderen Wahrheits- und Geltungsüberzeugung.

Verfassungstypologische Überlegungen können aber auch noch auf andere Weise an die Unterscheidung zwischen zwei einander entgegengesetzten Begründungsargumentationen anknüpfen. Diese Unterscheidung lässt sich beispielweise übersetzen in die zwischen offenen und programmatischen Verfassungen. Verfassungen können, das ist der offene Typus, als reine Regelwerke für den demo-

13 Ähnliches lässt sich von Verfassungen sagen, die fast unüberwindlich hohe Hürden gegen Verfassungsänderungen aufrichten, wie es beispielsweise die erste französische Revolutionsverfassung von 1791 in ihrem Titel VII „Von der Revision der Verfassungsbeschlüsse“ tat. Sie ist abgedruckt bei Grab (1973) S. 60ff. Auch die Verfassung der Vereinigten Staaten macht Verfassungsänderungen von nur schwer erfüllbaren Bedingungen abhängig.

14 So formuliert es Spaemann (2009) S. 79.

kratischen Prozess konzipiert werden. Solche Verfassungen legen nur fest, wie das Gemeinwesen zu allgemeinverbindlichen Entscheidungen kommt. Die Entscheidungen selbst aber überlassen sie diesem Prozess, und da heißt auch: dem Wandel der Meinungen, dem Wechsel der Mehrheiten. Grundrechte werden eher sparsam gewährt, sie sollen Freiräume für die Mitwirkung an jenem offenen politischen Prozess sichern, als der Demokratie verstanden wird. Nicht mehr. Auch mit Staatszielen und institutionellen Garantien sind solche Verfassungen prinzipiell zurückhaltend. Der politische Prozess soll nicht durch eine Fülle von normativen Fixierungen inhaltlicher, genauer: nicht-prozedualer Art eingeschnürt werden, die, weil sie Verfassungsrang haben, seinem Zugriff entzogen sind.

Demgegenüber dient der andere Typus von demokratischer Verfassung keineswegs nur der Regulierung eines Prozesses, er legt darüber hinaus, vielleicht sogar vor allem, wesentliche Ziele des Prozesses fest. Und trifft auch sonst inhaltliche Vorentscheidungen nach den Überzeugungen der verfassungsgebenden Mehrheit. Der Grundrechtskatalog dieses Verfassungstyps fällt üppiger aus, Staatszielbestimmungen, explizit als solche formuliert oder als Grundrechte „verkleidet“ – das Recht auf Arbeit ist das geläufigste Beispiel – spielen eine wesentliche Rolle.[15]

Die Zuordnung ist nicht schwierig. Ein Demokratieverständnis, das in hohem Maße von normativen Gewissheiten geprägt ist, harmoniert mit einem Verfassungsverständnis, das die Festschreibung von Zielen durch die Verfassung für durchaus legitim hält, obwohl eine solche Festschreibung ein Stück weit auf eine Schließung des demokratischen politischen Prozesses für die Zukunft hinausläuft. Auf der andern Seite korrespondiert ein Demokratieverständnis, das Demokratie wesentlich als einen gemeinsamen Suchprozess begreift, in den möglichst viele Meinungen gleichberechtigt einfließen

15 Besonders ausgeprägt scheint die Neigung, möglichst viel in die Verfassung hineinzuschreiben und dabei die Staatsgewalt, soweit es geht, auf Ziele festzulegen, im revolutionären Übergang von der Diktatur zur Demokratie zu sein. Die Verfassungen, die sich die aus dem Zusammenbruch der DDR hervorgegangenen Bundesländer gegeben haben, illustrieren das. Übrigens hat auch Verfassungsgerichtsbarkeit, was nicht überraschen kann, die Tendenz, Verfassungen inhaltlich aufzuladen.

sollen, offensichtlich mit einem Verfassungsverständnis, das die Aufgabe der Verfassung in der Regulierung des Prozesses, nicht in der Vorabbestimmung des Ergebnisses sieht.

In der demokratischen Wirklichkeit fügen sich die Elemente freilich nicht so schlüssig zusammen wie im Idealtypus. Das Grundgesetz wie auch die amerikanische Verfassung, Verfassungen, die sich in besonders entschiedener Weise auf Wahrheitsüberzeugungen gründen, sind zugleich offene Verfassungen in dem Sinne, dass sie mit inhaltlichen Festlegungen, Zielvorgaben für die Politik eher zurückhaltend sind. Die Weimarer Verfassung andererseits ist konsequent relativistisch, indem sie dem Souverän das Recht zubilligt, die Demokratie zu liquidieren, dabei aber auch großzügig, was die Proklamation von Staatszielen, Staatsaufgaben, grundrechtlichen Versprechungen angeht. Diese Inkonsistenzen weisen darauf hin, dass Verfassungen politisch ausgehandelt werden, oft Kompromisse einschließen, jedenfalls nicht den Regeln deduktiver Logik gehorchen. Dennoch kann die Bezugnahme auf die beiden hier unterschiedenen Arten der Demokratiebegründung für verfassungstypologische Überlegungen wie für das Verständnis einzelner Verfassungen hilfreich sein.

Die für Verfassungen getroffene Unterscheidung ließe sich *mutatis mutandis* wohl auch auf die Politik im Allgemeinen übertragen. Man könnte von einem experimentellen und einem apodiktischen Politikverständnis sprechen, in der Terminologie Oakeshotts von „politics of scepticism and politics of faith". Experimentelle Politik kennt nur vorläufige Lösungen. Alles, was sie tut, ist dem Vorbehalt praktischer Bewährung unterstellt. Apodiktische Politik wird von dem festen Glauben an die Richtigkeit ihrer Antworten geleitet. Es ist klar, dass apodiktische Politik – idealtypisch – ein dem von normativer Gewissheit bestimmten Demokratieverständnis entsprechender Politikstil ist, während experimentelle Politik der Demokratie gemäß ist, die sich als Regelwerk des Umgangs mit Ungewissheit versteht.

Auch das Freiheitsverständnis eines demokratisch verfassten Gemeinwesens lässt sich zu den erkenntnistheoretischen Annahmen, auf die es sich gründet, in Beziehung setzen. Demokratie, die sich letztlich als Institutionalisierung des Prinzips Offenheit versteht, die grundsätzlich jeder Meinung das gleiche Stimmgewicht zugesteht, weil es definitive Gewissheiten nicht gibt, muss, ihrer eigenen Logik folgend, bis an die äußersten Grenzen der Liberalität gehen. Die Arena der freien Meinungsäußerung, des Meinungswettbewerbs muss so weit wie nur möglich abgesteckt, die Zugänge zu dieser Arena müssen so weit wie nur möglich geöffnet werden. Die Maxime „in dubio pro libertate" – im Zweifel für die Freiheit – hat hier einen ganz spezifischen Sinn. Sie ergibt sich unmittelbar aus den Prämissen des in Rede stehenden Demokratieverständnisses. Kelsen hat denn auch gegen eine Aufhebung der Demokratie, die nach den Regeln der Demokratie erfolgt, ursprünglich keine Möglichkeit demokratiekompatibler Gegenwehr gesehen. Ob das, von seinem relativistischen Standpunkt aus, folgerichtig gedacht ist, ob nicht auch oder gerade das Prinzip der Offenheit, der Vorläufigkeit, des Wahrheitsvorbehaltes sich als Grundprinzip des Politischen für nicht disponibel erklären darf, ohne sich selbst preiszugeben, diese Frage wird noch einmal aufzugreifen sein. Wird hingegen die Demokratie als auf normative Gewissheit gegründet begriffen, als Wahrheit, dann fällt die Antwort auf die Frage, wo die Liberalität der Demokratie ihre Grenze finden dürfe und müsse, tendenziell anders aus. Die Maxime „keine Freiheit den Feinden der Freiheit" ist durchaus schlüssig, wenn es um die Verteidigung normativer Gewissheiten geht.

Das Stichwort normative Gewissheit lenkt den Blick im Übrigen auf einen Aspekt des Liberalitätsproblems, der kaum je in diesem Zusammenhang diskutiert wird. Illiberalität , die sich auf demokratische Gewissheiten beruft, begegnet uns heute vor allem in jener Praxis sanktionsbewehrter gesellschaftlicher Sprachregelungen, für die der Begriff *political correctness* steht. Nicht zufällig ist die amerikanische Wortprägung als eine Art *terminus technicus* in viele Sprachen übernommen worden. Am Beispiel der USA hat bekanntlich Tocqueville früh schon, in den 1830er Jahren, den gesellschaftlichen Konformitätszwang als die demokratietypische, sanfte und doch ungeheuer druckvolle Form der Tyrannis analysiert.[16] Die USA sind in der Tat zum Musterland der *political correctness* geworden, der Regulierung des Denkens durch Sprachverbote und Sprachgebote, deren Verletzung mit gesellschaftlicher Ächtung bestraft wird. Alle diese Verbote und Gebote berufen sich auf demokratische Imperative, auf die Gleichheitsnorm zumal und den Anspruch von Minderheiten auf Gleichbehandlung, Respekt und Achtung. Und eben das verbindet sie mit unserem Thema. Eine unerbittliche Praxis der *political correctness* wird sich nur dort entwickeln können, wo Demokratie samt dem ihr zugehörigen Normenbestand als „self-evident truth", um noch einmal die amerikanische Unabhängigkeitserklärung zu zitieren, verstanden wird. Wem sich Demokratie eher als Verfassung gewordene Einsicht in die Begrenztheit und Vorläufigkeit menschlicher Erkenntnis darstellt, wem Demokratie folglich im Kern die Staatsform des suchenden Diskurses, der Offenheit ist, der wird kritisch über alle Sprachregelungen, alle Tabuisierungen denken, auch wenn sie dem Schutz geheiligter Werte dienen sollen.

Noch ein viertes und letztes Beispiel zur Verdeutlichung der These, dass die Frage , ob Demokratie sich als Ordnung der Wahrheit oder als Ordnung des Umgangs mit Ungewissheit versteht, keineswegs nur eine theoretische Bedeutung hat, die Antwort vielmehr in einem sehr praktischen Sinn folgenreich sein kann: Die Annahme liegt sehr nahe, dass das Verhältnis eines demokratischen Gemeinwesens zur übrigen Staatenwelt nicht unbeeinflusst von seinem – gewissermaßen epistemischen – Selbstverständnis bleibt. Demokratie, die sich als Wahrheit begreift, kann und will nicht bei sich selbst bleiben. Um noch einmal zu Robespierres Rede aus dem November 1793 zurückzukehren: Der Satz, mit dem der Redner die eingangs zitierte Formel von den „heilbringenden Wahrheiten" ankündigt, lautet: „Ach, wer von uns fühlte nicht seine Kräfte erstarken und wer glaubt sich nicht über die Menschheit hinausgewachsen, wenn er

16 Tocqueville spricht von einem „ geistigen Despotismus", den die Mehrheit in der Demokratie ausübe. Die einschlägigen Reflexionen finden sich in dem Kapitel „Über die Allmacht der Mehrheit in den Vereinigten Staaten und über ihre Wirkungen" im ersten Band von „Über die Demokratie in Amerika".

daran denkt, dass wir nicht nur für ein Volk, sondern für die Welt, und nicht nur für die Menschen, die heute leben, sondern für die ganze kommende Menschheit kämpfen?"[17] Aus der Wahrheitsgewissheit erwächst ein Missionsauftrag.

Keine andere Demokratie hat uns diesen Zusammenhang so deutlich vor Augen geführt wie die Vereinigten Staaten von Amerika, von ihren Anfängen bis zum heutigen Tag.[18] Die Deutung der Gründung der USA als „heilsgeschichtliches Ereignis", von der eingangs schon die Rede war, ist als Überzeugung, dass die Vereinigten Staaten bestimmt seien, der Menschheit ein Beispiel zu geben, ihr den Weg zu weisen, über 200 Jahre lebendig geblieben. Woodrow Wilson hat den weltgeschichtlichen Auftrag, den die USA sich selbst zuschreiben, wohl am prägnantesten auf den Begriff gebracht: „... to make the world safe for democracy". Wenn der Begriff Ziviltheologie einen Sinn hat, dann hier. Dabei ist es allerdings wichtig, im Blick zu behalten, dass die amerikanische Demokratiebotschaft an die Welt immer eine Freiheitsbotschaft war und es heute noch ist, während die Demokratiebotschaft der Französischen Revolution, die ja zuerst und vor allem eine Revolution gegen die Ungleichheitsordnung des *ancien régime* war, eine Gleichheitsbotschaft war; wie, auf andere Weise, auch die der russischen Revolution von 1917.

Zu Ende gedacht wirft der Wahrheits- und Gewissheitsanspruch die Frage nach dem Verhältnis von Wahrheit und Gewalt auf. Darf man die Wahrheit auch mit Gewalt verbreiten? Ist man vielleicht sogar dazu verpflichtet, weil es sich um „heilbringende Wahrheiten" handelt, wenn Befreiung von Tyrannei nicht anders möglich ist? Ohne Robespierre und George W. Bush in eine zu enge Nachbarschaft rücken zu wollen: Diese Frage haben beide, natürlich in sehr verschiedenen Weltverhältnissen, grundsätzlich bejaht. Wer Demokratie als Institutionalisierung von Wahrheiten begreift, für den gel-

17 Siehe Anm. 4.

18 Dass Oakeshott (Anm. 10) die Verfassung der USA „ the most profoundly sceptical constitution in the modern world" nennt, scheint der These, die USA seien ein Muster des auf Wahrheitsüberzeugungen gegründeten Demokratietypus, zu widersprechen. Aber man muss „skeptisch" in Oakeshotts Argument als „machtskeptisch" nicht als „wahrheitsskeptisch" lesen. Dann verschwindet der scheinbare Widerspruch.

ten im Verhältnis von Demokratie und Nicht-Demokratie zueinander offensichtlich andere Regeln als für den, der Demokratie als ein Regelsystem im Umgang mit Ungewissheit versteht. Umgekehrt, wer in der Unvollendetheit, der Vorläufigkeit alles menschlichen Wissens, in der Relativität aller unserer Urteile die eigentliche Demokratieprämisse sieht, der wird schwerlich ein missionarisches Selbstverständnis entwickeln, das selbst Gewalt als Mittel im Dienst der Wahrheit nicht unbedingt ausschließt.

IV.

Muss ein demokratisch verfasstes Gemeinwesen sich darüber Rechenschaft ablegen, ob es sich als auf die Prämisse der Wahrheitsgewissheit oder auf die des Zweifels gegründet verstehen will? Haben wir es mit einem Entweder – Oder zu tun? Wenn es zutrifft, wie im letzten Schritt unserer Überlegungen postuliert, dass die beiden einander entgegengesetzten Begründungsargumentationen das Demokratieverständnis, ja die demokratische Praxis in wesentlichen Hinsichten unterschiedlich prägen können, scheint es zwingend zu sein, beide Fragen zu bejahen.

Die Gewissheitsvariante stellt sich als die einfachere, dem *common sense* näherliegende, aber auch in mancher Hinsicht problematischere dar; die Ungewissheitsvariante als die anspruchsvollere, aber auch, weil Zurückhaltung nach außen und konsequente Offenheit im Inneren implizierend, „sympathischere“. Die Ungewissheitsprämisse ist zudem gut mit einer evolutionären Sicht auf Demokratie vereinbar: Demokratie „ist“ nicht, sie „wird“, sie entwickelt sich in einem nicht endenden historischen Lernprozess. Demokratie, die für sich einen Wahrheitsanspruch erhebt, auf der anderen Seite steht immer vor der Herausforderung, diesem Anspruch, wenn denn Wirkung von ihm ausgehen soll, eine möglichst weite Zustimmung sichern zu müssen. Und spricht nicht auch ein Erfahrungsargument von größtem Gewicht für ein Demokratieverständnis, dass allen Wahrheitsansprüchen skeptisch begegnet? Die Totalitarismuserfahrung des 20. Jahrhunderts nämlich. Totalitarismus ist ja der Herrschaftsanspruch einer Wahrheitsgewissheit in seiner äußersten Konsequenz. Mehr noch: Die Geschichte der kommunistischen Totalitarismusvariante hat uns eindringlich vor Augen geführt, wie das demokratische Potential, das dem Marxismus ja nicht abzusprechen ist, von der Wahrheitsgewissheit der Propheten wie der Adepten der als Heilslehre verstandenen Doktrin vollständig zerstört wurde. Erweist sich also der skeptizistische Ansatz der Demokratiebegründung als der überlegene, der Demokratie „bekömmlichere"?

Der Schluss scheint sich aufzudrängen, aber er wäre voreilig. Denn auch die skeptizistische Demokratiebegründung führt in Schwierigkeiten. Sie erweist sich bei näherem Hinsehen aus logischen wie aus anthropologischen Gründen als problematisch. Wenn wir nichts sicher wissen können, dann wissen wir auch nicht sicher, dass wir nichts sicher wissen können. Der Zweifel trifft auf den Zweifel. Ungewiss ist auch die Ungewissheit. Kelsens Skeptizismus, so scheint es, führt in ein Dilemma. Taugt er aber dann noch als Demokratieprämisse? Man kann dem entgegenhalten, das Argument, ungewiss sei auch die skeptizistische Prämisse selbst, bedeute nur, dass auch dem, der diese Prämisse bestreitet, die gleiche Argumentationsmöglichkeit eingeräumt werden müsse wie anderen. Das logische Dilemma sei kein wirkliches Dilemma, weil die Ungewissheitsprämisse sich durch den Einwand nicht selbst aufhebe. Das ist richtig gedacht, entzieht übrigens auch Kelsens Folgerung, dass die skeptizistisch begründete Demokratie, wenn sie sich selbst treu bleiben wolle, sogar für die Selbstliquidation offen sein müsse, den logischen Grund.[19] Aber es bleiben Zweifel, ob sich aus der Prämisse, dass wir keiner Wahrheit gewiss seien können, wirklich, wie Kelsen meint, der Demokratie begründende Schluss, dass alle Meinungen

19 Kelsen unterscheidet nicht klar zwischen den Entscheidungen, die die Politik zu treffen hat, und der Regel, nach der die Politik entscheidet. Dass wir die Wahrheit nicht kennen, bedeutet, dass wir keine politische Entscheidung als die allein mögliche und endgültig richtige verstehen können. Das ist das Prinzip Offenheit. Für die aus der Ungewissheitsprämisse abgeleitete Entscheidungsregel hingegen gilt: Zwar ist auch sie in dem Sinn „ungewiss", dass sie sich auf keine „Wahrheit" im Sinn einer unbezweifelbaren Antwort auf die Frage nach der letzten politischen Autorität gründet. Aber daraus folgt nicht, dass die aus der Ungewissheitsprämisse abgeleitete Mehrheitsregel im Gehorsam gegenüber ihrer eigenen Logik zur Disposition der Mehrheit gestellt werden muss. Denn die Ungewissheitsprämisse hat den logischen Primat, die Mehrheitsregel ist abgeleitet, nicht umgekehrt.

diesseits der Gewaltgrenze prinzipiell gleichen Anspruch auf Berücksichtigung im politischen Prozess hätten, ziehen und aus diesem Schluss wiederum die Mehrheitsregel zwingend ableiten lässt. Logisch eindeutig ist der Ungewissheitsannahme nur die Forderung zuzuordnen, jede Entscheidung müsse revidierbar sein; im Übrigen aber ließe sich für das Losverfahren vermutlich mehr geltend machen als für die Mehrheitsregel.

Noch gewichtiger als die logischen Einwände sind wohl die anthropologischen. Das Prinzip des Zweifels lässt sich nicht durchhalten. Unsere Entscheidungs- und Handlungsfähigkeit als Mensch hängt davon ab, dass wir uns auf Gewissheiten beziehen können. Das gilt im Raum des Tatsächlichen und es gilt erst recht für den Raum des Normativen. Andersherum formuliert: In einer Welt konsequenter Ungewissheit sind wir orientierungslos und damit auch handlungsunfähig. Ins Politische übersetzt: Der für die Demokratie konstitutive politische Diskurs, der Diskurs darüber, was gemeinsam zu tun sei und wie es zu tun sei, lässt sich, so grundlegend das Postulat der Offenheit ist, nicht als ein Umhertappen in der Dunkelheit der Ungewissheiten verstehen. Dieser Diskurs vertraut ja wie jeder Diskurs darauf, dass es bessere und schlechtere Argumente gibt und dass sie sich unterscheiden lassen. Das aber ist nicht möglich, ohne prinzipiell die Möglichkeit von Gewissheiten im Faktischen wie im Normativen vorauszusetzen. Gewissheit heißt nicht notwendig endgültige Gewissheit. Dass er durch Argument und Erfahrung lernen kann, dass auch die Gewissheiten, mit denen er lebt, davon berührt werden können, gehört zur Natur des Menschen. Aber auch als möglicherweise vorläufige Gewissheiten haben Gewissheiten die Orientierungsbedeutung, die eben nur Gewissheiten haben können. Schließlich kann man den logischen und den anthropologischen Zweifeln an der skeptizistischen Demokratiebegründung auch noch das pragmatische Argument hinzufügen, dass eine Demokratie, die ihrer selbst nicht gewiss ist, im Ernstfall keine großen Chancen der Selbstbehauptung hat.

In beiden Waagschalen liegen also gewichtige Argumente. Geht die Diskussion darüber, in welcher epistemischen Prämisse Demokratie ihren angemessenen Grund findet, unentschieden aus? In gewissem Sinn ja. Das gilt sowohl für den theoretischen Diskurs wie für das pragmatisch abwägende Antworten auf die Frage, welches Selbstverständnis der Demokratie „bekömmlicher" sei. Aber vielleicht muss es ja nicht beim strikten „Entweder – Oder" bleiben. Drei Argumentations- bzw. Handlungsstrategien bieten sich an, um die Überzeugung, dass Demokratie normative Wahrheit verkörpere, und die Gegenüberzeugung, dass Demokratie die politische Organisationsform der Skepsis sei, miteinander zu verknüpfen. Logisch mag das als eine schwierige Operation erscheinen, pragmatisch hat diese Operation gute Gründe für sich.

Einen ersten Argumentationsweg hat der Rechtsphilosoph Gustav Radbruch beschritten. In einem Vortrag, den er 1934, also wenige Jahre nach dem Erscheinen von Kelsens Schrift, unmittelbar nach der nationalsozialistischen Machtergreifung, hielt, meinte er, selbstbewusster als Kelsen, zeigen zu können, dass der skeptizistische Ansatz den Brückenschlag von der Ungewissheit zur Gewissheit selbst schon leiste; das Entweder – Oder überwinde.[20] Aus der Prämisse, dass die Wahrheit keiner Meinung erweisbar sei, lasse sich nicht nur das gleiche Recht aller Meinungen, gehört zu werden, mithin die Freiheit der Meinungsäußerung herleiten, vielmehr sei aus dieser Prämisse die Gesamtheit der liberalen Grundrechte und mit ihr die Demokratie als Verfassungsform zwingend ableitbar. Das Nichts, so formuliert Radbruch emphatisch, habe aus sich heraus das All geboren. Der Relativismus habe absolute Forderungen hervorgebracht – ein logisches Wunder habe sich ereignet.

Radbruchs Pathos hat die Kraft zu beeindrucken. Aber es kann doch die Einwände nicht außer Kraft setzen, die jedem Versuch, Demokratie allein auf die Prämisse des Skeptizismus zu gründen – und das tut ja auch Radbruch –, entgegenstehen, die logischen nicht und die anthropologischen auch nicht. Für das Recht auf freie Meinungsäußerung mag, was Radbruch postuliert, gelten, vielleicht sogar für die Mehrheitsregel. Aber der demokratische Verfassungsstaat verknüpft das Prinzip der Volkssouveränität, das man hinter der Mehrheitsregel entdecken mag, mit dem Prinzip der Rechtsgebun-

20 Radbruch (1957).

denheit aller staatlichen Gewalt, einer in ihrem menschenrechtlichen Kern weder für den Verfassungsgeber noch den Gesetzgeber verfügbaren Rechtsgebundenheit. Dieses Prinzip ist aus der skeptizistischen Prämisse nicht herleitbar. Man kann auch sagen: Artikel 1 des Grundgesetzes ist es nicht. Ein die Idee der Menschenwürde entfaltendes Grundrechtsensemble ist etwas anderes als ein Katalog von Rechten, die sich aus der Prämisse ergeben, dass niemand die Wahrheit kennt.

Eine zweite Argumentationsstrategie könnte versuchen, „Wahrheit" und „Ungewissheit" in der Demokratiebegründung in ein komplementäres Verhältnis zueinander zu setzen.[21] Das Prinzip Offenheit, die Prämisse der Ungewissheit also bleibt konstitutiv für die Demokratie. Aber es vermag die diesem Prinzip gemäße Ordnung, eine Ordnung, die dauerhaft gewährleistet, dass Politik als Prozess der gemeinsamen Suche nach Problemlösungen unter Freien und Gleichen betrieben wird, nicht aus eigener Kraft zu legitimieren. Es bedarf der Anerkennung einer „Wahrheit", der Wahrheit (um beim Grundgesetz zu bleiben) von Artikel 1, wenn wir uns bei dieser Suche wechselseitig als Subjekte gleichen Rechtes im öffentlichen Raum respektieren sollen. Erst diese Anerkennung macht einen auf das Prinzip Offenheit gegründeten, dieses Prinzip gewährleistenden demokratischen politischen Prozess verlässlich möglich. Die Hauptschwierigkeit, mit der sich diese Argumentationsstrategie der Verknüpfung der beiden scheinbar einander ausschließenden Prämissen konfrontiert sieht, ist die, die vorausgesetzte „Wahrheit" so zu begründen, dass die Begründung das komplementäre Prinzip der Offenheit nicht nur nicht in Bedrängnis bringt, sondern als Fundamentalnorm bestätigt.

Ein dritter Versuch könnte sich von einem ganz anderen Komplementaritätsverständnis leiten lassen. Wenn man annimmt, dass Gewissheits- und Ungewissheitsprämisse sich innerhalb eines geschlossenen Argumentationsganges nicht schlüssig verbinden lassen, bleibt die Möglichkeit, gelingende Demokratie als eine Art von faktischer Balance zwischen den beiden hier diskutierten Demokra-

21 Der in Anm. 1 genannte Vortrag von Henning Ottmann schlägt diesen Weg ein.

tieverständnissen zu verstehen. Das heißt ganz einfach: Es müssen sich, wenn Demokratie gelingen soll, immer die Überzeugung, dass Demokratie eine Wahrheit sei, unbedingt verpflichtend, auf der einen Seite und das Prinzip Offenheit, das jeder Tendenz, Antworten für definitiv zu erklären, entgegensteht, auf der anderen so stark und präsent gegenüberstehen, dass sie sich die Waage halten können. Das Entweder – Oder wird nicht im Raum der Theorie aufgelöst sondern im Raum der Politik ins Gleichgewicht gebracht

V.

Es war eingangs schon davon die Rede, dass die Frage nach dem Verhältnis von Demokratie und Wahrheit auch ganz anders gestellt werden könne, als wir es bisher getan haben; als Frage nämlich nach der Demokratiekompatibilität von Wahrheitsansprüchen dritter Autoritäten, die in den öffentlichen Raum hineinwirken. Einen einfachen Zusammenhang zwischen den beiden Dimensionen des Themas – etwa in Gestalt der Annahme, dass die skeptizistische Demokratiebegründung eine größere Toleranz gegenüber Wahrheitsansprüchen jedweder Provenienz impliziere (oder gerade umgekehrt?) – gibt es nicht. Demokratien folgen, das ist zumindest ein Erfahrungssatz, im Umgang mit den Wahrheitsansprüchen dritter Autoritäten grundsätzlich den gleichen Regeln. Anders formuliert: Die Bedingungen der Demokratiekompatibilität solcher Ansprüche ergeben sich offenbar mit einer systemimmanenten Logik, die mit unterschiedlichen Argumentationen der Demokratiebegründung wenig zu tun hat. Das bedeutet: Hier tut sich ein ganz neues Themenfeld auf, das dem, auf dem wir uns bisher bewegt haben, allenfalls benachbart ist. Gleichwohl erscheint es als sinnvoll, unsere Überlegungen mit einen Ausblick auf dieses zweite Themenfeld zu beschließen, damit die Zweidimensionalität des Themas zumindest sichtbar wird. Mehr als einer Skizze bedarf es dazu nicht.

Zwei Wahrheitsansprüche „dritter Autoritäten“ im Besonderen sind zu bedenken. Dem einen haben sich politische Ordnungen zu allen Zeiten gegenüber gesehen, mit dem anderen ist erst der moderne Staat konfrontiert. Die Rede ist von den Wahrheitsansprüchen der Religion einerseits und der Wissenschaft andererseits. Spontan werden vermutlich die meisten Menschen der Meinung zuneigen, zwischen dem Wahrheitsanspruch der Religion und der Demokratie bestehe ein Spannungsverhältnis, könne zumindest ein Spannungsverhältnis bestehen, während der Wahrheitsanspruch der Wissenschaft für die Demokratie ohne weiteres annehmbar sei. Ist es tatsächlich so einfach? So eindeutig?

Was das Verhältnis von Demokratie und Religion angeht, muss man sich zunächst einmal bewusst machen, dass Demokratie nicht gleich Demokratie und Religion nicht gleich Religion ist. Die antike Polis war bekanntlich ein Gemeinwesen, das sich auch und in gewissem Sinn zuförderst als Kulteinheit definierte. Die Stadtgottheiten waren konstitutiv für die Identität der Polis, ihre Verehrung stand im Zentrum des öffentlichen Lebens, die Bürger waren Kultgenossen. Darin unterschied sich die demokratisch verfasste Polis überhaupt nicht von den anders verfassten Poleis. Das gemeinsame demokratische Leben und der gemeinsam praktizierte Kultus waren zwei komplementäre Dimensionen des öffentlichen Lebens. Warum ist das für die moderne Demokratie keine Möglichkeit mehr? Die Antwort auf diese Frage hat mit dem Wandel von Demokratie und dem Wandel von Religion zu tun. Weil die moderne Demokratie menschenrechtlich begründet ist, setzt sie die Autonomie des Politischen voraus. In der Sphäre des Politischen müssen Bürger sich als Freie und Gleiche begegnen können, und sie können das nur, wenn diese Sphäre nicht fremdbestimmt ist, insbesondere nicht einem bestimmten Glaubensbekenntnis nachgeordnet. Denn unter Bedingungen der Modernität gibt es keine nicht erzwungene Gemeinsamkeit der Religion mehr. Ein Gemeinwesen, das auf die gleichen Freiheitsrechte aller Bürger gegründet ist, muss deshalb das Bürgerrecht vom religiösen Bekenntnis lösen. Der Raum des Politischen muss als ein in sich selbst begründeter verfasst sein. Nur in einem solchen Raum können Bürger ihr gemeinsames Leben als Freie und politisch Gleiche organisieren. Kurz: Die Autonomie der Politik ist eine Bedingung der Möglichkeit von Demokratie. Religiöse Wahrheitsansprüche, die dieser Autonomie entgegenstehen, sind mit Demokratie nicht vereinbar.

Übrigens gilt ebenso, gewissermaßen komplementär: Ohne Autonomie des Religiösen gibt es keine Demokratie. Denn wenn die Politik über die Religion – wie auch immer – verfügt, verneint sie eben damit eine Grundnorm der Demokratie, nämlich die, dass jeder Bürger als ein Subjekt zu respektieren sei, als Träger ursprünglicher Freiheitsrechte, zu denen die Religionsfreiheit zählt. Staatskirchentum, wie es zumal in der protestantischen wie in der orthodoxen Ausprägung des Christentums eine bedeutende Rolle gespielt hat, ist, wenn überhaupt, mit Demokratie nur vereinbar, wenn es Religionsfreiheit akzeptiert.[22]

Aber zurück zur Hauptaussage: Die Autonomie des Politischen ist eine Bedingung der Möglichkeit von Demokratie in ihrer modernen Ausprägung. Mit dieser Autonomie aber haben die monotheistischen Religionen, die die Geschichte der letzten zweitausend Jahre bestimmt haben – und nur von ihnen soll hier der Einfachheit halber die Rede sein, so sehr ein Blick auf andere Weltreligionen auch geboten wäre –, ihre Schwierigkeiten. Ihrer aller erstes Gebot lautet: „Ich bin der Herr, dein Gott. Du sollst keine anderen Götter haben neben mir." In diesem Gebot spricht sich der Wille zu ausschließlicher und umfassender Herrschaft dessen aus, der so redet. Ausschließlich – kein anderer Herrschaftsanspruch kann diesem gleich geordnet sein; umfassend – keine Lebenssphäre kann sich ihm entziehen. Wenn das aber so ist, dann lässt dieses „Ich bin der Herr, dein Gott" eigentlich keinen Raum für die Autonomie des Politischen. Die Geschichte der christlichen wie der islamischen Welt lässt das anschaulich werden; und die des Judentums auch, seit es den Staat Israel gibt. Gleichwohl hat sich die moderne Demokratie in der monotheistischen Welt, der christlichen nämlich, entwickelt und durchgesetzt. Das ist eine eigene Geschichte, um die es hier nicht geht. Wichtig für unsere Thematik ist nur eines: Das Christentum hat es, obwohl eine Religion des ersten Gebotes, in einem schwierigen und konfliktreichen Lernprozess fertiggebracht, die Sphäre des Politi-

22 Dabei ist aber zu bedenken, dass Religionsfreiheit nicht notwendig mit Religionsneutralität des Staates gleichzusetzen ist. Siehe dazu Hillgruber (2009). Sein Aufsatz trägt den programmatischen Titel „Mythos Neutralität".

schen freizugeben, sich mit der Autonomie des Politischen als einer Bedingung von Demokratie zu arrangieren.[23] Man könnte das als Folge zunehmender Schwäche zu erklären versuchen. Aber diese Erklärung griffe zu kurz. Im Christentum selbst und seiner geschichtlichen Praxis sind Voraussetzungen für diese Entwicklung angelegt gewesen, von denen die wichtigsten in Stichworten wenigstens genannt sein sollen.

Zu einen: In der Stiftungsbotschaft ist die Denkmöglichkeit, ja die Rechtfertigung der Autonomie des Politischen bereits vorbereitet. Das berühmte Jesuswort aus der Geschichte vom Zinsgroschen „Gebt dem Kaiser, was des Kaisers ist, und Gott, was Gottes ist“ ist eine Differenzierungsformel. Auch bedeutet die Rückführung des gesamten jüdischen Gebotekanons auf das eine Liebesgebot, das ja nicht bestimmte Verhaltensweisen, sondern einen Verhaltensgrund normiert, dass die Religion einen weiten Normierungsraum prinzipiell für das weltliche Recht frei gibt. Zum andern: Kontingente historische Bedingungen haben jedenfalls für die westliche, die lateinische Christenheit – bei der östlichen, der orthodoxen verhält es sich anders – von Anfang an zu einem Gegenüber und häufig Gegeneinander von *sacerdotium* und *imperium*, von geistlicher und weltlicher Macht geführt. Diese Konstellation ist in Europa bis an die Grenze des zaristischen Russlands durchgehend erhalten geblieben und hat das lateinische Christentum genötigt, ein ihr gemäßes Selbstverständnis zu entwickeln. Mit anderen Worten: Die besondere gewaltenteilende Verfasstheit Europas hat der Emanzipation des Politi-

23 Dazu Kielmansegg (2008).

schen den Weg geebnet.[24] Für den Islam gilt das alles nicht. Er hat bis heute große Schwierigkeiten mit dem Postulat der Autonomie des Politischen und deshalb auch mit der Demokratie, die diese Autonomie voraussetzt.

Während die Universalreligionen also einen spezifischen Modernisierungsprozess durchlaufen müssen, damit ihr Wahrheitsanspruch demokratiekompatibel wird, scheint der Wahrheitsanspruch der Wissenschaft auf eine ganz selbstverständliche Weise mit der liberalen Demokratie zu harmonieren, während er mit dem Gegentypus, mit dem politischen Totalitarismus in seinen unterschiedlichen Spielarten, ebenso notwendig kollidiert, weil im totalitären System auch im Bereich des Faktischen Wahrheit politisch definiert ist.

Wissenschaft, so wie sie sich in den letzten Jahrhunderten in Europa entwickelt und im 20. in aller Welt durchgesetzt hat, ist vor allem deshalb demokratiekompatibel, weil die Reichweite ihres Wahrheitsanspruchs begrenzt ist. Wenn man von den Formalwissenschaften der Mathematik und der Logik absieht, erhebt die Wissenschaft einen – auch nur vorläufigen – Wahrheitsanspruch nur für Aussagen, die die Welt beschreiben, und dies nur insoweit, als diese Aussagen für Dritte überprüfbar sind, weil nach anerkannten Regeln und in Verfahren gewonnen, derer sich im Prinzip jeder bedienen kann. Religionen, philosophische Systeme, auch politische Weltanschauungen – die ja immer mehr sind als nur Anschauungen der Welt, nämlich Programme der Gestaltung der Welt, Lebensanleitungen – sind nach Kriterien der Wissenschaft nicht wahrheitsfähig,

24 Das Verhältnis Demokratie-Christentum ist natürlich viel komplexer, als es sich in diesen wenigen Bemerkungen darstellt. Die Freigabe des politischen Raumes durch die Religion ist nur ein Aspekt dieses komplexen Verhältnisses. Dass das Christentum Entscheidendes zur Herausbildung der Bedingungen der Möglichkeit der Entstehung des demokratischen Verfassungsstaates beigetragen hat, steht außer Frage. Das Christentum könnte aber auch für die Zukunft der Demokratie wesentlich sein. Möglicherweise werden die normativen Fundamente des demokratischen Verfassungsstaates dauerhaft stabil nur bleiben, wenn sie von Wahrheitsüberzeugungen gestützt werden, die stärker sind als die, die die Demokratie aus eigener Kraft zu vermitteln vermag. Zum Verhältnis Demokratie-Christentum allgemein Brocker/Stein (2006).

was nicht bedeutet, dass sie überhaupt nicht an Rationalitätsstandards messbar sind. Da aber wissenschaftliche Wahrheiten in der modernen Welt die einzigen sind, denen als Wahrheiten allgemeine Verbindlichkeit zugestanden wird, eröffnet die Selbstbeschränkung der Wissenschaft der Politik jenen Raum legitimen Dissenses, den Demokratie braucht. Nur in einem hinreichend weiten Raum legitimen Dissenses, der Ungewissheit also, kann der demokratische Modus der Politik sich entfalten, nicht da, wo Wahrheitsgewissheiten aufeinandertreffen, die Verbindlichkeit für sich beanspruchen.

Freilich: Man kann die Frage stellen, ob die umstandslose Feststellung, der Wahrheitsanspruch der Wissenschaft sei demokratiekompatibel, nicht zu einfach sei. Lässt die moderne Wissenschaft von ihrem Anspruch her wirklich genug Raum für den demokratischen Modus der Politik? Flicht sie nicht auch in ihrer Beschränkung auf beschreibende Aussagen über das So-Sein der Welt ein immer dichter werdendes Gewissheitsnetz, das Politik im demokratischen Verständnis, also Politik als argumentativen Diskurs, wenn nicht vollständig, so doch weitgehend überflüssig macht? Was bleibt für die Politik, wenn die Wissenschaft uns sowohl die genaue Beschreibung der Problemlagen wie der Möglichkeiten und Notwendigkeiten des Handelns liefert? Die Erwartung, dass die von Wissenschaft geprägte Zivilisation, in der wir leben, notwendig zu einer Expertenherrschaft führen müsse, weil die Optionen, die uns für die Lösung unserer gesellschaftlichen Probleme zur Verfügung stehen, und mit den Optionen die Grenzen des Handlungsspielraums der Politik nur noch von den wissenschaftlich geschulten Experten formuliert werden könnten, ist immer wieder, auch von bedeutenden Zeitanalytikern, geäußert worden.[25] Der Gang der Dinge hat diese Erwartung bisher nicht bestätigt. Dafür, dass der Einfluss der Experten wächst, sprechen zwar viele Indizien. Aber offensichtlich ist auch, dass der Politik Entscheidungsräume und Entscheidungslasten bleiben, weil am Ende der meisten öffentlichen Deliberationsprozesse Fragen stehen, auf die keine aus den Gewissheiten wissenschaftlichen Wissens herleitbaren Antworten gegeben werden können.

25 Als Beispiel Schelsky (1965).

Viele Wissenschaftler würden wohl noch einen Schritt weitergehen und der These, der Expertenherrschaft gehöre die Zukunft, entgegenhalten: In Wirklichkeit sei die Wissenschaft im Verhältnis zur Politik eher schwach. Die Möglichkeiten der Einwirkung der Wissenschaft auf die Politik seien häufig selbst da durch die Logik des demokratischen Machtwettbewerbs eng begrenzt, wo sie entscheidungsrelevantes, verlässliches Wissen anzubieten habe. Die Zwänge des politischen Wettbewerbs bestimmten, ob überhaupt und wann und wie die Erkenntnisse der Wissenschaft in der Politik wirksam werden könnten. Und das sei zwar nicht in allen, aber doch in zunehmend mehr Politikbereichen problematisch. Denn in zunehmend mehr Politikbereichen verhindere der Wettbewerb um Wählerstimmen, dass die politische Debatte über die Problemlagen und die verfügbaren Lösungsoptionen auf einem angesichts des erreichten Wissenstandes angemessenen Rationalitätsniveau geführt werde; ganz einfach deshalb, weil dieser Wissensstand den meisten der umworbenen Wähler unzugänglich sei; durch die Mobilisierung von Emotionen könnten sie mithin leicht dazu gebracht werden, entscheidungsbedeutsame Fakten zu ignorieren.

Wenn es sich so verhält, kehrt sich die Kompatibilitätsfrage um: Wie ist Demokratie in einer wissenschaftlichen Zivilisation möglich, wenn die letzte Instanz demokratischer Politik, der Wähler, an dem, was wir über die Welt, in der wir leben, wissen, nicht mehr teilhat, ja nicht einmal das Ethos einer Wissenszivilisation akzeptiert, dass wir unsere Meinungen auf den Prüfstand des verfügbaren Wissens zu stellen verpflichtet sind und erst urteilen dürfen, wenn unsere Meinungen diese Prüfung bestanden haben?[26] Allein die Frage schon macht deutlich: Die Feststellung, zwischen der wissenschaftlichen Zivilisation der Moderne mit ihrem Wahrheitsverständnis und der modernen Demokratie herrsche prästabilierte Harmonie, wäre voreilig.

26 Dazu Mohr (2006).

Literatur:

Brocker, Manfred/Stein, Tine (Hrsg.) (2006): Christentum und Demokratie. Darmstadt.

Grab, Walter (Hrsg.) (1973): Die Französische Revolution. Eine Dokumentation. München.

Habermas, Jürgen (1992): Faktizität und Geltung. Frankfurt a.M.

Hillgruber, Christian (2009): Mythos Neutralität. Überlegungen zum religiösweltanschaulichen Fundament des modernen Staates. In: Thomas, Hans/ Hattler, Johannes (Hrsg.): Glaube und Gesellschaft. Gefährden unbedingte Überzeugungen die Demokratie? Darmstadt. S. 175-200.

Kelsen, Hans: Vom Wesen und Wert der Demokratie. In: Archiv für Sozialwissenschaft und Sozialpolitik 41(1920/21) S. 50-85. Zweiter erweiterter Druck Tübingen 1929.

Kielmansegg, Peter Graf (1977): Volkssouveränität. Eine Untersuchung der Bedingungen demokratischer Legitimität. Stuttgart.

Ders. (2008): Kirche und Staat in Europa. In: Die politische Meinung Nr. 461, S. 13-18.

Ludwig, Karl-Heinz (2004): Die Apotheose Washingtons. In Frankfurter Allgemeine Zeitung Nr. 85/2004, S. 7; Zeus und der Sphinx am Potomac. In: Frankfurter Allgemeine Zeitung Nr. 90/2004, S. 8; Bush und der Dornbusch. In: Frankfurter Allgemeine Zeitung Nr. 95/2004, S. 11.

Mohr, Hans (2006). Wissen und Demokratie. Freiburg i.B./Berlin.

Nida-Rümelin, Julian (2006): Demokratie und Wahrheit. Vier Kapitel zum Verhältnis philosophischer und politischer Vernunft. München.

Oakeshott, Michael (1996): The fortunes of scepticism. In: Times Literary Supplement. March 15 1996.

Radbruch, Gustav (1957): Der Relativismus in der Rechtsphilosophie. In: Ders.: Der Mensch im Recht. Göttingen. S. 80-87.

Reinhardt, Rolf (1998): Das Blut der Freiheit. Französische Revolution und demokratische Kultur. Frankfurt a.M.

Schelsky, Helmut (1965): Der Mensch in der wissenschaftlichen Zivilisation. In: Ders.: Auf der Suche nach Wirklichkeit. Düsseldorf/Köln. S. 71-85.

Spaemann, Robert (2009): Wahrheit und Freiheit. In : Thomas, Hans/Hattler, Johannes (Hrsg.): Glaube und Gesellschaft. Gefährden unbedingte Überzeugungen die Demokratie? Darmstadt. S. 71-85.

Spinner, Helmut (1978): Popper und die Politik. Rekonstruktion und Kritik der Sozial-, Polit- und Geschichtsphilosophie des kritischen Rationalismus. Berlin u.a.

Zweiter Versuch. Die Quadratur des Zirkels.

Überlegungen zur Identität der repräsentativen Demokratie.

Der demokratische Verfassungsstaat, inzwischen etwa 200 Jahre alt, ist die erfolgreichste Institutionalisierung politischer Freiheit in der Geschichte der Menschheit, die wir kennen. Gleichwohl liegt seit seinen Anfängen der Schatten eines hartnäckigen Zweifels, eines Verdachtes und Vorwurfs über ihm. Die Rede ist von dem Verdacht, dass er nur eine zweitbeste Lösung oder – wenn man den gleichen Sachverhalt mit herausfordernder Schärfe formulieren will – eine Notlösung sei. Denn er ist repräsentativ verfasst, ist repräsentative Demokratie. Und deshalb erscheint er, am Maßstab des Ideals wahrer und wirklicher Volksherrschaft gemessen, bestenfalls als „popular government of the second degree of purity", wie Thomas Jefferson es gelegentlich ausgedrückt hat.[1]

Mit diesem Urteil kann sich durchaus die Überzeugung verbinden, dass eine andere als die „zweitbeste Lösung" gar nicht möglich sei; dass Demokratie, jedenfalls die Demokratie unserer Zeit repräsentativ verfasst sein müsse. In den Worten eines verbreiteten und angesehenen Lehrbuches: „Die moderne Demokratie ist notwendigerweise eine mittelbare Demokratie ... Aus Gründen der Praktikabilität muss sich das Demokratieprinzip in der Regel mit dem allerdings zwingenden Erfordernis einer gewählten Volksvertretung auf gesamtstaatlicher, gliedstaatlicher und kommunaler Ebene begnügen."[2] Aber der Makel, im Grunde doch nur eine Hilfskonstruktion zu sein, ist damit nicht von der repräsentativen Demokratie genommen: eine *dura necessitas*, eine harte Notwendigkeit, um Karl Loewenstein zu zitieren[3] – der Ton liegt auf *dura*. Bis in den Sprachgebrauch hinein ist die Vorstellung, dass die repräsentative Demo-

1 Zitiert nach Dumbauld (1955) S. 87.
2 Brunner (1979) S. 181.
3 Loewenstein (1964) S. 79.

kratie nur eine defizitäre Form der Demokratie sei, festgeschrieben. Wir sprechen – wie das eben zitierte Lehrbuch – oft von mittelbarer oder indirekter Demokratie. Liegt nicht auf der Hand, dass unmittelbar und direkt besser ist als mittelbar und indirekt; dass das Mittelbare und Indirekte nur ein Ersatz für das Unmittelbare und Direkte ist, mögen uns auch die Verhältnisse nötigen, mit dem Mittelbaren und Indirekten vorlieb zu nehmen?

„Popular government of the second degree of purity", „dura necessitas" oder auch, um den amerikanischen Politikwissenschaftler Robert Dahl zu zitieren, „a sorry substitute for the real thing"[4] – mit diesen Formeln ist der Schatten, von dem eingangs die Rede war, hinreichend gekennzeichnet. Sie stoßen die repräsentative Demokratie, ob sie es wollen oder nicht, in die Defensive, konfrontieren sie mit Normen, mit denen ihr jeden Tag der Prozess gemacht werden kann. Wenn man diesen Zustand eine Krise nennen will, so ist es eine Identitätskrise: Es geht um die Frage, was das denn sei, eine repräsentative Demokratie.

Die Identitätskrise der repräsentativen Demokratie ist durchaus kein rein akademisches Thema. In der Bundesrepublik – und nicht nur dort – ist sie an den Erfolgen politischer Bewegungen abzulesen, die kaum noch Verständnis für den Geist und die Spielregeln repräsentativer Demokratie aufbringen. Die repräsentative Demokratie kann auf solche Herausforderungen, kann auf die Angriffe, die im Namen der Demokratie auf sie geführt werden, keine überzeugende Antwort geben, solange sie selbst nicht klar und entschieden, selbstbewusst zu sagen weiß, was sie ist. Das setzt voraus, dass dem Topos von der „zweitbesten Lösung", von der repräsentativen Demokratie als Ersatzdemokratie auf den Grund gegangen wird. Denn aus ihm springt die Forderung nach der „besten Lösung" wie von selbst hervor. Er lädt Protestbewegungen gleichsam dazu ein, hinter den unterschiedlichen Anlässen und Themen des Protestes die „Systemfrage" zu entdecken.

Man hat von der Aufgabe, die damit skizziert ist, gelegentlich als der Quadratur des Zirkels gesprochen.[5] Es könne nur eines von bei-

4 Dahl (1982) S. 13.
5 Das ist die Kernaussage von Landshut (1968).

den sein, entweder Volksherrschaft oder Repräsentation. Damit ist gesagt: Einen Ausweg aus der Identitätskrise der repräsentativen Demokratie gebe es nicht. Denn repräsentative Demokratie sei nichts anderes als der zum System erhobene Widerstreit zweier miteinander unvereinbarer Prinzipien. Aber für die politische Theorie gelten andere Regeln als für die Mathematik. Sie darf und muss sich an der „Quadratur des Zirkels" versuchen.

I.

Es liegt nahe, mit der Frage zu beginnen, wie repräsentative Demokratie in ihren Anfängen, als sie – hier in allmählichem Übergang, dort mit revolutionärer Plötzlichkeit – Gestalt gewann, beschrieben, gedeutet, gerechtfertigt wurde, zumal von ihren Protagonisten. Da es drei Länder sind, denen für die Entstehung der repräsentativen Demokratie Schlüsselbedeutung zukommt – England, Frankreich und die Vereinigten Staaten, sollen hier zunächst einmal einige wenige Stimmen aus diesen Ländern zu Wort kommen.

Repräsentative Demokratie als Verfassungsform, in der sich repräsentative Institutionen und das allgemeine Bürgerrecht auf Teilhabe an der Politik miteinander verbinden, tritt in der europäischen Geschichte deutlich, wenn auch noch nicht dauerhaft lebensfähig, zuerst im 17. Jahrhundert in Erscheinung: als Idee und Entwurf in den Verfassungsvorstellungen jener radikalen englischen Bürgerkriegspartei, die wir unter dem Namen Leveller kennen, in ihrem kühnen und vergeblichen Versuch, zwei Jahrhunderte englischer Verfassungs- und Gesellschaftsgeschichte in einem Anlauf zu überspringen; als lebende Verfassung in den englischen Kolonien, die in diesem 17. Jahrhundert in Nordamerika gegründet werden und rasch ein hohes Maß an Selbständigkeit gewinnen, jedenfalls was ihre innere Entwicklung betrifft. Hier wie dort ist überaus deutlich, dass Idee und Praxis der repräsentativen Demokratie aus einer besonderen Tradition hervorgewachsen sind.

Es ist die ständische Repräsentativverfassung des späten Mittelalters und der frühen Neuzeit – an sich eine gemeineuropäische Erscheinung, aber in England vollkommener und lebenskräftiger ausgebildet als irgendwo sonst –, als deren Fortentwicklung sich die repräsentative Demokratie bei ihrem frühesten Auftreten ganz unverkennbar darstellt. Die Kolonisten wie die Leveller standen in dieser Tradition und traten auch nicht eigentlich aus ihr heraus. Sie dachten, entwickelten die Ordnungen, die ihnen vertraut waren, ganz einfach weiter, stellten die alten Institutionen auf ein neues Fundament, eben das des allgemeinen oder nahezu allgemeinen Wahlrechtes – sei es in der spontanen Praxis des Neubeginns in einer fremden Welt, sei es in Entwürfen für eine Neuordnung des Gemeinwesens, die in den leidenschaftlichen Debatten der revolutionären Jahre nach 1640 in England Gestalt gewannen.

Aber gerade weil es aus einer sehr spezifischen Tradition hervorwuchs, Frucht der Geschichte, nicht der Spekulation war, gab es für das neue Gebilde der freiheitlichen Repräsentativverfassung keinen rechten Platz in der aristotelisch geprägten Staatsformenlehre. Teilhabe aller Bürger an der Politik war Demokratie, und Demokratie hieß in dieser Denktradition Versammlungsdemokratie, die Herrschaft des auf dem Marktplatz versammelten Volkes über sich selbst, und nichts sonst. Als Demokratie ließ sich das System der auf allgemeine Bürgerbeteiligung gegründeten Repräsentativregierung, das als neue Möglichkeit freiheitlicher Ordnung Kontur gewann, also offenbar nicht verstehen. Aber als was dann?

Erst das 18. Jahrhundert hat über die Frage nachzudenken begonnen, wie sich Demokratie im traditionellen Verständnis und freiheitliche Repräsentativverfassung zueinander verhielten. Es ist, einmal mehr, das berühmte England-Kapitel aus Montesquieus „Vom Geist der Gesetze“ gewesen, das die Diskussion in hohem Maße geprägt hat. Auch hier also war es der historische Fall England, von Montesquieu freilich ins Allgemeine gewendet, der den Anstoß gab. Montesquieu schreibt, seine Gewaltenteilungslehre entwickelnd, über die gesetzgebende Gewalt: „Da in einem freien Staat jeder, dem man einen freien Willen zuerkennt, durch sich selbst regiert sein sollte, so müsste das Volk als Ganzes die gesetzgebende Gewalt haben. Das aber ist in den großen Staaten unmöglich, in den kleinen mit vielen Misshelligkeiten verbunden. Deshalb ist es nötig, dass das

Volk durch seine Repräsentanten das tun lässt, was es nicht selbst tun kann.“[6]

In dieser Bemerkung sind zwei Linien der Argumentation in knappen Andeutungen angelegt. „In den großen Staaten unmöglich“ – das heißt, die Repräsentativverfassung wird nötig, weil die Verhältnisse in einem großräumigen Gemeinwesen es nicht mehr zulassen, dass die Bürger sich auf dem Marktplatz versammeln, um das Geschäft der Gesetzgebung selbst zu besorgen. Repräsentative Demokratie also als der Behelf, der möglich bleibt, wenn Versammlungsdemokratie nicht mehr möglich ist. Der letzte Satz wirkt wie ein hinter diese Aussage gesetztes Ausrufungszeichen. Zuvor aber wird noch ein zweiter Gesichtspunkt mit wenigen Worten eingeführt: Die unmittelbare Gesetzgebung durch die Volksversammlung ist auch in den kleinen Staaten, in denen sie an sich möglich wäre, mit vielen Misshelligkeiten verbunden. Die freiheitliche Repräsentativverfassung hat also, das ist aus dieser – von Montesquieu übrigens alsbald auch näher ausgeführten – Andeutung herauszulesen, offenbar doch ihren eigenen Rang, ist mehr als ein bloßer Behelf für die Fälle, in denen es anders nicht zu machen ist.

Von der ersten Deutung und Rechtfertigung der freiheitlichen Repräsentativverfassung muss zunächst die Rede sein. Sie ist bekanntlich zu einem geschichtsmächtigen Topos geworden, geschichtsmächtiger als alles, was sonst über die repräsentative Demokratie gesagt worden ist. Sie hat den Vorzug scheinbar zwingender Einfachheit und Schlüssigkeit. Sie ist wie selbstverständlich. Man kann das an John Stuart Mills großartigem Plädoyer für die Repräsentativverfassung ablesen, geschrieben am Vorabend der zweiten Wahlrechtsreform, auf halbem Wege also zwischen der oligarchischen Vergangenheit der englischen Repräsentativverfassung und ihrer demokratischen Zukunft. Mill beginnt dieses Plädoyer, indem er kraftvoll den Gedanken entfaltet, jene Regierungsform sei die beste, in der jeder Bürger teilhabe und teilnehme an der Erledigung der gemeinsamen Angelegenheiten. Und dann heißt es kurz und bündig – es ist der letzte Satz des Kapitels, in dem die Überzeu-

6 Vom Geist der Gesetze XI, 6.

gung, nur als mithandelnder, mitentscheidender, mitverantwortlicher Bürger könne der Mensch sich vervollkommnen, so entschieden und eindringlich verfochten wird: „But since all cannot, in a community exceeding a single small town, participate personally in any but some very minor portions of the public business, it follows that the ideal type of a perfect government must be representative."[7] Da haben wir den Topos und seine zwingende Evidenz. Mehr sagt Mill jedenfalls an dieser Stelle zur Rechtfertigung der repräsentativen Demokratie nicht.

Die Worte, die Mill benutzt – „the ideal type of a perfect government" – deuten an, dass wer die repräsentative Demokratie als Ersatz für die Versammlungsdemokratie versteht, sie deshalb keineswegs gering schätzen muss. Auch wenn die repräsentative Demokratie nur ein Abbild des Urbildes ist, ist sie doch nicht notwendig eine Notlösung – für diese Anschauung gibt es in der Tat viele Zeugnisse. In eben dem Brief Thomas Jeffersons, in dem die repräsentative Demokratie „Demokratie zweiten Reinheitsgrades" genannt wird, findet sich auch die erstaunliche Bemerkung „The introduction of this new principle of representative democracy has rendered useless almost everything written before on the structure of government."[8] Das ist durchaus enthusiastisch gemeint. Verfassungsgeschichtlich, verfassungstheoretisch, will Jefferson sagen, ist ein großer Durchbruch gelungen. Eine „Erfindung" ist gemacht, die den alten Lehrsatz, Demokratie sei nur in Kleinstaaten möglich, aufhebt. Eine neue Ära in der Geschichte der Demokratie kann beginnen, hat mit der Gründung der Vereinigten Staaten von Amerika begonnen.

Dieser Enthusiasmus ist für die Gründerväter der Vereinigten Staaten ja überhaupt charakteristisch. Sie haben die Verbindung des repräsentativen mit dem demokratischen Prinzip, die sie als konstitutiv für die von ihnen geschaffene Republik begriffen, die Befreiung des demokratischen Prinzips aus dem Gefängnis der Kleinräumigkeit, als große, schöpferische Leistung des menschlichen Geistes, ja als Wendepunkt der Menschheitsgeschichte gefeiert. Thomas Paines

7 Es ist das 3.Kapitel von „Considerations on Representative Government", das so endet.

8 Siehe Anm. 1.

triumphierender Ausruf „What Athens was in miniature, America will be in magnitude“[9] gibt dieser Stimmung und Überzeugung den eindringlichsten Ausdruck. Aber auch in der begeisterten Bejahung bleibt die repräsentative Demokratie Abbild des Urbildes Versammlungsdemokratie – die Paine'sche Formel macht es auf das Deutlichste sichtbar.

Dem Gedanken, die repräsentative Demokratie vertrete gewissermaßen die Versammlungsdemokratie dort, wo sie unmöglich sei, tritt der andere zur Seite oder auch entgegen, repräsentative Demokratie sei eine eigene und überlegene Form der Organisation eines freien Gemeinwesens, Ersatz und zugleich doch mehr als bloßer Ersatz. Montesquieu deutet nur an, woran er denkt, wenn er von den Misshelligkeiten der Versammlungsdemokratie spricht. Aber es ist klar, dass er Repräsentativversammlungen eine Befähigung zur Gesetzgebung zuschreibt, die keine Volksversammlung besitzt.

Die Überzeugung von der Überlegenheit der Repräsentativverfassung gründet sich vor allem auf die Erwartung, dass die Wahl der Repräsentanten eine Auslese der Besten sein werde; in der freiheitlichen Repräsentativverfassung also das demokratische mit dem – im Wortsinn – aristokratischen Prinzip verschmelze. Bei James Madison, bei John Stuart Mill, bei Emanuel Joseph Sieyès – überall bei den Theoretikern der demokratischen Repräsentativverfassung ist diese Erwartung nachweisbar und bestimmend. Mills Plädoyer für ein Persönlichkeitswahlrecht, das eine freie, nicht auf zwei Wahlkreiskandidaten beschränkte Auswahl gestattet, steht ganz im Zeichen des so verstandenen aristokratischen Ideals.[10] Bei Sieyès, dem emphatischsten Streiter für die demokratische Repräsentativverfassung, verbinden sich Vorstellungen von der Auslese der Besten mit höchst dogmatischen Anschauungen über die segensreiche Wirkung der Arbeitsteilung auf eigentümliche, gelegentlich skurile Weise.[11] Die Repräsentativverfassung, gegründet auf das Wahlrecht der Bür-

9 „Rights of Man“ Kap. 3.

10 Ich beziehe mich hier auf das 7.Kapitel der „Considerations on Representative Government“.

11 Das ganze Spektrum seiner Argumente findet sich beispielsweise in der berühmten Rede über die Frage des königlichen Vetos, abgedruckt in Sieyès (1975).

ger, ist ihm vor allem deshalb eine überlegene Form der Organisation des Gemeinwesens, weil sie das Prinzip der Arbeitsteilung, auf dem letztlich aller Fortschritt beruht, in der Sphäre der Politik verwirklicht. Jeder Einzelne fährt am besten, wenn er das tut, was er besser kann als andere, und andere für sich tun läßt, was sie besser können als er. Politische Repräsentation ist nichts als ein Anwendungsfall dieses Generalprinzips.

Auslese der Besten, Arbeitsteilung, um die besonderen Tüchtigkeiten eines jeden zum Wohl aller zu nutzen – das sind Argumente der Rechtfertigung der Repräsentativverfassung, die nahe beieinander liegen. Es sind nicht die einzigen. Zumal die Vermutung, dass die repräsentative Demokratie den Gefahren der Mehrheitstyrannei, die jeder Demokratie innewohnen, entgegenzuwirken vermöge, ist oft geäußert worden. Am eindrucksvollsten hat diesen Gedanken James Madison in der berühmten Nr. 10 des „Federalist" vorgetragen. Der pluralistische Charakter der Gesellschaft und der repräsentative Charakter der Verfassung – das ist die Quintessenz der dort entwickelten Argumentation – sind der wirksamste Schutz für Minderheiten in einem System, in dem die Mehrheit entscheidet (woraus für Madison folgt, dass – in genauer Umkehrung des überlieferten Dogmas – nicht die kleinräumigen sondern die großräumigen Gemeinwesen demokratietauglicher sind).

Aber keineswegs nur Madison hat so argumentiert. Was bei Madison „the mischiefs of faction" genannt wird, heißt bei Mill „sinister interests".[12] Hier wie dort geht es um die Gefahr der Ausbeutung von Minderheiten durch die Mehrheit und um die freiheitliche Repräsentativverfassung als die Verfassung, in der sich Herrschaft der Mehrheit und Schutz der Minderheiten am besten ausbalancieren lassen, auch wenn Mill den Ausgleich anders zu bewerkstelligen sucht als Madison, nämlich durch ein bestimmte Minderheiten begünstigendes Stimmrecht. Natürlich ist nichts leichter, als in der Furcht Madisons und Mills vor der Tyrannei der Mehrheit das Klasseninteresse des Besitzbürgertums aufzuspüren. Aber damit ist der Gedanke, dass die Repräsentativverfassung auf besondere Weise ei-

12 Considerations on Representative Government Kap. 6.

ne Verfassung des Ausgleichs zwischen Mehrheit und Minderheit sei, nicht aus der Welt. Und auf ihn kommt es hier an.

Auch Immanuel Kant kann in diesem Zusammenhang genannt werden. Seine Unterscheidung zwischen der despotischen und der allein legitimen republikanischen Regierungsart, in der gesetzgebende und ausführende Gewalt – im despotischen System in einer Hand – getrennt sind, führt ihn bekanntlich zu dem Schluss, dass „die Demokratie, im eigentlichen Verstand des Wortes, notwendig ein Despotism" sei.[13] Möglich und zuverlässig gesichert erscheint ihm die republikanische Gewaltenteilung nur in einem freiheitlichen Repräsentativsystem. „Alle wahre Republik aber ist und kann nichts anderes sein, als ein repräsentatives System des Volkes, um im Namen desselben, durch alle Staatsbürger vereinigt, vermittelst ihrer Abgeordneten (Deputierten) ihre Rechte zu besorgen" heißt es in der „Metaphysik der Sitten".[14] Und damit ist ja eben dies gesagt, was der „Federalist" auf seine Weise auch sagt: dass die repräsentativ verfasste Demokratie einen Schutz vor der Willkürherrschaft der Mehrheit gewähre, den es in der nicht repräsentativ verfassten Demokratie nicht gebe.

Die äußerste Steigerung des Gedankens, dass die repräsentative Demokratie mehr sei als bloß ein Abbild der Versammlungsdemokratie, eine Verfassungsform *sui generis* und überlegenen Ranges, begegnet uns in der Vorstellung, dass das Gemeinwohl überhaupt nur in einer Versammlung gewählter, aber zugleich freier Repräsentanten gefunden werden könne. Noch einmal ist hier Sieyès zu nennen, der in seinem unermüdlichen Kampf für die Repräsentativverfassung gleichsam das ganze Alphabet der Argumente durchbuchstabiert hat: von dem elementaren „6 Millionen Bürger, verstreut über 25 000 Quadratmeilen können sich nicht versammeln" über das Loblied auf die Arbeitsteilung zwischen denen, die das Geschäft der Gesetzgebung betreiben, und denen, die sie dazu bestellen, bis hin zu der konsequentesten Idealisierung der Repräsentativverfassung, die allein dem repräsentativ verfassten Gemeinwesen die Fähigkeit

13 Zum Ewigen Frieden. Anmerkungen zum Ersten Definitivartikel.

14 Metaphysik der Sitten .Der Rechtslehre zweiter Teil. Das öffentliche Recht § 52.

zuerkennt, das Gemeinwohl – jenes Interesse, das allen Bürgern gemeinsam ist – zu finden und zu verwirklichen.[15] In dem apodiktischen Votum der revolutionären Verfassung von 1791 für das repräsentative Prinzip – im 2. Artikel des 3. Abschnitts heißt es von der soeben proklamierten Volkssouveränität: „Die Nation, von der alle Gewalten ausgehen, kann sie nur durch Delegation ausüben" – sind alle diese Gründe gegenwärtig.[16]

Läßt sich ein Fazit ziehen? Jedenfalls dieses, dass wir bei den Protagonisten der repräsentativen Demokratie im 18. und 19. Jahrhundert auf eine Art von Doppelbild stoßen. Sie haben repräsentative Demokratie einerseits als von den Umständen – der Großräumigkeit moderner Staaten, der schieren Zahl ihrer Bürger – erzwungenen Ersatz für die reine, die Versammlungsdemokratie begriffen. Und in dieser Vorstellung liegt der Imperativ beschlossen, das Abbild dem Urbild so ähnlich wie nur irgend möglich zu machen. Sie haben andererseits repräsentative Demokratie aber durchaus auch als eigenen und überlegenen Typus einer freiheitlichen Verfassung gedeutet: Auslese der Besten; Arbeitsteilung zwischen denen, die die Tüchtigsten im Geschäft der Politik sind, und denen, die sich auf anderes besser verstehen; Schutz der Minderheiten; Gemeinwohlorientierung – das sind die Hauptargumente, auf die sich dieses Urteil, diese Erwartung gründet, teils in pragmatischem Raisonnement vor-

15 Siehe Anm. 11.

16 Eberhard Schmitt (1969) hat in seinen Studien über Repräsentation im vorrevolutionären und im revolutionären Frankreich gezeigt, dass der Dogmatismus der Ideen von Sieyès nur als Aufkündigung und Umkehrung der Vorstellungen (auch der Praxis) des *ancien régime* verstanden werden kann. Für das Verfassungsdenken des *ancien régime* standen die ständischen Einrichtungen als Repräsentanten der Vielfalt und Vielzahl gesellschaftlicher Sonderinteressen (*repraesentatio singulariter*) dem König als dem Repräsentanten des Ganzen, bei dem die Verantwortung für das Gemeinwohl lag (*repraesentatio in toto)* , gegenüber. Sieyès setzt dagegen die Versammlung gewählter, aber zugleich freier, nämlich durch kein imperatives Mandat an partikulare Interessen gebundener, nur dem Gemeinwohl verpflichteter Abgeordneter als neue *repraesentatio in toto* des Gemeinwesens. Die Auffassung vom Mandat als einem dem Ganzen verpflichteten Amt, so wie sie in den Verfassungen des demokratischen Verfassungsstaates dann festgeschrieben wurde, hat von hier, genauer von der Revolutionsverfassung des Jahres 1791, ihren Ausgang genommen.

gebracht, teils in emphatischer Überhöhung der Repräsentativverfassung. Dabei ist es, wie wir gesehen haben, durchaus nicht so, dass die beiden Deutungen einander ausschließen. Sie begegnen uns, so schwierig das auch logisch nachzuvollziehen sein mag, oft gleichsam gebündelt.

Die Frage, was das denn sei, die repräsentative Demokratie, bleibt mithin zunächst noch offen. Denn die eine der beiden Antworten ist ja eben jene, in der letzten Endes das Urteil „a sorry substitute for the real thing" seine Wurzeln hat. Und die andere können wir so rasch, so optimistisch, meinetwegen so naiv nicht mehr geben wie die Gründerväter: dass eine Versammlung auf Zeit gewählter Repräsentanten eine Versammlung der Besten und Tüchtigsten sei; dass sie den Ausgleich zwischen dem Recht der Mehrheit und den Rechten der Minderheit zustandebringe; das allen Bürgern gemeinsame Interesse suche und finde. Ob wir diese Erwartungen einfach für Kindheitsillusionen erklären und beiseiteschieben können, ist freilich eine andere Frage. Es wäre möglich, dass sich in ihnen Einsichten verbergen, die keineswegs so obsolet sind wie der Ton hochgestimmter Gewissheit, in dem sie vor 150 oder 200 Jahren vorgetragen wurden.[17]

II.

Bisher war von der politischen Theorie die Rede. Wir wollen nun einen kurzen Blick auf die Geschichte der repräsentativen Demokratie selbst, genauer: auf ihre Entstehungsgeschichte werfen.[18] Die moderne repräsentative Demokratie ist nicht das Kind eines revolutionären Augenblicks, auch wenn Revolutionen Geburtshilfe geleistet haben, sondern die Frucht eines langen Reifeprozesses. Sie ist ein

17 Immerhin kann man in einer zeitgenössischen Monographie zum Thema Repräsentation lesen: "There is good reason to think that representatives will be more public-spirited, conscientious and competent than those whom they represent." Brennan/Hamlin (2000) S. 180. Die Autoren bringen dafür bedenkenswerte Argumente vor.

18 Der folgende Abschnitt stützt sich auf die Arbeiten Dolf Sternbergers zur Geschichte der Repräsentativverfassung. Sie sind gesammelt in Sternberger (1971).

Gewebe, in dem sich viele Fäden verknüpfen. Was Burke von der englischen Verfassung sagt, dass niemand sie sich ausgedacht habe, gilt für den Typus repräsentative Demokratie ganz allgemein. Niemand hat sie am Reißbrett entworfen. Was im 17., 18. und 19. Jahrhundert über sie geschrieben wurde, ist, bei allem konstruktivistischen Eifer etwa eines Sieyès, viel eher als Deutung, Aneignung, Fortentwicklung einer gewachsenen Ordnung zu lesen denn als „Erfindung" einer neuen.

Von den beiden Kernelementen ist das repräsentative das viel ältere – repräsentative Verfassungen haben sich bekanntlich in fast allen europäischen Staaten westlich Rußlands vom späten Mittelalter an ausgebildet, wenn sie auch dem Absolutismus häufig nicht standhielten –, das demokratische das viel jüngere. Die Demokratie ist, wie Sternberger es in prägnanter Umkehrung einer Formel von Thomas Paine gesagt hat, auf die Repräsentativverfassung aufgepfropft worden, nicht die Repräsentativverfassung auf die Demokratie.[19] Das meint: Die freiheitliche Repräsentativverfassung ist, historisch gesehen, keineswegs aus der Versammlungsdemokratie hervorgewachsen. Ältere Verfassungstraditionen, die schon früh zur Ausbildung repräsentativer Institutionen geführt hatten, haben sich der demokratischen Idee von der gleichen Freiheit aller Bürger und ihrem Recht auf Teilhabe an den öffentlichen Angelegenheiten geöffnet, sind mit ihr verschmolzen. Was aus dieser Verschmelzung hervorging, war etwas durchaus anderes als was die Verfassungslehre 2000 Jahre lang unter Demokratie verstanden hatte. Es wurde gleichwohl repräsentative Demokratie genannt.

England ist bekanntlich das klassische Exempel für diese Kontinuität europäischer Verfassungsgeschichte, die die repräsentative Demokratie hervorgebracht hat. Selbst die Leveller haben sich, im revolutionärsten Augenblick der englischen Geschichte, ihre Verfassung der Freiheit gar nicht anders denken können denn als Fortentwicklung der vorgefundenen institutionellen Ordnung. Der Sprung in die Zukunft, den sie tun wollten, gelang nicht. Aber die englische Repräsentativverfassung entwickelte sich fort, zunächst

19 Siehe Anm. 18, S. 75.

noch als oligarchische Verfassung, um dann im 19. Jahrhundert Schritt für Schritt auf ein neues Fundament gestellt zu werden, eben das Fundament des allgemeinen Wahlrechtes. Erst im 20. Jahrhundert ist aus der Verschmelzung der alten Repräsentativverfassung mit dem neuen Prinzip allgemeiner Bürgerbeteiligung der neue Typus der repräsentativen Demokratie hervorgegangen.

Aber auch Frankreich, so anders, so viel sprunghafter seine Entwicklung verlaufen ist, fügt sich in diese Deutung ein. Frankreich hat zwar vor 1789 keine funktionsfähige Repräsentativverfassung gehabt, aber doch – wenn auch verkümmerte – repräsentative Institutionen. Ihre Wiederbelebung, genauer die Einberufung der Generalstände, die seit 1614 nicht mehr getagt hatten, war *die* politische Forderung der vorrevolutionären Jahre. Und tatsächlich ist die Nationalversammlung von 1789 dann ja auch aus ihnen hervorgegangen. Den revolutionären Bruch mit aller Kontinuität stellte erst die Verfassung von 1793 dar, in der die Vision einer gigantischen Versammlungsdemokratie Gestalt gewann, jenes „Athens in groß“, das Thomas Paine fälschlich in den Vereinigten Staaten glaubte entstehen zu sehen. Aber von diesem Entwurf aus der Spätphase der Revolution sind keine geschichtlichen Wirkungen ausgegangen. Die Entwicklungen des 19. Jahrhunderts haben an die Verfassung von 1791 angeknüpft. Auch für Frankreich lässt sich also sagen, dass die repräsentative Demokratie ihre Wurzeln in der Tradition ständischer Repräsentativverfassung hat: Der entscheidende Schritt ist die Umdeutung, die Verwandlung, die Neubegründung alter repräsentativer Institutionen aus dem Geist der Aufklärung heraus.

In den nordamerikanischen Kolonien Englands haben wir es wiederum mit einer im Einzelnen zwar anders abgelaufenen Entwicklung zu tun, die sich aber als ganze doch dem Kontinuitätsmuster durchaus einfügt. Zwar hat sich hier und, wenn ich recht sehe, nur hier historisch tatsächlich ereignet, was dann als Denkfigur der repräsentativen Demokratie schlechthin zugrundegelegt worden ist: In den Freibriefkolonien ist repräsentative Demokratie wirklich aus der Versammlungsdemokratie hervorgewachsen, die am Anfang stand – eine Besonderheit, die sich natürlich aus den einzigartigen Bedingungen der Entstehung von politischer Ordnung im Zuge der Eroberung und Besiedlung Nordamerikas durch die Kolonisten erklärt. Repräsentative Institutionen entstanden, als die Kolonien über den engen Raum einer Gemeinde oder weniger benachbarter Gemeinden hinauswuchsen. Und noch in den *Bills of Rights*, die die nordamerikanischen Kolonien im Augenblick der Proklamation ihrer Unabhängigkeit beschlossen, erinnert die Formel, Gesetze hätten keine Gültigkeit „without the consent of the people or their representatives" an diesen Ursprung der repräsentativen aus der Versammlungsdemokratie.

Bei genauer Betrachtung und aufs Ganze gesehen erweist sich aber auch die Verfassungsentwicklung in Nordamerika im 17. und 18. Jahrhundert als Fortführung der Verfassungstradition des Mutterlandes unter veränderten, freieren Bedingungen. Die Siedler brachten diese Tradition, sie brachten das Modell der Repräsentativverfassung mit. Die Kronkolonien und die Eigentümerkolonien sind nie aus dieser Tradition herausgetreten, sie waren von Anfang an repräsentativ verfasst. Und für die anderen ist die Versammlungsdemokratie der frühen Jahre eher eine Art von Zwischenspiel gewesen, das wiederum in die Tradition einmündet. Schon gegen Ende des 17. Jahrhunderts stellen die Verfassungen der nordamerikanischen Kolonien sich deutlich als unterschiedliche Ausprägungen eines einzigen Typus dar, als freiheitlichere Nachbildungen und Fortentwicklungen der Verfassung des Mutterlandes. Auch Nordamerika ist also keineswegs aus den Kontinuitäten der europäischen Verfassungsgeschichte einfach ausgebrochen. In seiner repräsentativen Demokratie ist – nicht anders als in Europa – eine ältere, vordemokratische Verfassungstradition, in der sich repräsentative Institutionen ausgebildet hatten, mit dem jüngeren demokratischen Prinzip verschmolzen.

Die historische Betrachtung läßt mithin gar keinen Zweifel daran, dass die repräsentative Demokratie eine eigene Identität besitzt, nicht nur eine gewissermaßen geborgte; dass es sich um einen Verfassungstyp *sui generis* handelt. Aber mit dem historischen Argument allein ist der Identitätskrise der repräsentativen Demokratie nicht beizukommen. Es lässt sich ja dagegen vorbringen: Wie immer die repräsentative Demokratie geworden sei, was sie ist, das Prinzip, auf das sie sich gründe, sei das Demokratieprinzip – gleiche Mitwirkung aller Bürger an allen Entscheidungen von allgemeiner Verbindlichkeit. Dem Anspruch dieser Norm könne sich die repräsentative Demokratie nicht mit dem Hinweis auf ihre Herkunft entziehen. An ihr gemessen bleibe die repräsentative Demokratie, ganz unabhängig von historischen Zusammenhängen, das blasse Abbild eines Urbildes, eines Ideals, dem die Demokratie der auf dem Marktplatz versammelten Bürger jedenfalls viel näher komme. Mithin bleibe die Kernfrage der repräsentativen Demokratie die, wie das Abbild dem Urbild möglichst ähnlich gemacht werden könne. Diesen Einwand aufgreifen heißt von der historischen zur theoretischen Bestimmung der Identität der repräsentativen Demokratie überzugehen. Dies ist die dritte und entscheidende Aufgabe.

III.

Die Antwort auf die Frage nach der Identität der repräsentativen Demokratie scheint mir am deutlichsten in Wilhelm Hennis' 1962 erschienenem Aufsatz „Amtsgedanke und Demokratiebegriff" vorgezeichnet zu sein.[20] Hennis erinnerte damals daran, dass dem Amtsgedanken in der europäischen politischen Tradition eine überragende Bedeutung zukomme und dass auch der demokratische Verfassungsstaat in dieser Tradition stehe. Von da aus ist es nur noch ein Schritt bis zu dem Satz: Die repräsentative Demokratie ist die zugleich harmonische und spannungsreiche Synthese zweier Prinzipien, des Demokratieprinzips und des Amtsprinzips. Demokratieprinzip und Amtsprinzip, die Idee der Bürgerfreiheit und die Idee der Rechtsgebundenheit aller Herrschaft und der Verpflichtung aller Regierung auf das Gemeinwohl – das ist die Essenz der europäischen politischen Kultur (ich gebrauche das Wort in seinem umgangssprachlichen Sinn), genauer: die Essenz von 2000 Jahren europäischer Verfassungskultur, die in der griechischen Polis und der römischen Republik ihre Wurzeln hat.

Die beiden Prinzipien fügen sich nicht leicht zueinander, aber sie sind doch, wie zu zeigen sein wird, aufeinander angewiesen: einzig

20 Wieder abgedruckt in Hennis (2000).

ihre Verschmelzung ergibt eine legitime Verfassung der Freiheit. Das Demokratieprinzip spricht jedem Bürger das gleiche Recht auf freie Mitwirkung an den gemeinsamen Angelegenheiten zu und bündelt diese Rechte in der Denkfigur der Volkssouveränität. Das Amtsprinzip besagt, dass alle Befugnis, für andere verbindlich zu entscheiden, als Amt verfasst sein solle. Als Amt verfasst – damit sind mindestens vier Aussagen gemacht:

- Die Befugnis, für andere verbindlich zu entscheiden, wird nicht aus eigenem, ursprünglichem Recht ausgeübt, sondern als übertragene Vollmacht.
- Die Befugnis, für andere verbindlich zu entscheiden, ist rechtlich eingegrenzt. Die Idee des Amtes ist mit unbegrenzter Handlungsfreiheit unvereinbar.
- Die Befugnis, für andere verbindlich zu entscheiden, hat eine Bestimmung, die nicht zur Disposition des Amtsinhabers steht, sondern ihm vorgegeben ist. Die Bestimmung des Amtes ist das Gemeinwohl.
- Wer befugt ist, für andere verbindlich zu entscheiden, muss sich verantworten. Verantwortlichkeit ist möglicherweise das konstitutive Element des Amtes überhaupt.

In der Idee des Amtes, so lassen sich alle vier Aussagen zusammenfassen, stellt sich die Befugnis, für andere zu entscheiden, nicht als Recht, sondern als Pflicht dar.

Auf den ersten Blick scheint diese Gegenüberstellung der beiden Prinzipien den Schluss zu erzwingen, dass Demokratieprinzip und Amtsprinzip miteinander unvereinbar seien. Besagt nicht das Demokratieprinzip (und zwar unabhängig davon, ob wir es liberal interpretieren, also seinen Geltungsbereich begrenzen oder nicht), dass die Bürger aus eigenem und ursprünglichem, „angeborenem" Recht über die gemeinsamen Angelegenheiten entscheiden? Und wenn es so ist, vor wem sollten sich die Bürger dann zu verantworten haben? Das souveräne Volk, so kann man weiter folgern, mag also wohl berechtigt sein, sich dieses oder jenes Amtes zu bedienen, aber die Befugnis, für andere verbindlich zu entscheiden, kann nicht schlechthin als in Ämtern verfasst gedacht werden, ohne die Demokratieprämisse preiszugeben.

Demokratie ist denn auch immer wieder als Überwindung aller Ämterordnung konzipiert worden, theoretisch und praktisch. Die attische Demokratie etwa kann als ein Versuch in dieser Richtung gedeutet werden. In der beherrschenden Stellung der Volksversammlung, dem Rat der 500 als exekutivem Gremium, dem Losverfahren bei der Verteilung der öffentlichen Aufgaben auf die Bürger, den kurzen Amtszeiten, um nur einige Elemente dieser Urform der europäischen Demokratie zu nennen, ist das Bestreben sichtbar, alle Amtsherrschaft in Selbstregierung der Bürger aufzulösen. Besonders offenkundig ist das im Gerichtswesen, wo der Amtsgedanke nach unserem Verständnis mehr als irgendwo sonst seinen Platz hat: Selbst den Richterspruch im Prozess überließ die attische Demokratie bekanntlich dem souveränen, anonymen, niemandem verantwortlichen Volk.

In der Demokratie der Marx'schen Schrift über die Pariser Kommune – um einen weiten Sprung über zwei Jahrtausende hinweg zu tun – gibt es keine Ämter im eigentlichen Sinn mehr, es gibt nur noch die streng überwachten Vollstrecker des Willens der revolutionären Klasse. Und Jürgen Habermas, um auch einen Zeitgenossen noch zu zitieren, spricht gelegentlich von der „Ablösung gewalthabender Institutionen durch eine Organisation des gesellschaftlichen Verkehrs, die einzig an herrschaftsfreie Kommunikation gebunden ist“[21] als dem Ziel, auf das hin Demokratie fortzuentwickeln sei; von einer Demokratie also, die keiner Ämter mehr bedarf, weil die gemeinsam zu bewältigenden Aufgaben im Diskurs der Freien und Gleichen ihre Lösung finden.

Man sieht: Die Vision einer Demokratie ohne Ämter ist immer lebendig, wenn über Demokratie nachgedacht, Demokratie erprobt wird, sei es als Vision von Herrschaftsfreiheit, sei es als Vision „demokratischer Diktatur“. In ihr verbindet sich in eigentümlicher Weise elementares Misstrauen gegen jede Amtsherrschaft und grenzenloses Vertrauen darauf, dass es in der wahren Demokratie der Institutionalisierung von Verantwortlichkeit nicht bedürfe.

21 Habermas (1968) S. 72.

Der Nachweis, dass entgegen dem ersten Augenschein Demokratieprinzip und Amtsprinzip nicht nur für einander offen sind, sondern aufeinander angewiesen, ist von beiden Seiten her zu führen. Was das Amtsprinzip betrifft, so ist offenkundig, dass es, bildlich gesprochen, nicht auf eigenen Füßen zu stehen vermag. Es muss sich mit einem materialen Verfassungsprinzip verbinden, das Antwort auf die Frage gibt, in wessen Namen Amtsträger handeln, wer ihnen Vollmacht erteilt und vor wem sie sich zu verantworten haben; auch auf die Frage nach den inhaltlichen Grenzen der Amtsvollmacht. Auf diese Fragen können durchaus verschiedene Antworten gegeben werden. Mit anderen Worten: Das Amtsprinzip kann mit verschiedenen materialen Verfassungsprinzipien zusammengehen, die europäische Verfassungsgeschichte belegt es durchgehend. Im Wechsel und Wandel materialer Verfassungsprinzipien ist der Gedanke, dass alle Herrschaft rechtsgebunden und rechtsverpflichtet sei und damit auch das Amtsprinzip nie völlig in Vergessenheit geraten. Selbst der aufgeklärte absolute Monarch konnte bekanntlich noch in den Kategorien des Amtsprinzips denken, sich als erster Diener des Staates verstehen, auch wenn von einem Amt in diesem Fall wohl nicht eigentlich mehr die Rede sein kann, da die Befugnisse auch des aufgeklärten absoluten Monarchen rechtlich nicht eingegrenzt waren und von seiner Verantwortlichkeit allenfalls in einem ideellen Sinn gesprochen werden kann.

Dass das Amtsprinzip sich ohne weiteres auch mit dem Demokratieprinzip verbinden kann und wie das geschieht, ist im Grunde schon beschrieben worden, als von der Geschichte der freiheitlichen Repräsentativverfassung die Rede war: dadurch, dass eine Ämterordnung auf das Fundament des allgemeinen Wahlrechts gestellt und der Zugang zu den Ämtern allen Bürgern geöffnet wird. Dann sind es die Bürger in ihrer Gesamtheit, von denen die Vollmacht, verbindlich für das Gemeinwesen zu entscheiden, ausgeht und vor denen die Amtsträger sich zu verantworten haben.

Die Schwierigkeiten beginnen, sobald wir den Weg in der entgegengesetzten Richtung gehen, also nicht fragen, ob das Amtsprinzip für das Demokratieprinzip offen, auf das Demokratieprinzip angewiesen sei, sondern umgekehrt, ob das Demokratieprinzip für das

Amtsprinzip offen und auf es angewiesen sei. Denn ist Demokratie, um den Punkt der Kollision noch einmal zu bezeichnen, der Idee nach nicht Selbstregierung des Volkes und regieren die Bürger sich nicht aufgrund eines ursprünglichen Rechtes selbst? Handelt es sich nicht also bei der Demokratie um (im Wortsinn) autokratische Herrschaft eines Souveräns, die, wollte man sie in einer Ämterverfassung aufgehen lassen, aufgehoben würde?

Die Antwort auf diese Fragen kann zunächst nur eine weitere Frage sein: Was heißt das – Selbstregierung des Volkes? Ist Selbstregierung des Volkes, wiederum der Idee und dem Ziel nach, gleichbedeutend mit Selbstbestimmung des Bürgers? Jean-Jacques Rousseau hat es so gesehen, und er hat viele Nachfolger gefunden. Immer wieder ist die Demokratietheorie der Faszination des Gedankens erlegen, dass Demokratie Selbstbestimmung für jeden Bürger bedeute und dass folglich alle Ordnungen, in denen dieses Ziel noch nicht erreicht sei, nur unvollkommene Vorformen der Demokratie seien, die es zu überwinden gelte. Habermas hat in seinem frühen Aufsatz über politische Beteiligung die Rousseau'sche Vision in die gleichsam prophetischen Worte gefasst: „Dann" – nämlich wenn die Geschichte am Ziel ist – „werden politische Beteiligung und Selbstbestimmung identisch sein."[22] Wenn es so ist, dann ist Demokratie in der Tat auf die Überwindung der Ämterverfassung hin angelegt. Dann widersprechen Demokratieprinzip und Amtsprinzip einander in ihren Prämissen nicht nur, die so verstandene Demokratie bedarf, wo sie ist, was sie sein soll, einer Ämterordnung auch gar nicht mehr – und der Schluss liegt nahe, wenn man die Ämterordnung nur nach Kräften abbaue, werde man der Demokratie schon näher kommen.

Aber es ist nicht so. Demokratie bedeutet nicht Selbstbestimmung, politische Beteiligung kann unter keinen Umständen mit Selbstbestimmung identisch sein – der Schluss bleibt ein Trugschluss, ein höchst gefährlicher übrigens, wie zahlreich und erlaucht die Geister auch sein mögen, die ihm in der Geschichte des Nachdenkens über Demokratie erlegen sind. Wer an Entscheidungen mitwirkt, die für andere verbindlich sind, verfügt über andere, wie im-

22 Habermas (1961) S. 15.

mer die Entscheidungsregel im Einzelnen ausgestaltet sein mag. Und: Wer kollektiven Entscheidungen unterworfen ist, ist den Verfügungen Dritter unterworfen, auch wenn er selbst an diesen Entscheidungen mitwirkt. Das bedeutet: Keine demokratische Entscheidungsregel hebt die wechselseitigen Abhängigkeiten – man entscheidet über andere und ist von den Entscheidungen anderer betroffen – auf, nicht einmal, und hier zeigt sich die logische Unentrinnbarkeit dieser Einsicht, die Einstimmigkeitsregel. Denn die Einstimmigkeitsregel, die jedem Mitentscheidungsberechtigten ein Vetorecht verleiht, bedeutet ja, dass mein Einspruch eine Entscheidung verhindern kann, die alle andern wünschen, und dass jedermanns Einspruch eine Entscheidung verhindern kann, die ich wünsche. Sie begründet also in gewisser Weise eine besonders extreme Abhängigkeit eines jeden von allen anderen und aller von einem jeden.

Wenn aber auch dort, wo alle Bürger mit gleichem Recht an der Regierung des Gemeinwesens teilhaben, notwendig Menschen Entscheidungen treffen, die für andere, ob sie wollen oder nicht, verbindlich sind, und Entscheidungen als für sich verbindlich gelten lassen müssen, die andere gefällt haben; wenn die Metapher Selbstregierung des Volkes also nicht für Selbstbestimmung aller Bürger steht, dann heißt das: Das Demokratieprinzip ist nicht nur offen für die Ergänzung durch das Amtsprinzip, das alle Befugnis, für andere zu entscheiden, als rechtlich umgrenzte Vollmacht begreift und die Verantwortlichkeit dessen, dem solche Befugnis übertragen ist, postuliert – es bedarf dieser Ergänzung zwingend. Denn ohne diese Ergänzung würde das Recht des Bürgers auf Mitentscheidung der gemeinsamen Angelegenheiten zum Recht auf verantwortungsfreie Verfügung über Dritte. Ein solches Recht aber ist nicht begründbar. Es ist insbesondere auch aus dem Demokratieprinzip nicht herleitbar. Vielmehr fordert das Demokratieprinzip selbst, sobald es den Einzelnen als einen von kollektiven Entscheidungen Betroffenen erkennt, dass diese Entscheidungen vor den Betroffenen verantwortet werden müssen. Mit anderen Worten – es mündet in das Amtsprinzip ein. Demokratie, die sich nicht eine Ämterverfassung gibt, und eine Ämterverfassung, die sich nicht auf das Demokratieprinzip gründet, können demnach, sofern wir uns zu den menschenrechtlichen Prämissen neuzeitlicher Politik bekennen, nicht als anerkenungswürdige, als legitime politische Ordnungen gelten. Die Synthese von Demokratie und Ämterverfassung ist nicht bloß „popular government of the second degree of purity“, bloßer Ersatz für die reine und wirkliche Demokratie, sondern die einzig annehmbare Lösung des Problems der Institutionalisierung politischer Freiheit, die wir kennen.[23]

Die repräsentative Demokratie ist die historische Gestalt dieser Synthese – nicht von politischen Philosophen konstruiert, sondern in einer gewissen „natürlichen“ Selbstverständlichkeit herangewachsen (die übrigens in einem deutlichen Kontrast zu den Schwierigkeiten steht, die die repräsentative Demokratie ihren Interpreten immer wieder bereitet hat). Repräsentative Demokratie als Synthese – das heißt, um es noch einmal in Erinnerung zu rufen, konkret: Die Befugnis, für das Ganze verbindlich zu entscheiden, ist in Ämtern verfasst, aber diese Ämterverfassung steht auf dem Fundament allgemeiner Wahlen, sie ist, was den Zugang zu den Ämtern betrifft, offen für alle Bürger, und sie hat ihren Ort in einer Arena, in der Politik als öffentlicher und kontroverser Prozess ausgetragen wird. Im Grunde kennzeichnet der angelsächsische Begriff „responsible government“ diese Synthese viel besser als der Begriff repräsentative Demokratie.

IV.

Die Formel von der Synthese darf nicht so missverstanden werden, als seien in der repräsentativen Demokratie Amtsprinzip und Demokratieprinzip spannungsfrei miteinander verschmolzen. Die beiden Prinzipien mögen aufeinander angewiesen sein, das Spannungsverhältnis, das zwischen ihnen besteht, ist deshalb nicht aufgehoben. Die demokratische Idee von dem ursprünglichen und gleichen Recht aller Bürger auf Teilhabe an der Regierung des Gemeinwesens und

23 Zur Frage, ob zum Verständnis der repräsentativen Demokratie, wie von Dolf Sternberger vorgeschlagen, die alte Figur der gemischten Verfassung hilfreich sein könnte, siehe Kielmansegg (1988) S. 182ff.

der Amtsgedanke, der alle Befugnis, für andere zu entscheiden, als übertragene, rechtlich verfasste und begrenzte, zu verantwortende Vollmacht begreift, sind nicht völlig zur Deckung zu bringen. Aber daraus lässt sich kein Einwand gegen die repräsentative Demokratie machen. Der Entwurf einer Verfassung der Freiheit ist kein Rechenexempel, das ohne jeden Rest aufgehen muss.

Man stößt auf diese banale Wahrheit rasch, wenn man die Ebene höchster Abstraktion verlässt und sich konkreteren Fragen zuwendet. Ich will drei solcher Fragen, die mir besonders wichtig zu sein scheinen, stellen: Wie fügen sich direkt-demokratische Entscheidungsverfahren – Volksentscheid, Referendum, Plebiszit – in unsere Überlegungen ein?[24] Was ist zur verfassungsgebenden Gewalt des Volkes zu sagen? Und was bedeutet „Synthese von Demokratieprinzip und Amtsprinzip" dort, wo die beiden Prinzipien wirklich aufeinander treffen, in der Person des gewählten Repräsentanten? Was die erste Frage betrifft, so ließe sich aus dem bisher Gesagten etwa folgende Argumentation ableiten: Die ideale, die stimmigste Verbindung von Demokratieprinzip und Amtsprinzip sei die streng repräsentative Demokratie, ohne jede Beimengung von direkter Demokratie. Denn in der streng repräsentativen Demokratie sei tatsächlich alle Befugnis, für das Ganze verbindlich zu entscheiden, als Amt verfasst, diese Ämterverfassung aber auf das Fundament von Wahl und Abwahl gestellt, zugleich offen in einem doppelten Sinn, offen für die Einwirkung einer aktiven Öffentlichkeit und offen, was die Besetzung der Ämter angeht. In diese Balance der Prinzipien ordneten sich Einsprengsel direkter Demokratie, die bestimmte Befugnisse zu allgemein verbindlicher Entscheidung aus der Ämterverfassung ausgliederten, nicht ein.

Eine solche Argumentation hätte eine gewisse innere Logik für sich. Aber sie übersieht, dass politische Ordnungen, um es noch einmal zu sagen, nicht Lösungen mathematischer Aufgaben sind, dass sie nicht allein der Logik gehorchen und gehorchen dürfen. Aus der Maxime, dass nur eine Verknüpfung von Demokratieprinzip und Amtsprinzip eine legitime Verfassung der Freiheit ergebe, lässt sich

24 Das Thema wird im vierten Versuch ausführlicher behandelt werden.

nicht herleiten, dass eine bestimmte Art der Verknüpfung die einzig „richtige" sei. Keines der beiden Prinzipien hat, wenn es dem andern zugeordnet wird, seinen eindeutig bestimmten, gleichsam vorgegebenen Geltungsraum. Die Ämterordnung ist aus guten, aber im Einzelnen stets diskutierbaren Gründen nur in ihrem Kern unmittelbar, im Übrigen lediglich mittelbar auf Wahl gegründet. Und umgekehrt kann niemals alle Befugnis, für das Ganze verbindlich zu entscheiden, als Amt verfasst werden. Denn auch wer wählt, entscheidet der Sache nach gemeinsam mit anderen verbindlich für das Ganze, was besonders deutlich wird, wenn die Wahl auf die Bestellung einer Regierung hinausläuft. Der Bürger übt also, genau genommen, indem er von seinem demokratischen Recht Gebrauch macht, ein Amt aus, das nicht in einem rechtlichen Sinne als Amt verfasst werden kann – hier zeigt sich, wie sehr sich die beiden Prinzipien durchdringen.

John Stuart Mill hat diesen Gedanken in einer Passage seiner „Reflections on Representative Government" (in der es übrigens um die Frage „offene oder geheime Stimmabgabe" geht) sehr eindrucksvoll ausgesprochen: Das Stimmrecht sei ein *trust*. Der Wähler, der seine Stimme abgebe, habe nicht anders zu handeln als der Geschworene, der ein Urteil fälle. Nicht von persönlichen Wünschen habe er sich leiten zu lassen, „he is bound to give it (seine Stimme G.K.) according to his best and most conscientious opinion of the public good."[25] Wenn aber wählen heißt ein ideelles Amt ausüben, dann verliert die These ihre Plausibilität, dass nur in einer strikt repräsentativen Demokratie Amtsprinzip und Demokratieprinzip ins richtige Verhältnis zueinander gesetzt seien. Denn zwischen dem Votum für eine Person oder eine Partei und dem Votum in einem Volksentscheid besteht dann, jedenfalls in dieser Hinsicht, kein prinzipieller Unterschied. Die Denkfigur des ideellen Amtes kommt so

25 Considerations on Representative Government Kap.10.

oder so ins Spiel, der demokratische Verfassungsstaat braucht sie.[26] Freilich darf sie nicht überfordert werden. Die Befugnis zu regieren – im weitesten Sinne dieses Wortes – muss primär und ganz überwiegend in Ämtern institutionalisiert sein, die rechtlich als solche verfasst sind, sonst kann in der Tat von einer Synthese von Amts- und Demokratieprinzip nicht mehr die Rede sein.

Mit diesen Überlegungen ist im Grunde auch die Frage nach der verfassungsgebenden Gewalt des Volkes schon beantwortet. Dass der Akt, der die Synthese von Demokratieprinzip und Amtsprinzip erst hervorbringt, nicht selbst schon in einem förmlich-rechtlichen Sinne in sie einbezogen sein kann, ist offenkundig. Aber ebenso offenkundig ist auch, dass für das Verständnis der verfassungsgebenden Gewalt des Volkes der Rückgriff auf die Denkfigur des ideellen Amtes noch viel unverzichtbarer ist als für das Verständnis von gewöhnlichen Wahlen und Volksentscheiden. Denn in der Wahl einer verfassungsgebenden Versammlung, in einem Verfassungsreferendum handeln alle, die mitentscheiden, in exzeptioneller Weise für andere, sie binden andere – möglicherweise bis in eine ferne Zukunft hinein.

Es bleibt die dritte Frage zu beantworten: Was bedeutet „Synthese von Demokratieprinzip und Amtsprinzip" an dem Punkt, an dem die beiden Prinzipien wirklich aufeinandertreffen? In einer demokratisch begründeten Ämterverfassung sind Ämter sehr unterschiedlichen Charakters zu einer Ordnung zusammengefügt. Im Mittelpunkt

26 Die Idee des ideellen Amtes begegnet uns, obschon nicht in diesen Worten, auch bei Kant, und zwar wiederum in der Schrift „Zum ewigen Frieden", in den Anmerkungen zum „Ersten Definitivartikel". Kant sagt dort zweierlei: Nur eine repräsentative Verfassung kann eine gewaltenteilende, republikanische, also legitime Verfassung sein. Und: Auch wo diese institutionellen Voraussetzungen nicht gegeben sind, kann doch „ im Geist eines repräsentativen Systems" regiert werden. Dieser Geist herrscht dort, wo diejenigen, die das Gemeinwesen regieren, sich als seine Diener, nicht als seine Herren betrachten. Das ist der Amtsgedanke, und was Kant hier als Handeln im Geist des Amtsgedankens beschreibt, ist eben das, was die Formel vom ideellen Amt meint. Freilich geht Kant davon aus, dass die Bürger einer Demokratie „im eigentlichen Verstande des Wortes" zum Handeln in diesem Geist gerade nicht befähigt seien, „weil da (in der Demokratie G.K.) alles Herr sein will".

der Ämterordnung stehen Parlament und Regierung, stehen jene Ämter, die durch ein Votum der Bürger übertragen werden und in denen die Befugnis, für alle zu entscheiden, letztlich verankert ist. Sie sind es, in denen die Prinzipien sich unmittelbar begegnen. Denen, die sie innehaben, ist die Synthese aufgegeben. Unsere Frage zielt also, genau genommen, auf eine normative Theorie demokratischer Repräsentation. Sie ist hier nicht zu entwickeln. Aber was sich für die Konturen einer solchen Theorie aus unseren Überlegungen ergibt, muss doch in einigen Sätzen angedeutet werden.

Dass der gewählte Abgeordnete ein Amt innehat und dem Ganzen verpflichtet ist – dieses in den meisten Verfassungsurkunden der westlichen Welt ausdrücklich festgeschriebene Verständnis des Mandates ist in der Geschichte des demokratischen Verfassungsstaates durchaus verwurzelt, obschon nicht notwendig mit der Repräsentativverfassung gegeben. Was aber heißt: dem Ganzen oder dem Gemeinwohl verpflichtet sein? Als die Französische Revolution die Idee der Repräsentation der Nation gegen die überkommene Praxis der Vertretung der Stände, die Nationalversammlung gegen die Generalstände stellte, war sie überzeugt, an die Stelle der Herrschaft der partikularen Interessen werde nun der Dienst am allgemeinen Wohl treten. So scharf und klar können wir zwischen dem einen und dem andern nicht mehr unterscheiden. Das westliche Demokratieverständnis ist ein pluralistisches. Es beruht auf der Erfahrung, dass die partikularen Interessen die Chance haben müssen, sich zur Geltung zu bringen, wenn die Suche nach Lösungen, die allen zumutbar sind, erfolgreich sein soll. Aber das ändert doch nichts daran, dass wir ganz selbstverständlich davon ausgehen, das Recht, seine eigenen Interessen zu verfolgen, sei eines, und die Pflicht, die Belange aller zu bedenken, ein anderes; und dass wir Amtsträger an unseren Vorstellungen von dieser Pflicht messen. Das heißt nichts anderes, als dass wir mit guten und für jedermann einsichtigen Gründen eine Idee des Gemeinwohls voraussetzen, was immer eine skeptische und unsicher gewordene Wissenschaft dazu sagen mag. Die Belange aller Betroffenen bedenken – das kann im Widerstreit der Interessen und Meinungen, im Konflikt und Wettkampf der Gruppen nicht anders geschehen als in einem institutionell gesicherten Freiraum der

Entscheidung. Ihn gewährt das Amt, das den gewählten Repräsentanten heraushebt aus dem Prozess pluralistischer Politik. In diesem Freiraum muss der Ausgleich zwischen den vielen Minderheiten einer offenen Gesellschaft gesucht werden. In ihm muss auch das Wagnis eingegangen werden, über die Forderungen und Wünsche des Augenblicks hinauszudenken.

Das ist freilich nur die eine Seite der Sache. Von der andern her kommt das Demokratieprinzip ins Spiel. Die *repraesentatio in toto*, um noch einmal auf die Begriffe der ständischen Verfassungstheorie zurückzugreifen, geht aus der *repraesentatio singulariter* hervor. Der auf Zeit gewählte Repräsentant, herausgehoben aus dem Prozess pluralistischer Politik, bleibt zugleich auch eingebunden in den Prozess pluralistischer Politik. Er ist denen, für die zu handeln er ermächtigt ist, in doppelter Weise verpflichtet. Er schuldet ihnen nicht nur die Anstrengung des Verstandes und des Gewissens bei der Suche nach der Entscheidung, die den Belangen aller Betroffenen am ehesten gerecht wird. Er muss auch auf die Antwort hören, die die Betroffenen selbst auf die Frage geben, was denn ihre Belange seien und wie ihnen Gerechtigkeit widerfahren könne; und er muss diese Antwort ernst nehmen. Beide Pflichten sind nicht völlig zur Deckung zu bringen. Der Satz, von dem wir ausgegangen sind – Demokratieprinzip und Amtsprinzip ließen sich nicht miteinander verbinden, ohne dass ein Rest unauflösbarer Spannung bleibe – bestätigt sich noch einmal.

V.

Wer die Identitätskrise der repräsentativen Demokratie, sie mag offen zutage liegen oder verborgen dahinschwelen, für ein Schlüsselproblem dieses Typs politischer Ordnung hält, der wird eine klare und plausible Antwort der politischen Theorie auf die Identitätsfrage nicht gering schätzen. In abstrakter und prinzipieller Form gegeben ist diese Antwort freilich nur ein Anfang. Der Ausgangspunkt einer erst zu unternehmenden empirisch gehaltvollen Beschreibung des Typus politischer Ordnung, um den es hier geht, ist bezeichnet, mehr nicht. In einigen Beispielen soll angedeutet werden, von welcher Art die Folgefragen sind.

Ich kehre dazu noch einmal zu jenem neuralgischen Punkt zurück, an dem die beiden Prinzipien am unmittelbarsten aufeinandertreffen: zu den Wahlen der Repräsentanten. Wenn man das Mandat als Amt versteht, fasst man die Wahl als einen Akt der Bevollmächtigung, der Anvertrauung auf und als ein Verfahren, durch das Repräsentanten zur Verantwortung gezogen werden. Lassen sich Wahlen tatsächlich so deuten? Dass aus Wahlen nicht unzweideutig Zustimmung zu einer bestimmten Politik oder Ablehnung eines bestimmten Programms herausgelesen werden können, weiß jeder, der einmal Wählerverhalten und Wahlergebnisse analysiert hat. Die Summe individueller Wählerentscheidungen ist ein Votum für eine Partei oder eine Person, alle anderen Deutungen scheitern an der Vielfal wie der Unschärfe der Motivationen. Wenn aber Wahlen tatsächlich nur in diesem einen Sinn eindeutige Entscheidungen sind, dann ist es durchaus plausibel, sie als Akt der Bevollmächtigung zu interpretieren.

Die Frage, ob durch Wahlen so etwas wie Verantwortlichkeit der Gewählten gegenüber den Wählern wirksam institutionalisiert sei, ist schwieriger zu beantworten. Entscheidend ist in einem elementaren Sinn die einfache Frage, ob die Wähler einen Regierungswechsel herbeiführen können. Können sie es, so können sie die Regierenden – und darauf kommt es an – zur Verantwortung ziehen. Freie Wahlen für sich genommen sind dafür noch keine zureichende Bedingung. Gewisse Voraussetzungen teils institutioneller Art teils das Parteiensystem betreffend müssen hinzukommen. Aber diese Voraussetzungen sind, wo wir überhaupt verfassungsstaatlich abgesicherten Parteienwettbewerb haben, in aller Regel gegeben.

Die Entscheidung des Wählers über die Mehrheitsverhältnisse, darüber, wer regiert, ist freilich nur die eine Seite der Sache. Was den einzelnen Abgeordneten, den einzelnen Inhaber eines Wahlamtes betrifft, so sind es auch oder sogar in erster Linie die Parteien, die durch ihre Nominierungsentscheidungen Mandate zuweisen und entziehen. Sie sind insoweit gleichsam als Agenten des Verfassungsprinzips Verantwortung tätig, eine Rolle, mit der sie sich, wie man weiß, keineswegs leicht tun.

Mit dieser Andeutung, dem Stichwort „Parteien" überhaupt, ist ein zweiter bedeutender Themenkomplex ins Blickfeld gerückt.[27] Parteien stehen und agieren in der Zone, in der Amtsprinzip und Demokratieprinzip sich begegnen. Sie sind selbst intensiv von der Spannung zwischen den beiden Prinzipien betroffen, sie haben diese Spannung in sich selbst auszutragen. Denn sie stehen zugleich außerhalb der Ämterordnung und in ihr. Die Parteien stehen außerhalb, insofern sie Bürgervereinigungen sind, die der Verfolgung gemeinsamer politischer Ziele dienen, oft durchaus partikularer, regionaler, gruppenspezifischer Ziele. Sie stehen außerhalb, an der Schwelle gleichsam, auch noch als Organisationen, die Kandidaten für allgemeine Wahlen nominieren. Sie stehen in der Ämterordnung mit jedem Mandatsträger. Sie wirken also über die Grenze zwischen der Gesellschaft im Allgemeinen und der Ämterordnung hinweg. Diese Grenzüberschreitung bedeutet auf der einen Seite, dass die Partei insgesamt, da es ihr Ziel ist, Ämter zu besetzen, in ihrer Programmatik und Politik nicht aus den Augen verlieren darf, welche Pflichten in der Ämterordnung des Gemeinwesens institutionalisiert sind – Pflichten, die auf das Ganze bezogen sind. Sie bedeutet nach der anderen Seite hin, dass die Mandatsträger sich an dem, was in ihrer Partei gedacht, gesagt, beschlossen wird, orientieren müssen. Dabei bleiben sie freilich in der Pflicht ihres Amtes, die allen Parteibindungen vorgeht. Jedes Weisungsrecht der Partei ist mit dem Amtscharakter des Mandats ganz unvereinbar. Tatsächlich sind, wie empirische Untersuchungen immer wieder gezeigt haben, Fraktionen in den meisten parlamentarischen Demokratien relativ unabhängig von anderen Parteigremien. Die Verfassungspraxis trägt dem Amtscharakter des Mandats im Allgemeinen also durchaus Rechnung, jedenfalls in diesem Punkt.

Neben den Parteien stehen, um noch einen dritten Themenbereich zu berühren, andere Organisationen, die Interessen und Meinungen der Bürger im politischen Prozess zur Geltung bringen. Wir haben es also in der repräsentativen Demokratie mit einer Art von Doppelrepräsentation des Bürgers zu tun. Er ist einmal repräsentiert in der

27 Ihn greift der dritte Versuch auf.

Ämterordnung durch Träger von Wahlmandaten, die eine regionale Basis haben. Und er ist zweitens, wenn er das will, außerhalb der Ämterordnung repräsentiert durch eine Vielzahl von Organisationen, die beliebige spezifische Ziele verfolgen können, ohne an Amtspflichten gebunden zu sein. Diese Doppelstruktur der Repräsentation, in der uns, in ganz anderer Gestalt, die Verknüpfung von Demokratieprinzip und Amtsprinzip in gewissem Sinn noch einmal begegnet, ist von der größten Bedeutung. Denn die Funktionsfähigkeit des demokratischen Repräsentativsystems hängt an der institutionellen Differenzierung zwischen allgemein-politischer und spezifischer Repräsentation, dann freilich auch an der erfolgreichen Kooperation zwischen beiden Teilsystemen. Demokratische Verfassungen, die die Doppelstruktur der Repräsentation preisgeben, etwa zugunsten eines Systems rein funktionaler Repräsentation, gibt es bisher denn auch nur als Entwürfe politischer Theoretiker. Keiner dieser Entwürfe ist erfolgreich in die Wirklichkeit umgesetzt worden.

Es bleibt am Ende die Frage, ob eine politische Ordnung, die auf das Spannungsverhältnis zweier Prinzipien gegründet ist, nicht allein schon aus diesem Grunde labil sein muss. Auch wenn man dieser Vermutung entgegenhalten kann, die Verknüpfung sei ein historisches Werk der praktischen Vernunft, keine dogmatische Konstruktion, das spreche für Stabilität – auf der theoretischen Ebene ist eine sichere Antwort nicht möglich. Was auch bedeutet: Die Verknüpfung der beiden Prinzipien miteinander, die Balance zwischen ihnen ist viel mehr eine Frage der lebenden als der geschriebenen Verfassung.

Dass das Demokratieprinzip immer wieder den Anspruch auf Alleinherrschaft geltend macht, davon war die Rede. Die Vorstellung, alle politische Ordnung könne sich am Ende doch noch in Selbstbestimmung auflösen, alle könnten alles gemeinsam entscheiden, ist und bleibt faszinierend. Gefährdungen gehen aber auch von der anderen Seite aus, und sie sind vielleicht aktueller. Der Sinn der Verknüpfung des Demokratieprinzips mit dem Amtsprinzip muss durch die Art, wie die Ämter geführt werden, ständig neu deutlich gemacht werden. Wenn die, die die Ämter, vor allem die für den demokratischen Verfassungsstaat konstitutiven Ämter innehaben, selbst nicht mehr wissen, was ein Amt ist und was es von ihnen fordert, dann vor allem verliert eine Verfassung, in der eine Ämterordnung sich mit dem Demokratieprinzip verbindet, ihre Überzeugungskraft. Der demokratische Verfassungsstaat bedarf eines lebendigen und klaren Amtsethos, ausgerichtet auf die Idee der Demokratie, aber nicht aufgesogen vom demokratischen Prinzip. Ohne dieses Ethos vermag er dem Druck der Partikularismen, denen er so viel Raum gibt, nicht standzuhalten.

Damit ist noch einmal gesagt: Der demokratische Verfassungsstaat, die repräsentative Demokratie ist keine einfache Ordnung, im buchstäblichen Sinne nicht – das vor allem war unser Thema – und eben deshalb auch im übertragenen Sinne nicht. Aber das ändert nichts daran, dass der nicht weiß, wovon er spricht, für den diese Ordnung nichts ist als „a sorry substitute for the real thing".

Literatur:

Böckenförde, Ernst-Wolfgang (1982): Mittelbare/repräsentative Demokratie als eigentliche Form der Demokratrie. In: Müller, Georg u.a. (Hrsg.): Staatsorganisation und Staatsfunktion im Wandel. Festschrift für Kurt Eichenberger. Basel/Frankfurt.

Brennan, Geoffrey/Hamlin, Alan (2000): Democratic Devices and Desires. Cambridge.

Brunner, Georg (1979): Vergleichende Regierungslehre. Bd. 1. Paderborn.

Dahl, Robert (1982): Dilemmas of Pluralist Democracy. New Haven.

Dumbauld, Edward (Hrsg.) (1955): The Political Writings of Thomas Jefferson. New York.

Enzmann, Birgit (2009): Der demokratische Verfassungsstaat. Zwischen Legitimationskonflikt und Deutungsoffenheit. Wiesbaden.

Gralher, Martin (1973): Demokratie und Repräsentation in der englischen Revolution. Meisenheim a.G.

Habermas, Jürgen (1961): Reflexionen über den Begriff der politischen Beteiligung. In: Habermas, Jürgen u.a.: Student und Politik. Neuwied.

Habermas, Jürgen (1968): Erkenntnis und Interesse. Frankfurt a.M.

Hennis, Wilhelm (2000): Amtsgedanke und Demokratiebegriff. In: Hennis, Wilhelm: Politikwissenschaft und politisches Denken. Tübingen.

Kielmansegg, Peter Graf (1988): Das Experiment der Freiheit. Stuttgart.

Kriele, Martin (1975): Einführung in die Staatslehre Die geschichtlichen Legitimitätsgrundlagen des demokratischen Verfassungsstaates. Reinbeck.

Landshut, Siegfried (1968): Der politische Begriff der Repräsentation. In: Rausch, Heinz (Hrsg.): Zur Theorie und Geschichte der Repräsentation und Repräsentativverfassung. Darmstadt.

Loewenstein, Karl (1964): Volk und Parlament nach der Staatstheorie der französischen Nationalversammlung von 1789. Aalen.

Mandt, Hella: Responsible Government und kontinentale Demokratietheorie. In: Civitas. Jahrbuch für Sozialwissenschaften 13 (1974).

Müller, Christoph (1966): Das imperative und freie Mandat. Überlegungen zur Lehre von der Repräsentation des Volkes. Leiden.

Riklin, Alois (2006): Machtteilung. Geschichte der Mischverfassung. Darmstadt.

Roberts, Clayton (1966): The Growth of Responsible Government. Cambridge.

Schmitt, Eberhard (1969): Repräsentation und Revolution. Eine Untersuchung zur Genesis der kontinentalen Theorie und Praxis parlamentarischer Repräsentation aus der Herrschaftspraxis des *ancien régime* in Frankreich (1760-1789). München.

Sieyès, Emmanuel Joseph (1975): Politische Schriften 1788-1790. Hrsg. von E. Schmitt und R. Reichardt. Darmstadt/Neuwied.

Sternberger, Dolf (1971): Nicht alle Gewalt geht vom Volke aus. Stuttgart u.a.

Dritter Versuch. Braucht die Demokratie Parteien?

Es gibt Fragen, die sich dadurch beantworten, dass man sie stellt. Auf den ersten Blick scheint es, als gehöre auch die Frage, ob die Demokratie Parteien brauche, in diese Kategorie. Ist es nicht offensichtlich, dass der demokratische politische Prozess auf Parteien angewiesen ist? Nirgendwo hat sich in der Neuzeit eine lebensfähige Demokratie herausgebildet, in der sich nicht politische Parteien entwickelt und eine wesentliche Rolle im politischen Prozess übernommen hätten. Der Altmeister der Parteiensoziologie S. M. Lipset scheint denn auch nur eine Binsenweisheit auszusprechen, wenn er einen späten, „What are parties for?" überschriebenen Text mit dem Satz beginnt: „Parties are the core institution of democratic politics"; und, als sei das noch nicht deutlich genug, bekräftigend E.E. Schattschneiders Diktum "Democracy is unthinkable save in terms of parties" hinzufügt.[1] Wozu also danach fragen, ob die Demokratie Parteien brauche? Gibt es gute Gründe, sich mit der eindeutigen Antwort, die 200 Jahre moderner Demokratiegeschichte bereithalten, nicht einfach zufriedenzugeben?

Es gibt sie. Da ist zum einen die beharrliche These, dass es mit den Parteien in den westlichen Demokratien abwärts gehe. „Decline of parties" heißt das Stichwort in der angelsächsischen Literatur.[2] Es hat seit den 80er Jahren des vergangenen Jahrhunderts in der Demokratiediagnostik eine erhebliche Rolle gespielt. Nicht dass es sich um einen unstreitigen Befund handelte. Durchaus nicht. Aber an Indizien dafür, dass sich in den etablierten Demokratien die Bezie-

1 Lipset (1996) S. 169.

2 Zum Thema „party decline" Cotter/Bibby (1980), Lawson/Merkl (1988), Reiter (1989), Schmitt/Holmberg (1995), v. Beyme (2000), Dalton/Wattenberg (2002), Dalton (2006), Gehne/Spier (2010). Eine Diskussion darüber, ob eine Demokratie ohne Parteien in Zukunft denkbar sei, gibt es, soweit ich sehe, in dieser Literatur nicht. Auch das Dilemma, um das es mir geht, wird nicht eigentlich als Dilemma erörtert. Greven (2010) stellt die Frage nach einer Demokratie ohne Parteien, hat aber ausschließlich das politische System der Europäischen Union im Blick.

hungen zwischen den Gesellschaften und den politischen Parteien lockern, dass es mit dem Ansehen der Parteien schlecht bestellt ist, fehlt es nicht. Dergleichen Beobachtungen legen dem nachdenklichen Betrachter die Frage nahe, ob die moderne Demokratie und die politischen Parteien wirklich so zwingend zueinander gehören, wie wir das angesichts des eindeutigen historischen Befundes bis heute annehmen – eine Frage, die sich besorgt, aber auch erwartungsvoll stellen lässt. Besorgt: Was wird aus der Demokratie, wenn die politischen Parteien, aus welchen Gründen auch immer, ihre Funktionen nicht mehr erfüllen oder erfüllen können? Aber auch erwartungsvoll: Befinden wir uns vielleicht im Übergang zu einer neuen, „höheren" Entwicklungsstufe der Demokratie, auf der Parteien eben nicht mehr die „core institutions" der Demokratie sein werden?

Auch von den Anfängen der modernen Demokratie her lässt sich der Zweifel, ob die unbestreitbare Evidenz von 200 Jahren Demokratiegeschichte wirklich das letzte Wort zum Parteienthema sei, begründen. In der Geschichte des Nachdenkens über Demokratie haben Vorbehalte gegen Parteien eine erhebliche Rolle gespielt.[3] Präziser und pointierter: Die ältere republikanische Theorie war parteienfeindlich. Sie nahm Parteien nicht als für ein freiheitliches Gemeinwesen notwendig wahr, sondern als zerstörerische Kräfte. Diese Tradition wirkte bis in die Frühzeit der modernen Demokratie fort. Hat die frühe republikanische Parteienkritik möglicherweise vorausschauend Dissonanzen zwischen, modern gesprochen, Demokratie und Parteienstaat zur Sprache gebracht, die in der Parteienkritik der Gegenwart von neuem thematisiert werden? Hat sie Argumente für das Misstrauen gegenüber den Parteien ins Feld geführt, die auch nach 200 Jahren moderner Demokratiegeschichte nicht einfach ignoriert werden sollten; Argumente, hinter denen wenn schon nicht die Möglichkeit so doch jedenfalls die Wünschbarkeit einer Demokratie ohne Parteien aufscheint?

Der Gang der folgenden Überlegungen ist mit diesen Ausgangsmarkierungen vorgezeichnet. Erst wird das Parteienverdikt der altrepublikanischen Theorie, das die moderne Demokratie schon vor-

3 Dazu Faul (1964).

fand, als sie ins Leben trat, etwas genauer zu explizieren sein. Dann wird zu fragen sein, wie und warum die moderne Demokratie, offenbar einer Art von inhärenten Gesetzmäßigkeit folgend, gleichwohl Parteiendemokratie geworden ist. Die Antwort führt zu der Frage, welche Funktionen Parteien in der modernen Demokratie eigentlich erfüllen, was sie für den politischen Prozess in der modernen Demokratie leisten. Sind sie wirklich unersetzlich? Wenn sie es sind, gewinnt die nächste Frage eine dramatische Dringlichkeit. Was hat es mit dem behaupteten Niedergang der Parteien auf sich? Was bedeutet es, dass die Distanz zwischen Bürgen und Parteien offensichtlich wächst? Läuft es nicht auf eine elementare Krise der repräsentativen Demokratie hinaus, wenn beides zutrifft: Ohne Parteien funktioniert die Demokratie nicht, aber eben diese Parteien, ohne die es nicht geht, sind, was immer das im Einzelnen bedeutet, im Niedergang? Je ratloser einen die kritische Konstellation lässt, die damit bezeichnet ist, desto unabweisbarer wird eine letzte Frage: Lässt sich aller gegenteiligen historischen Erfahrung zum Trotz nicht doch die Entwicklung eines anderen Typus von Demokratie denken, in dem die Parteien jedenfalls nicht mehr die Rolle spielen, die sie in den ersten 200 Jahren moderner Demokratiegeschichte gespielt haben?

I.

Die prinzipiellste und insofern klassische Formulierung des altrepublikanischen Verdiktes gegen Parteien findet sich bei Rousseau.[4] Die Republik, so sieht es Rousseau, ist angewiesen auf eine Bürgerschaft, in der jeder Einzelne das Gemeinwohl, das gemeinsame Interesse aller zu seiner Sache macht. Dazu müssen die partikularen Interessen, die mit der Individualität eines jeden gegeben sind und die von Natur aus die stärkeren sind, im Zaum gehalten werden. Das heißt vor allem: Sie dürfen sich nicht organisieren. Denn der Zusammenschluss einer Gruppe von Bürgern im Zeichen eines ihnen gemeinsamen Partikularinteresses bedeutet, dass das Gruppeninteresse das Gemeininteresse verdrängt. In den Worten Rousseaus: Für die Mitglieder der Gruppe wird der Wille der Gruppe, der doch aus der Sicht

4 Zum Folgenden siehe vor allem die Kapitel I/7 und II/3 des „Contrat social".

des Ganzen ein Sonderwille ist, zum Gemeinwillen. Als Glieder eines Verbandes, der innerhalb des Ganzen ein Sonderinteresse verfolgt, sind Bürger nicht mehr gemeinwohlfähig.

Auch politische Parteien – die Rousseau als besondere Kategorie von Vereinigungen gar nicht kennt – sind aus dieser Sicht nichts anderes als Organisationen des Partikularen. Dass Rousseau seinem Grundsatzargument noch die Konzession anfügt, wenn schon Parteien, dann möglichst viele und möglichst gleichgewichtige, hängt mit seiner etwas rätselhaften Arithmetik zusammen, nach der sich eine große Zahl wenig unterschiedlicher Partikularinteressen irgendwie zum Gemeinwohl aufaddieren oder richtiger „aufsubtrahieren“ können. Diese Konzession verwirrt den Leser zwar. Aber sie nimmt dem Votum Rousseaus, Parteien seien Gift für die Republik, kaum etwas von seiner Eindeutigkeit.

In Rousseaus Parteienfeindlichkeit klingt eine alte, aus den Erfahrungen der antiken Polis wie der mittelalterlichen Stadt genährte Furcht nach, dass Parteiungen in einem freiheitlichen Gemeinwesen immer potentielle Bürgerkriegsparteien seien. Der Bestand einer Republik, so lässt sich das aus dieser Furcht abgeleitete altrepublikanische Axiom formulieren, setzt die Einmütigkeit der Bürger voraus.

Machiavellis „Geschichte von Florenz“, um einen zweiten Großen der älteren republikanischen Theorie zu zitieren, führt dem Leser die historische Wirklichkeit, die hinter diesem Axiom steht, sehr anschaulich vor Augen: Parteiungen – Adel gegen Bürger, Patrizier gegen Handwerker, Proletariat gegen Zünfte, Ghibellinen gegen Guelfen (dies die Universalformel für Parteiungen in den italienischen Kommunen) – bedeuten nicht endende, die Republik zerstörende Gewalt.

Die amerikanischen Gründerväter haben im Unterschied zu Rousseau über die Demokratie nicht nur philosophiert, sie haben ein freiheitliches Gemeinwesen gegründet. Deshalb ist es nicht überraschend, dass die Autoren der „Federalist Papers“, diejenigen unter den Gründervätern also, die ein systematisches Zeugnis ihres politischen Denkens hinterlassen haben, uns im Vergleich mit Rousseau als die viel moderneren, realistischeren Demokratietheoretiker erscheinen.[5] Wie sehr aber auch ihnen das traditionelle Bild von den gewalttätigen Parteiungen, die die Geschicke der Stadtrepubliken des Altertums und des Mittelalters verhängnisvoll bestimmten, noch vor Augen stand, kann man gleich zu Anfang der „Federalist Papers" im Beitrag Nr. 9, der aus Alexander Hamiltons Feder stammt, nachlesen. Hamilton kann sich gar nicht genug damit tun, die Übel, die die „petty little republics of Greece and Italy" beherrschten, auszumalen. Dennoch: Die „Federalist Papers" akzeptieren als unvermeidlich, dass die partikularen Interessen und damit die Gegensätze zwischen den partikularen Interessen in der Politik machtvoll präsent sind. Es gibt keine Freiheit ohne Artikulations- und Handlungsspielräume für die unterschiedlichen Interessen, die in jeder Gesellschaft aufeinandertreffen. „Factions", dieser Begriff taucht viel häufiger auf als der neutralere Begriff „parties", gehören zur Demokratie.

Aber man darf die Demokratie, die Republik, wie die Gründerväter lieber sagen, nicht einfach den „factions" überlassen. So sehr James Madison, der Autor der berühmten Nr. 10, auf den Effekt ihrer Neutralisierung durch Vielfalt setzt, die Ausrichtung der Politik auf „the permanent and aggregate interests of the community" ist dadurch noch nicht gesichert. Die Politik muss sich über die „factions" erheben. Das Parlament ist nach der Vorstellung der Gründerväter der Ort, an dem die Politik ihre Verantwortung für das Gesamtinteresse wahrnimmt. Im Parlament versammeln sich herausragende Bürger, getragen vom Vertrauen der Wähler, um als Gemeinwohlbeauftragte des Volkes und eben nicht als Vertreter einer Partei über die Gesetze zu beratschlagen. Vom Verfassungskonvent von Philadelphia wird ausdrücklich rühmend gesagt, dass ihm sein großes Werk nur gelungen sei, weil er „ in a very singular degree" frei gewesen sei „from the pestilential influence of party animosities" (Federalist Papers Nr. 37).

Das ist, was Parteien angeht, ein starkes Wort. Robert Dahl hat gegen die Neigung, in Madison nur den parteienkritischen Autor der Nr. 10 der „Federalist Papers" zu sehen, geltend gemacht, Madison habe von 1789 an in der politischen Praxis der jungen Republik sehr

5 Zum Folgenden siehe vor allem die Nummern 10 und 51 der „Federalist Papers". Der Autor beider Texte ist James Madison.

rasch gelernt, dass ein freiheitliches Gemeinwesen Parteien brauche; in späteren Texten habe er sich dann auch viel positiver über Parteien geäußert als in den „Federalist Papers".[6] Das ist richtig – Madison ist ja zusammen mit Jefferson auch als Parteigründer in die amerikanische Geschichte eingegangen, Gründer jener Partei (damals „republikanisch" genannt), aus der schließlich die heutigen Demokraten hervorgegangen sind. Dieser Lernprozess spiegelt eindringlich wider, wie evident die Notwendigkeit, sich in Parteien zu organisieren, um das politische Spiel der jungen Republik spielen zu können, vom ersten Tag an gewesen sein muss – davon wird noch zu reden sein. Aber das ändert nichts an dem Gewicht der Tatsache, dass die polittheoretische Gründungsschrift der Vereinigten Staaten, die die Unvermeidlichkeit von Parteien ja auch schon anerkannte, von der Vorstellung bestimmt war, der Gesetzgeber könne seinem Gemeinwohlauftrag nur gerecht werden, wenn er sich über den „Parteigeist" erhebe. George Washington höchstselbst hat dieser Überzeugung der Gründerväter in seiner *Farewell Address* von 1796 noch einmal feierlich Ausdruck gegeben: „Let me warn you in the most solemn manner against the baneful effects of the spirit of party generally".[7]

Vierzig Jahre nach ihrer Gründung hat bekanntlich Tocqueville die Vereinigten Staaten bereist und die demokratische Praxis, so wie sie sich in diesen vierzig Jahren entwickelt hatte, genau beobachtet. Seine Einschätzung des Parteiwesens in dem großen Werk „ Über die Demokratie in Amerika" ist eigentümlich ambivalent. Einerseits eröffnet er das Kapitel „Über die Parteien in den Vereinigten Staaten" mit der Feststellung: „Die Parteien sind ein den freien Regierungen eigentümliches Übel". Das klingt altvertraut. Und wenig später nennt er die Vereinigungsfreiheit – und damit ist natürlich auch die Freiheit zur Organisation politischer Parteien gemeint – eine „bedrohliche Freiheit".[8] Sie bringe ein Volk in jedem Augenblick an den Rand der Anarchie. Andererseits erscheint ihm die Vereini-

6 Dahl (2001) S. 30ff.
7 Zitiert nach Wilson/DiIulio (1995) S. 155.
8 Diese Formulierung wie auch die folgenden drei Zitate finden sich im 4.Kapitel des Teils II des ersten Bandes, überschrieben „Über den politischen Verein in den Vereinigten Staaten".

gungsfreiheit als „eine notwendige Sicherung gegen die Tyrannei", die Tyrannei der Mehrheit nämlich. Die Macht der Mehrheit sei eine so große Gefahr, dass man sich auch gefährlicher Mittel zu ihrer Einschränkung bedienen müsse. In dieser Ambivalenz des Urteils ist Tocqueville James Madison durchaus nahe.

Der Europäer Tocqueville stellt aber auch die amerikanischen und die europäischen, genauer: die kontinentaleuropäischen Parteien in scharfer Antithetik einander gegenüber. Den europäischen „Parteien" (soweit denn von ihnen in der ersten Hälfte des 19. Jahrhunderts schon die Rede sein kann) schreibt er eine Neigung zur Gewalt zu. „Die meisten Europäer sehen in der Partei noch immer eine Kriegswaffe" heißt es drastisch. Und: „Der erste Gedanke, den eine Partei oder ein Mann (in Europa G.K.) fassen, sobald sie stark werden, ist der der Gewalt." Da spricht sich noch einmal die leidvolle Erfahrung der Stadtrepubliken aus: Parteiungen bedeuten Bürgerkrieg, nun freilich versetzt in den Kontext des 19. Jahrhunderts, des Europas, das die große Französische Revolution und die Julirevolution hinter sich hat und Revolution und Gegenrevolution, als Parteien organisiert, in eine gewaltreiche säkulare Auseinandersetzung verwickelt sieht. Das altrepublikanische Axiom wird von Tocqueville gewissermaßen für eine neue geschichtliche Konstellation umgeschrieben. Zugleich zeigt sich für Tocqueville in der amerikanischen Demokratie aber auch schon der Weg, der aus dieser Konstellation hinausführt, der Weg zur Pazifizierung des politischen Konfliktes. Die amerikanischen Parteien sind für ihn keine „Bürgerkriegsparteien" mehr, weil sich das demokratische Gemeinwesen auf den Konsens über ein Legitimitätsprinzip gründet, das im allgemeinen Wahlrecht seine Verwirklichung gefunden hat. Alles in allem gilt wie für die Gründerväter wohl auch noch für Tocqueville: Er sieht die Unvermeidlichkeit von Parteien in freiheitlich verfassten Gemeinwesen, aber er tut sich schwer mit einer positiven Bestimmung der Funktionen, die Parteien für diese Gemeinwesen erfüllen.

Ähnliches lässt sich auch für John Stuart Mill noch sagen, der wiederum 40 Jahre später seine „Considerations on Representative Government" schrieb. Parteien sind im England der 1850er und 1860er Jahr natürlich längst zu einer Alltagserscheinung des politisch-parlamentarischen Lebens geworden, auch für Mill, der ja selbst einige Jahre lang liberales Mitglied des *House of Commons* war. Umso bemerkenswerter ist es, dass sie in seiner Idealkonzeption repräsentativer Regierungsweise keine wesentliche Rolle spielen. Insbesondere in seine Vorstellung von gemeinwohlverpflichteter Repräsentation, wie sie etwa in seinem Plädoyer für ein Persönlichkeitswahlrecht ohne Bindung an Wahlkreise deutlich wird, passen Parteien nicht recht hinein.[9]

Eine ehrwürdige, jedenfalls alte Tradition des politischen Denkens also – die republikanische Skepsis gegenüber dem Parteiwesen. Aber hat sie denn noch irgendein argumentatives Gewicht? Gehört es nicht zu den großen Leistungen der modernen Demokratie, dass sie das altrepublikanische Dogma, Parteiungen seien Vorstufen des Bürgerkrieges, außer Kraft gesetzt hat? Dass sie den Mut hatte, den Wettstreit organisierter Partikularismen nicht nur zu akzeptieren, sondern sich gleichsam auf ihn zu gründen, in dezidierter Absage an den pluralismusfeindlichen Rousseau? In der Tat: Organisierter friedlicher Konflikt nicht als Vorform des Bürgerkrieges, sondern als Alternative zum Bürgerkrieg, als Wesenskern des demokratischen politischen Prozesses – mit dieser Versöhnung von politischem Konflikt und gesellschaftlichem Frieden hat die moderne Demokratie die Politik auf ein neues zivilisatorisches Niveau geführt. Pluralismus erscheint uns als ihre Quintessenz.

Das sind Einsichten und Erfahrungen, die wir der älteren republikanischen Theorie voraus haben. Aber das heißt noch nicht, dass ihre Parteienskepsis ganz und gar obsolet geworden sei. Die Frage, ob der Wettstreit partikularer Interessen, der Parteienwettbewerb am Ende etwas hervorbringt, was man Gemeinwohl nennen kann, ist durchaus nicht unsinnig. Und es könnte sein, dass der vielfach diagnostizierte „decline of parties" in einem Zusammenhang mit dieser

9 Dieses Plädoyer findet sich im 7.Kapitel von „Considerations on Representative Government". Es ist bestimmt von der Vorstellung, dass die Gemeinwohlverantwortung eher Individuen als Parteien übertragen werden sollte. Wann immer Mill von „party spirit" spricht, hat das Wort einen negativen Klang.

Frage steht. Ein substantieller Rest des Rousseau`schen Zweifels jedenfalls bleibt.

II.

Die hundert Jahre zwischen Rousseaus „Contract Social" und Mills „Considerations on Representative Government" sind die Zeitspanne, in der die Geburtswehen der modernen Demokratie einsetzen. Wo immer sie in die Geschichte eintritt, revolutionär oder evolutionär, versuchsweise oder endgültig, formieren sich alsbald politische Parteien, ausnahmslos. Das ist erklärungsbedürftig – schon für sich genommen und erst recht vor dem Hintergrund der zutiefst parteienskeptischen Tradition republikanischen und frühdemokratischen Denkens. Was sind die Gründe dafür, dass sich die moderne Demokratie und die Parteien symbiotisch entwickelt haben?

Die Antwort ist im Prinzip einfach und im Einzelnen komplex. In jedem der einschlägigen Länder haben wir es mit einer Fülle von besonderen Bedingungen zu tun. Unterschieden werden muss insbesondere zwischen den Ländern, die mit einer bereits funktionsfähigen Repräsentativerfassung in den Demokratisierungprozess hineingingen – Großbritannien ist das Hauptbeispiel, daneben natürlich die Vereinigten Staaten, und solchen, für die das nicht gilt; das war die auf dem europäischen Kontinent vorherrschende Konstellation. Aber da es hier nicht um die Beschreibung der historischen Vielfalt geht, sondern um das Grundmuster, können solche Feinheiten außer Betracht bleiben. Das Grundmuster ist in der Tat einfach.

Drei Impulse sind dafür verantwortlich, dass sich die Entwicklung der Demokratie und die Entstehung von Parteien als zwei Stränge ein und desselben Prozesses darstellen. In allen drei Impulsen ist die gleiche Dynamik am Werk. Sie lässt sich so beschreiben: In der repräsentativen Demokratie ist der politische Prozess als friedlicher Wettbewerb um Regierungsmacht organisiert, den die Bürgerschaft als letzte Instanz in einem festgelegten Rhythmus immer wieder aufs Neue entscheidet. Es ist die diesem Regelsystem schon in der Phase, in der es sich herausbildet, innewohnende Logik, die Parteien hervorbringt. Diese Logik wirkt, erstens, in den Repräsentativkörperschaften, in den Parlamenten; zweitens aus den Parlamenten heraus in die Gesellschaft hinein; und sie wirkt, drittens, auch in der entgegengesetzten Richtung: aus der Gesellschaft in das Parlament hinein. Alle drei Wirkungsweisen lassen sich in wenigen Sätzen genauer charakterisieren.

Wie die Logik des friedlichen Wettkampfes um Regierungsmacht in den Parlamenten wirkt, kann man besonders gut am amerikanischen und am britischen Beispiel studieren.[10] Die frühen amerikanischen Parteien formieren sich im ersten Jahrzehnt der jungen Republik im Kongress. In England ist das *House of Commons* der Ort, an dem Parteien im modernen Sinn in den Jahrzehnten nach der ersten Wahlrechtsreform von 1832 Gestalt annehmen. Aber nicht nur die angelsächsischen, praktisch alle Repräsentativkörperschaften des 19. Jahrhunderts liefern Anschauungsmaterial für die These, dass die modernen politischen Parteien in den Parlamenten entstanden, übrigens auch die kurzlebige Versammlung der Paulskirche. Parteien formieren sich in Parlamenten, weil sich die Bildung stabiler Gruppen von politisch Gleichgesinnten zunächst als vorteilhaft und dann, sobald der Prozess einmal in Gang gekommen ist, als unabdingbar für die Ausübung von politischem Einfluss in der Institution Parlament erweist. In dem Maße, in dem Parlamente mächtiger werden – und es ist ein wesentlicher Aspekt des Demokratisierungsprozesses, dass Parlamente mächtiger werden –, entfaltet diese Logik ihre Wirkung.

Sie tut es ganz besonders, aber keineswegs, wie das Beispiel der Vereinigten Staaten zeigt, nur dort, wo Regierungen allmählich in eine existentielle Abhängigkeit von Parlamenten geraten, dort also, wo parlamentarische Systeme entstehen. Wo Regierungen nur amtieren können, wenn das Parlament ihnen nicht durch Mehrheitsbeschluss das Vertrauen entzieht, wird die Stabilisierung parlamentarischer Mehrheiten zwingend. Parlamentarische Mehrheiten lassen sich am besten über Gruppenbildung stabilisieren, das heißt über die Bildung von Parteien, parlamentarisch gesprochen Fraktionen.

Nicht nur in den Parlamenten entfaltet die Logik des Machtwettbewerbs nach den Regeln der entstehenden repräsentativen Demo-

10 Zur Entstehung der Parteien in Großbritannien Jennings (1962), in den USA Cunningham (1965).

kratie ihre Wirkung, sondern auch aus dem Parlament heraus in die Gesellschaft hinein. Die Gewährung bzw. Erweiterung des Wahlrechtes ist hier der entscheidende Impuls. In den Vereinigten Staaten setzte sich das allgemeine gleiche Wahlrecht für Männer bekanntlich sehr schnell durch, in den ersten Jahrzehnten nach der Gründung der Republik. Hier kam der Prozess der Formierung politischer Parteien ganz folgerichtig am frühesten in Gang. West-, Nordwest- und Mitteleuropa folgen im Lauf des weiteren 19. und frühen 20. Jahrhunderts, auch das „weiße Empire". Von dieser Entwicklung gehen entscheidende Anstöße zur Parteienbildung aus. Politische Macht wurde nun abhängig von Akten der Zuweisung, an denen Millionen von Bürgern mit ihrer Wahlstimme beteiligt waren. Die Zuweisung war zudem befristet. Die Fähigkeit, eine unüberschaubare Vielzahl von Wählern zu gewinnen und möglichst dauerhaft zu binden, wurde damit entscheidend im Kampf um Regierungsmacht. Diese Fähigkeit konnte nur durch den Aufbau von Organisationen und die Sicherung von – für die Wähler wahrnehmbarer – Organisationsidentität über Zeit geschaffen werden. Parteien waren die Antwort.

Die Logik der Parteibildungsprozesse wirkte, drittens, aber auch aus der Gesellschaft in die politische Arena hinein. Denn diese Arena öffnete sich im Demokratisierungsprozess nicht sogleich für alle. Diejenigen, die zunächst ganz ausgeschlossen blieben oder sich doch jedenfalls im Nachteil sahen, mussten sich formieren, um Chancen der Teilhabe zu erkämpfen. Sie mussten sich organisieren, und das heißt Parteien bilden. Dieser dritte Impuls ist vor allem bei der Entstehung von Arbeiterparteien wirksam geworden.

Dreifach also lenkte die Logik des Machtwettbewerbs im Demokratisierungsprozess die Entwicklung in Richtung Parteibildung: Parteibildung half, innerparlamentarisch Macht aufzubauen, Mehrheiten zu organisieren; Parteibildung erwies sich als unerlässlich im Kampf um die Unterstützung durch die Wähler; Parteibildung war notwendig, um sich Zugang zur politischen Arena zu erkämpfen. Dabei wirkten insbesondere der erste und der zweite Impuls eng zusammen. Robert Dahl hat es für die Vereinigten Staaten auf die knappe Forme gebracht: „The instrument invented in the United Staates between 1789 and about 1809 for winning elections and marshallling legislative majorities was the political party".[11] Der Schluss liegt nahe, dass wir es mit historischen Zwangsläufigkeiten zu tun haben. Aber historische Zwangsläufigkeiten, die sich für eine bestimmte Phase der Demokratieentwicklung feststellen lassen, sind nicht ohne weiteres mit dauerhaft wirksamen systemischen Notwendigkeiten gleichzusetzen. Obwohl jedenfalls zwei der drei beschriebenen Parteibildungsimpulse auf systemische Notwendigkeiten hinweisen, muss die Frage doch noch einmal neu gestellt werden. Sind Parteien tatsächlich notwendige Bedingungen der Funktionsfähigkeit moderner demokratischer politischer Systeme? Welche Leistungen erbringen sie im politischen Prozess, die gerade nur sie erbringen können?

III.

Die Antwort auf diese Frage muss abstrakter ausfallen als die historische Erklärung. Moderne Demokratien sind ausnahmslos, wenn auch in verschiedenen Varianten, repräsentativ verfasste Demokratien. Sie sind es natürlich nicht zufällig. Versammlungsdemokratien nach dem Urmuster Athens sind nur in kleinräumigen, städtischen Gemeinwesen möglich und, das wird oft vergessen, auch dort nur, wenn die Bürgerschaft in ihrer großen Mehrheit bereit und in der Lage ist, Politik zu ihrer Hauptbeschäftigung zu machen. Die Urnenabstimmung, die in der neuzeitlichen Demokratie an die Stelle der Versammlung der Bürger getreten ist, ist zwar an räumliche Grenzen nicht gebunden. Aber es gibt sie aus guten Gründen nur in Verbindung mit einer repräsentativ-demokratischen Grundstruktur. Denn auch für sie gilt: Die Bürgerschaft eines modernen Gemeinwesens gleich welcher Größe, die die Gesetzgebung qua Urnenabstimmung selbst übernehmen wollte, müsste bereit sein, für die Politik zu leben, und wäre, selbst wenn sie es wäre, hoffnungslos überfordert. Repräsentative Demokratie heißt: Die Bürgerschaft übt ihr Letztentscheidungsrecht wenn nicht ausschließlich so doch in erster Linie durch Wahlen aus. Sind Wahlen als ein mindestens der Möglichkeit nach elementar-rationaler Modus der Beteiligung von Bür-

11 Dahl (1976) S. 280f.

gern in unüberschaubarer Zahl an der Politik ohne Parteien denkbar? Wenn nicht, dann könnte und müsste man von einer systemischen Notwendigkeit sprechen.

Starke Gründe sprechen für eine solche systemische Notwendigkeit. Parteien – dies ist das abstrakteste und prinzipiellste Argument – reduzieren in mindestens zwei Schritten politische Komplexität so weit, dass eine Massenbeteiligung an politischen Entscheidungen, konkret Wahlen, die nicht blind ist, überhaupt erst möglich wird. Eine unorganisierte Vielzahl von Menschen – „das Volk“ – kann, wenn es Entscheidungen treffen soll, nur reagieren. Es kann nur aus einer sehr begrenzten, überschaubaren Zahl von Entscheidungsoptionen – personellen oder sachlichen – auswählen. Diese Entscheidungsoptionen müssen den Vielen präsentiert werden. Erst dadurch werden die Vielen entscheidungsfähig. Genau das leisten Parteien im Wettbewerb miteinander. Sie verdichten eine unüberschaubare Fülle von möglichen Antworten auf mögliche Fragen zu wenigen Entscheidungsoptionen. Das ist der erste Schritt der Reduktion von Komplexität.

Theoretisch wäre denkbar, dass diese Reduktion immer wieder neu, von Wahl zu Wahl, von ad-hoc-Organisationen geleistet wird, die auf die Konstellation des Augenblicks reagieren. Aber das wäre für die Anbieter von Entscheidungsoptionen mit sehr hohen Organisationskosten und für die Wähler mit sehr hohen Informationskosten verbunden. Organisationskontinuität reduziert diese Kosten dramatisch. Organisationskontinuität aber heißt: Parteien. Dies ist der zweite Schritt der Reduktion von Komplexität.

Was die Organisationskosten angeht, so ist das unmittelbar einsichtig. Für die Informationskosten kann es leicht einsichtig gemacht werden. Informationskosten entstehen, weil, wer nicht blind entscheiden will, jedenfalls elementar über die verfügbaren Entscheidungsoptionen und wahrscheinliche Konsequenzen der verschiedenen möglichen Entscheidungen unterrichtet sein muss. Wenn es, wie in Wahlen, darum geht zu entscheiden, wem man ein Amt anvertrauen möchte, dann ist es vor allem wichtig, das Entscheidungsverhalten der Kandidaten in zukünftigen möglichen Entscheidungssituationen mit einer gewissen Sicherheit abschätzen zu können. Das ist eine höchst komplexe Aufgabe. Das Misstrauen früher Demokratietheoretiker gegen Parteien geht denn auch einher mit der Hoffnung, demokratische Repräsentation auf überschaubare nachbarschaftliche Verhältnisse, in denen es Urteilssicherheit gibt, gründen zu können. Aber moderne Demokratien sind keine Nachbarschaftsgemeinschaften. Deshalb gewinnen Parteien eine Art kompensatorischer Schlüsselbedeutung. Sie reduzieren die Informationskosten in komplexen Verhältnissen um einen entscheidenden Faktor, indem sie wesentliche Informationen in einer Chiffre zur Verfügung stellen, in der Chiffre des Parteinamens. Wenn das Parteiensystem eine gewisse Stabilität hat – und Langlebigkeit ist eine charakteristische Eigenschaft von Parteiensystemen in etablierten Demokratien –, können diese Chiffren Wählern eine relativ hohe Orientierungssicherheit zu sehr niedrigen Informationskosten geben.

An die Bestimmung der Elementarfunktion anknüpfend lässt sich, was Parteien im politischen Prozess der repräsentativen Demokratie leisten, schrittweise genauer beschreiben. Das kann hier nur andeutungsweise geschehen und braucht auch nur andeutungsweise zu geschehen. Reduktion von Komplexität ist nicht nur notwendig, um Wählerschaften in beliebiger Vielzahl überhaupt entscheidungsfähig zu machen. Sie ist auch notwendig, damit Wahlen ihren demokratischen Zweck erfüllen können. Mit der Bestellung der Regierenden durch Wahlen sollen die Bürger einer Demokratie ja, jedenfalls im Elementaren, darüber entscheiden können, wie regiert wird. Und mit der Abwahl sollen sie die Regierenden zur Verantwortung ziehen können. Was die intentionale Steuerung der Politik durch die Wähler angeht, so ist sie, wenn Repräsentativversammlungen im Spiel sind – und das sind sie in allen modernen Demokratien – , auch im einfachsten Sinne nur möglich, wenn die Zahl der den Wählern angebotenen Entscheidungsoptionen klein ist, sehr klein. Je größer die Zahl wird, desto weniger vorhersagbar ist, welche Auswirkung ein bestimmter Wahlausgang auf die Politik haben wird. Schon in einem Vielparteiensystem schwächt sich der Steuerungseffekt der Wahlen dramatisch ab. Ohne Parteien würde er sich ganz verlieren. Ins Positive gewendet: Parteien sind wichtig für die Umsetzung von Wählerentscheidungen in Politik, auch wenn dieser Wirkungszusammenhang, um es noch einmal zu sagen, nur sehr elementar sein kann. Wichtig sind Parteien aber auch, gleichsam in der Umkehrung der Wirkungsrichtung, um dem repräsentativ-demokratischen Postulat, dass Wähler Regierende zur Verantwortung sollen ziehen können, Wirksamkeit zu verleihen. Das Postulat setzt voraus, dass Regierungshandeln (oder -unterlassen) bestimmten Akteuren eindeutig zurechenbar ist. Bedingung der Möglichkeit eindeutiger Zurechnung sind transparente und einigermaßen stabile Strukturen des Regierens. Die aber werden – wir reden, daran sei noch einmal erinnert, von Parlamenten – innerhalb bestimmter institutioneller Rahmungen von Parteien geschaffen. Anders und unserem Leitgedanken folgend formuliert: Parteien reduzieren die Komplexität der Frage, wer was zu verantworten hat, um einen entscheidenden Faktor.

Damit ist auch schon die Bedeutung von Parteien für die Strukturierung politischen Handels *in* den Parlamenten angesprochen. Stabile Mehrheitsbildung in Parlamenten, wenn es denn auf sie ankommt, ist nur durch stabile Gruppen im Parlament, also durch Parteien zu gewährleisten (womit freilich nur eine notwendige, keine zureichende Bedingung genannt ist). Spiegelbildlich dazu gilt: Parteinen sind wichtig als Träger institutionalisierter Opposition. Natürlich kann politische Opposition, die Freiheit des Widerspruchs vorausgesetzt, in vielfältiger Gestalt und in vielfältiger Trägerschaft auftreten. Aber die Institutionalisierung des Prinzips Opposition, verstanden als wählbare Alternative zur amtierenden Regierung, ist nur über Parteien möglich.

In unserer Skizze „sekundärer" Funktionen, die Parteien in der repräsentativen Demokratie erfüllen, wird zunehmend erkennbar: Der Demokratietyp spielt eine Rolle. Reduktion von Komplexität, um Massenbeteiligung an Politik überhaupt möglich zu machen, das gilt für alle Demokratien. Sobald aber die Antworten auf die Frage nach den Funktionen von Parteien spezifischer werden, wird der Demokratietyp bedeutsam, zumal die altgewohnte Unterscheidung zwischen parlamentarisch verfassten und präsidentiell (gemeint ist der US-amerikanische Typus) verfassten Demokratien. Parlamentarische Demokratien sind, pauschal gesagt, in höherem Maße auf Parteien angewiesen als präsidentielle. Alle vier gerade skizzierten

Antworten auf die Funktionsfrage – Parteien sind wichtig für die Umsetzung von Wahlentscheidungen in Politik; Parteien machen Verantwortungsstrukturen transparent; Parteien ermöglichen stabile Mehrheitsbildung in Parlamenten; Parteien sind Träger institutionalisierter Opposition – haben für parlamentarische Demokratien größere Relevanz oder können für parlamentarische Demokratien vorbehaltloser gegeben werden als für präsidentielle; für die dritte ist das am offensichtlichsten. In der präsidentiellen Demokratie des amerikanischen Typs, in der sich die institutionelle Trennung von Legislative und Exekutive mit einem Wahlsystem, das die Kongressabgeordneten zu Wahlkreisvertretern macht, und einer Vorwahlpraxis, die den Parteien die Nominierungsfunktion nimmt, verbindet, ist der Politikmechanismus und mit ihm der Stellenwert von Parteien ein ganz anderer als in der parlamentarisch verfassten Demokratie. Gleichwohl: Auch in den USA haben sich Parteien entwickelt, die für den politischen Prozess erhebliche Bedeutung haben. Sie haben sich, davon war schon die Rede, sogar zuerst dort entwickelt. Man kann das als eine besonders nachdrückliche Bestätigung der These, moderne repräsentative Demokratien seien in ihrer Funktionsfähigkeit auf Parteien angewiesen, interpretieren. Wer für eine Demokratie ohne Parteien plädieren wollte, müsste erklären, welche Mechanismen der Reduktion von Komplexität an die Stelle der Parteien treten könnten.

IV.

Ja, so lautet das Zwischenfazit, die Demokratie braucht Parteien. Sie sind nicht nur entwicklungsgeschichtlich der Logik des Wettbewerbsmechanismus der entstehenden Demokratie entsprungen; sie stellen sich auch der funktionalen Betrachtung als ihre notwendigen Bestandteile dar. Das gilt für jede Spielart der modernen Demokratie, wenn auch in unterschiedlicher Intensität. Mit diesem nicht eben überraschenden Zwischenfazit ist nun freilich der Verdacht nicht aus der Welt geschafft, die zweihundertjährige Symbiose zwischen moderner Demokratie und Parteien könne in eine kritische Phase der Entwicklung eingetreten sein. Ihm ist jetzt nachzugehen. Was hat es auf sich mit dem „decline of parties“? Was sind die empirischen

Befunde? Sind sie als „Krise“ oder als „Wandel“ der Parteiendemokratie zu deuten? Die Debatte über diese Frage wird schon seit gut zwei Jahrzehnten lebhaft geführt.[12]

Ziemlich eindeutig verweisen eine Fülle von Daten darauf, dass Bürger, Wähler Parteien sehr kritisch wahrnehmen; dass die Distanz zwischen Bürgern und Parteien in fast allen Demokratien, für die Daten vorliegen, in den letzten Jahrzehnten gewachsen ist.[13] Wird nach dem Vertrauen in verschiedene politische Institutionen gefragt, so landen die Parteien regelmäßig mit erschreckenden Ergebnissen auf den letzten Plätzen; allenfalls „den Politikern“ im Allgemeinen bringen die Bürger noch mehr Misstrauen entgegen. Kritische, abfällige Aussagen über Parteien finden in Umfragen weit mehr Zustimmung als positive. Auffallend hoch ist, jedenfalls in den etablierten Demokratien, auf der anderen Seite das Vertrauen gerade in die Institutionen, die als besonders parteifern wahrgenommen werden, die Polizei und die Gerichte etwa. Der Rechtsstaat, so kann man den Befund auch formulieren, genießt mehr Vertrauen als der durch die Parteien bestimmte politische Betrieb.

Häufiger als nach dem Vertrauen in die Parteien allgemein wird nach der Parteiidentifikation, der langfristigen, stabilen Bindung an eine bestimmte Partei gefragt. Sie ist noch immer bei relativ vielen Wählern gegeben, bei deutlich mehr, als man angesichts des dramatischen Tiefstandes des Vertrauens in Parteien im Allgemeinen erwarten würde. Von einer radikalen Abwendung von den Parteien kann also nicht einfach die Rede sein. Aber auch hier gilt: Die Parteiidentifikation ist in fast allen Demokratien schwächer geworden. Mit den Worten eines amerikanischen Beobachters: „…a general pattern of partisan decline is affecting most Western democra-

12 Einen Überblick über die Debatte gibt Wiesendahl (2010). Informativ zur ersten Phase der wissenschaftlichen Diskussion die Sammelrezension *Politische* Vierteljahresschrift 41 (2000) S. 347ff.

13 Daten jedenfalls für die europäischen Demokratien finden sich in den Internetauftritten des Eurobarometers und des European Social Survey, allerdings nicht in der wünschenswerten Dichte und Konstanz. Zur Interpretation der Befunde Schmitt/Holmberg (1995), Dalton/Wattenberg (2002), Dalton (2004), Dalton (2006), Gabriel (2008); zu Deutschland im Besonderen: Falter/Rattinger (2001), Niedermayer (2005), Rattinger (2006), Gabriel/Plasser (2010).

cies".[14] Dass die früher weit verbreiteten festen Parteibindungen bei einem wachsenden Teil der Wählerschaft erodieren oder sich gar nicht erst ausbilden, bedeutet: Die Wählerschaft wird, so der *terminus technicus*, volatiler. So gern man diese wachsende Volatilität als Indiz zunehmender Souveränität des Wählers werten würde, man muss sie zweifellos zumindest auch als Zeichen einer Entfremdung zwischen Wählern und Parteien verstehen, die Orientierungsunsicherheit zu Folge hat. Jedenfalls wird man die Tatsache, dass Protestbewegungen, Protestparteien aus dem Stand Wähler in beträchtlicherer Zahl für sich mobilisieren können – inzwischen eine vertraute Erscheinung in vielen europäischen Demokratien –, in Zusammenhang mit der gewachsenen Volatilität bringen können.

Was die Wahlbeteiligung angeht, so gibt es keinen einheitlichen Trend.[15] Aber für Deutschland lässt sich zumindest sagen, dass die Zeiten, in denen an Bundestagswahlen verlässlich 85% und mehr der Wahlberechtigten teilnahmen (1953-1987), weit zurückliegen. Auffallender noch ist der starke Rückgang der Beteiligung an den Landtagswahlen. Dramatisch weniger Bürger als vor 20 oder 30 Jahren sind Mitglieder einer Partei. Auch das scheint, soweit die Verhältnisse vergleichbar sind, ein internationaler Trend zu sein. Ein deutliches Indiz für das Misstrauen, das den Parteien entgegengebracht wird, ist sicher auch die starke Unterstützung, die die Forderung nach mehr direkter Demokratie findet. In Deutschland sind es etwa 70 % der Bürger, die sich in Umfragen beharrlich in diesem Sinn aussprechen.

Alle diese Befunde interpretieren sich nicht von selbst, zumal die Datenlage keineswegs ganz und gar befriedigend ist – längere Zeitreihen etwa sind rar. Die Frage, ob es sich um langfristige Trends oder periodische Schwankungen handelt, wird unterschiedlich beantwortet. Auch sind Unterschiede zwischen Ländern zu beachten; die Entwicklung in den USA beispielsweise hat durchaus ihre eigenes Profil, das Profil nämlich einer allgemeinen tiefen Krise des Vertrauens in die politischen Institutionen. Aber in der Summe sind die Hinweise auf ein beunruhigendes Maß an Entfremdung zwischen

14 Dalton (2006) S. 184.
15 Nohlen/Stöver (2010).

Bürgern und Parteien stark und deutlich. Weisen die Daten darauf hin, dass sich die Vorstellung verbreitet, eine Demokratie ohne Parteien sei die bessere Demokratie? Oder wirken die Zahlen dramatischer als sie es sind, weil die Bürger die Parteiendemokratie schließlich doch als notwendiges Übel akzeptieren, auch wenn sie nicht viel Vertrauen in die Parteien setzen?[16]

So oder so stellt sich die Frage, wie sich der Entfremdungsprozess, auf den die Daten hinweisen, erklären lässt. Mehr als Andeutungen sind hier nicht möglich. Es ist wahrscheinlich, dass mehrere Faktoren zusammenwirken. Zum einen ist an einen allgemeinen Prozess kulturellen Wandels zu denken, der oft mit dem Stichwort „Individualisierung der Lebensstile“ beschrieben wird. Dieser Wandel schwächt grundsätzlich alle Zugehörigkeiten, stellt alle Zugehörigkeiten stärker zur Disposition des Einzelnen. Auch die Bereitschaft zur Bindung an Parteien scheint in starkem Maß betroffen zu sein. Zum zweiten könnte die wachsende Distanz zu den Parteien auf ein verändertes Verhältnis der Menschen zur Politik hindeuten. Politik wird in der Welt funktionierender moderner Wohlfahrtsstaatlichkeit immer mehr als allverantwortlich für die Bedingungen individueller Existenz wahrgenommen. Die Erwartungen an die Politik erreichen tendentiell ein Niveau, auf dem sie nicht mehr einlösbar sind Die Parteien zahlen gewissermaßen die Zeche. Drittens schließlich – und dieser Faktor ist in unserem Argumentationszusammenhang der interessanteste: Die Parteien selbst verändern sich und die Bürger nehmen es wahr. Sie nehmen wahr, dass die Parteiendemokratie auf dem Weg in den Parteienstaat ist. Was ist mit dieser Formel gemeint?

Idealtypisch haben die Parteien in der Demokratie die Funktion, unterschiedliche konkurrierende – und in diesem, durchaus besonderen Sinne partikulare – Entwürfe einer konkreten, situationsbezogenen Gemeinwohlkonzeption zu entwickeln und sich mit ihr im Wettbewerb dem Urteil der Bürger zu stellen. Wer eine Mehrheit der

16 So pointiert Rattinger (2006): „Dass Demokratie ohne Repräsentation und Parteien nicht funktionieren kann, haben die Leute verstanden. Also braucht man sie und muss sich mit ihnen arrangieren. Sie sind ohne Alternative – aber besonders hoch schätzen muss man sie deshalb nicht“ (S. 105). Haben „die Leute“ es wirklich verstanden?

Wähler überzeugt, darf es auf Zeit mit seiner Gemeinwohlkonzeption versuchen. Zu diesem Zweck werden dem Wahlsieger die politischen Führungsämter des Gemeinwesens überantwortet. Das ist freilich nur die eine Seite der Sache. Parteien sind immer auch Verfechter mindestens eines Partikularinteresses, ihres Interesses an sich selbst nämlich. Und laufen Gefahr, in Verfolgung dieses Interesses ihr eigener Zweck zu werden. Konkret: Der Wettbewerb der von Parteien getragenen Gemeinwohlkonzeptionen ist immer auch, in symbiotischer Verbindung, ein Konkurrenzkampf um die Privilegien der Macht, um Einkommen, Einfluss, Ansehen, um alles, was der Zugriff auf die Ämter des Gemeinwesens ihren Inhabern, der politischen Klasse insgesamt, und den Organisationen, die hinter ihr stehen, vermitteln kann. Die Partei als Mittel zu einem dem Ganzen verpflichteten Zweck und die Partei als Selbstzweck – das sind zwei Seiten einer Medaille

Mit diesem Doppelcharakter des Parteienwettbewerbs müssen Demokratien leben. Es kommt darauf an, dass die Balance nicht verloren geht, darauf, dass das Interesse der Organisation Partei oder auch der politischen Klasse an sich selbst nicht übermächtig, dass die Partei nicht sich selbst, um es noch einmal mit den gleichen Worten zu sagen, zum eigentlichen Zweck wird. Natürlich lässt sich, was eine vernünftige Balance zwischen Gemeinwohlorientierung und Selbstbezüglichkeit ist, nicht exakt bestimmen. Aber es gibt Indikatoren für den Prozess der Verkehrung der Zweck-Mittel-Relation. Der Ausbau der – direkten und indirekten – Staatsfinanzierung der Parteien, das Ausmaß der Ämterpatronage, die Großzügigkeit der Besoldungs- und Versorgungsregelungen, die Politiker für sich selbst ersinnen, die Monopolisierung aller Zugänge zum öffentlich kontrollierten Bereich, nicht nur zu den im engeren Sinn politischen Ämtern, durch die Parteien für ihre eigenen Klientele – das sind Hinweise.[17] Aus einer etwas anderen Sicht ließen sich die Indizien

17 v. Arnim hat diese Hinweise für die Bundesrepublik immer wieder gesammelt und mit wachsender Schärfe kritisch kommentiert. v. Arnim (1996) und (2000). Zweifellos besteht ein enger Zusammenhang zwischen der wachsenden Selbstbezüglichkeit der Parteien und der Tatsache, dass Politik immer mehr zum Beruf auf Lebenszeit einer Klasse von professionellen Politikern wird. Dazu v. Beyme (2000).

auch so beschreiben: Selbstbezüglichkeit bedeutet, dass der Besitz von Regierungsmacht in erster Linie deshalb wichtig wird, weil er eine hohe Rendite für die Partei selbst, insbesondere ihre Führungsschicht abwirft. Die Bereitschaft wächst, fast jeden Preis für die Eroberung oder Behauptung von Regierungsmacht zu zahlen. Praktisch heißt das insbesondere: Die oberste Maxime der Politik wird es, jedes Risiko des Verlustes von Wählerstimmen zu vermeiden. Man tut das, indem man Probleme, die aufzugreifen riskant sein könnte, vor sich her schiebt und Lasten auf die Zukunft überwälzt. Die Demoskopie wird zum Hauptkompass für die Politik.

Richard Katz und Peter Mair haben die Tendenz zu immer größerer, den Staat für die eigenen Zwecke konsequent instrumentalisierender Selbstbezüglichkeit der Parteien parteitypologisch zu erfassen und entwicklungsgeschichtlich einzuordnen versucht.[18] Was hier als Verlust der Balance zwischen der Instrumentalität und der Selbstbezüglichkeit der Parteien in der Parteiendemokratie beschrieben wird, stellt sich Katz und Mair als Auftreten eines neuen Parteityps dar, der Kartellpartei. Die Kartellpartei ist wesentlich durch die Inanspruchnahme des Staates und seiner Ressourcen für ihre eigenen Zwecke charakterisiert. – das entspricht unserer Formel „Entwicklung der Parteiendemokratie zum Parteienstaat“. Sie heißt (das Etikett ist nicht besonders glücklich gewählt) Kartellpartei, weil sie die Inbesitznahme des Staates im Verbund mit den wesentlichen Wettbewerbern betreibt – hinter den Kartellparteien steht also ein Parteienkartell, das ihnen den Namen gibt.

Welche Maßstäbe man auch anlegen, welche Begrifflichkeiten man auch wählen mag, die Anzeichen für wachsende Selbstbezüglichkeit der Parteien sind unübersehbar. Man kann, sieht man beide Entwicklungen zusammen – den zunächst beschriebenen Entfremdungsprozess und den anschließend skizzierten Prozess der Veränderung der Parteien – von zwei gegenläufigen Bewegungen spre-

18 In ihrem Aufsatz „Changing Models of Party Organization and Party Democracy“. Auch in diesem Fall hat sich, wie so oft in den Sozialwissenschaften, vor allem die Einführung eines neuen Begriffs als wirksam erwiesen. Der Untertitel des Aufsatzes lautet „The Emergence of the Cartel Party“.

chen: Die Gesellschaft entfernt sich von den Parteien und die Parteien entfernen sich von der Gesellschaft. Zwischen beiden Bewegungen ist ein Zusammenhang zu vermuten. Konkret heißt das: Hinter dem wachsenden Misstrauen gegen die Parteien steht jedenfalls auch ein unbestimmter Zweifel daran, dass die Parteien noch gemeinwohlfähig und -bereit sind. Solche Zweifel, das zeigen die einschlägigen Umfragen, sind weit verbreitet. Keine parteienkritische Aussage wird so häufig bejaht wie die, Parteien seien ja doch nur an der Macht interessiert. Übrigens ist es nicht zuletzt der Umgang der Parteien miteinander, der die Bürger in allen ihren negativen Urteilen und Vorurteilen über die Parteien explizit zu bestätigen scheint. Jede Partei hämmert den Bürgen in dem mit (fast) allen Mitteln geführten Wettstreit um den Machtbesitz immer wieder ein, der jeweilige Gegner verdiene kein Vertrauen, breche sein Wort, bediene vor allem sich selbst und seine Klientel. Wie sollte diese Art der Selbstcharakterisierung der Parteien keine Spuren hinterlassen, zumal auch in dem Bild, das die Medien von den Parteien zeichnen, die negativen Züge dominant sind?

Wieder stehen wir vor der Frage, die uns beharrlich begleitet: Was sind die Zukunftsperspektiven der Demokratie, wenn es einerseits wahr ist, dass sie nicht ohne Parteien auskommen kann, und andererseits ebenso wahr, dass die Distanz zwischen Bürgern und Parteien immer größer wird? Gehört die Zukunft möglicherweise den Demokratievarianten, die für ihre Funktionsfähigkeit auf Parteien weniger angewiesen sind als die klassische parlamentarisch verfasste Demokratie, einfach deshalb, weil sie von der beschriebenen Entwicklung weniger essentiell betroffen sind?

V.

Demokratievarianten, die möglicherweise auf Parteien weniger angewiesen sind als die klassische parlamentarische Demokratie – das sind, konkret gesprochen, die US-amerikanische und die schweizerische. Systemisch abstrakt gedacht sind für den US-amerikanischen Demokratietyp Parteien tatsächlich nicht zwingend. Die Kennzeichnung als „präsidentielle Demokratie" reicht allerdings nicht aus, um das sichtbar zu machen. Gewiss, sowohl die institutionelle Unabhängigkeit der Regierung vom Parlament wie auch die Bestellung der Regierung im Wege der Präsidentenwahl durch das Volk hat weitreichende Konsequenzen für die systemische Bedeutung der Parteien. Sie werden nicht notwendig gebraucht für die Organisation des Kongresses. Und sie werden auch für die Wählerentscheidung in der Präsidentenwahl, die eben eine Personenwahl ist, nicht notwendig gebraucht. Aber erst die Verbindung des präsidentiellen Verfassungstypus mit dem relativen Mehrheitswahlrecht in Einer-Wahlkreisen als Verfahren zur Bestellung des Parlaments und einem Vorwahlsystem – für Regierung und Parlament –, das die Nominierungsfunktion den Parteien nimmt und den Wählern übergibt, führt zu dem Ergebnis, dass sich der politische Prozess modellhaft ohne Parteien denken lässt.

Doch das ist nur ein theoretischer Befund. Und gerade dieser theoretische Befund gibt dem empirischen Gegenbefund großes Gewicht. Tatsächlich spielen politische Parteien in der amerikanischen Demokratie eine beträchtliche Rolle, sowohl in der Selbstorganisation der Politik wie für die politische Orientierung der Bürger.[19] Das Konzept der Parteiidentifikation ist nicht zufällig in den USA entwickelt worden. In jüngerer Zeit ist die Bedeutung der Parteien im Kongress sogar eher noch gewachsen. Und in der Wählerschaft hat sich die politische Polarisierung, orientiert an den beiden großen Parteien, vertieft. In die Sprache unserer Argumentation übersetzt heißt das: Offensichtlich bedarf auch die Demokratie amerikanischen Typs der Reduktion von Komplexität durch politische Parteien. Die Tatsache, dass Parteien sich auch in einem politischen System, das in rein theoretischer Betrachtung nicht zwingend auf sie angewiesen ist, nicht nur entwickelt sondern auch dauerhaft etabliert haben, beweist eindringlich, wie stark die Logik des demokratischen politischen Prozesses unabhängig von seiner Organisation im Einzelnen auf Parteien zielt. Dass hybride Formen, etwa die gelegentlich

19 Die lateinamerikanischen Präsidialsysteme sind neuerdings stärker in das Blickfeld der vergleichenden politikwissenschaftlichen Forschung gerückt. Dabei wird u.a. herausgearbeitet, dass die präsidentielle Demokratie durchaus mit starken Parteien kompatibel ist, ja von ihnen profitieren kann. Thibault (1996), Krumwiede/Nolte (2000), Morgenstern/Nacif (2002).

propagierte Verknüpfung der Direktwahl des Regierungschefs oder von Vorwahlen amerikanischen Musters mit der parlamentarischen Demokratie, noch weniger geeignet sind, die Probleme der parteienstaatlichen Demokratie zu lösen, vielmehr nur zusätzliche Probleme verursachen würden, darf man mit guten Gründen vermuten.

Was den Schweizer Demokratietypus angeht: Die Schweiz ist weltweit der einzige Fall repräsentativer Demokratie, in der sich repräsentativ-demokratische und direkt-demokratische Verfassungselemente in ihrem systemischen Gewicht etwa die Waage halten .Gerade deshalb ist sie ein besonders nachdrücklicher Hinweis darauf, dass sich in der modernen Welt nicht repräsentative und direkte Demokratie als wählbare Alternativen gegenüber stehen, sondern direkt-demokratische Interventionsverfahren eine funktionierende repräsentative Demokratie voraussetzen, einen repräsentativ-demokratischen Rahmen, in den diese Verfahren eingefügt werden. Und das heißt: Parteien sind auch aus dem schweizerischen Demokratiemodell nicht wegzudenken. Auch deshalb nicht, weil das Repräsentativsystem auf die „Dauerbedrohung“ durch direkt-demokratische Interventionen tendentiell mit einer Konsenspraxis reagiert, die im Wesentlichen eine Praxis permanenten Verhandelns ist. Und in dieser Praxis permanenten Verhandelns spielen Parteien eine bedeutende Rolle. Es spricht allerdings viel dafür, dass direkt-demokratische Verfahren bürgerschaftlicher Mitwirkung den Misstrauensdruck, der auf der Parteiendemokratie lastet, reduzieren können – was, wohlgemerkt, nicht heißt, das Vertrauen stärken. Die Faszination, die derzeit weithin offensichtlich von der Idee der direkten Demokratie ausgeht, dürfte ihre Wurzeln wesentlich in der misstrauischen Abneigung gegen die Parteien haben.[20] Die Forde-

20 In Deutschland befürworten etwa 70% der Befragten konstant den Einbau direkt-demokratischer Entscheidungsverfahren in das Grundgesetz. Zwar wird die direkte Demokratie ganz überwiegend als Ergänzung der repräsentativen Demokratie verstanden, d.h. die meisten Befürworter sind keine prinzipiellen Gegner der repräsentativen Demokratie. Westle (1990). Aber das ändert nichts daran, dass anhaltendes und tiefes Misstrauen gegen die Parteien *faktisch* die repräsentative Demokratie in Frage stellt. Um diese Konstellation geht es mir.

rung „mehr direkte Demokratie" ist denn auch die, die Kritiker des Parteienstaates am entschiedensten erheben.

Aber der Versuch, die Probleme der Parteiendemokratie durch intensiv praktizierte Abstimmungsdemokratie aus der Welt zu schaffen, stößt rasch auf Grenzen. Repräsentativ-demokratische und direkt-demokratische Entscheidungsverfahren verhalten sich in der Welt moderner Politik wie Regel und Ausnahme zueinander. Das kann nicht anders sein. Es gibt über dieses Grunddatum hinaus auch Kompatibilitätskonflikte zwischen der repräsentativen und der direkten Demokratie. Die beiden Entscheidungsmodi lassen sich nicht, wie oft fälschlich angenommen wird, beliebig miteinander kombinieren. Davon wird im vierten Versuch genauer die Rede sein. Hier genügt der Hinweis, dass die besondere Gewichtung der Abstimmungsdemokratie in der Schweiz eng mit der besonderen Form der repräsentativen Demokratie – die Schweiz ist keine parlamentarische Demokratie – verknüpft ist. So läuft es denn auch bei der schweizerischen Sonderform der Demokratie auf das Fazit hinaus: Selbst die nicht-parlamentarischen Varianten der Demokratie geben wenig Anlass zu der Vermutung, die moderne Demokratie lasse sich so verfassen, dass die Parteien ihre Schlüsselbedeutung für den politischen Prozess verlieren. Um ein letztes Mal zu unserer abstrakten Ausgangsformel zurückzukehren: Für die Reduktion von politischer Komplexität, ohne die es nicht möglich ist, Bürgerschaften in Millionenzahlen an politischen Entscheidungsprozessen zu beteiligen, sind Parteien offensichtlich in allen bekannten Demokratievarianten unersetzlich.

Es bleibt eine letzte Frage: Entwickeln sich möglicherweise Alternativen zur Institution Partei im traditionellen Verständnis, alternative politische Formationen, die einerseits die Funktionen von Parteien übernehmen, andererseits aber bessere Chancen haben, das Vertrauen der Bürger zu gewinnen und zu behalten? Das wäre dann eine Art von Antwort auf die Frage, wie es weitergehen könne mit der repräsentativen Demokratie, die zwar angewiesen bleibt auf Parteien, die Bürger aber von dieser ihrer Funktionslogik immer weniger überzeugen kann.

Zwei Beobachtungen lassen sich anführen. Die eine: Es haben sich in den letzten Jahrzehnten zunehmend neue Formen politischen Engagements entwickelt, dem Selbstverständnis der Handelnden nach ausgerichtet auf jeweils ganz spezifische Gemeinwohlziele, beflügelt von einem oft starken Sendungsbewusstsein, gestützt wesentlich auf die neuen Medien elektronischer Kommunikation, die Politik gleichsam von außen her unter Druck setzend. Damit sind Akteure eines neuen Typus in den demokratischen politischen Prozess eingezogen. Aber: Diese Aktionsgruppen handeln themen- und ereignisbezogen. Sie halten Distanz zu den Parteien, zum professionellen politischen Alltagsbetrieb überhaupt. Nicht das Geringste spricht dafür, dass sie Funktionen von Parteien übernehmen wollten oder könnten. Nur bei den Umweltbewegungen, die sich in grüne Parteien verwandelt haben, verhält es sich anders. Die bundesdeutsche Partei der Grünen hat die Entwicklung von der Bewegung zur Partei exemplarisch durchlaufen. Die grüne Bewegung in ihren Ursprüngen wollte etwas ganz anderes sein als eine Partei, nicht zuletzt um sich das Vertrauen ihrer Anhänger zu bewahren. Aber in dem Maße, in dem sie sich mit dem Ziel, teilzuhaben an der Regierungsmacht, ernsthaft einließ auf die parlamentarische Demokratie, wurde sie Partei, musste sie Partei werden. Ob sich dieser Ablauf bei den „Piraten" wiederholt, bleibt abzuwarten.

Und die andere Beobachtung: Es hat da und dort in den europäischen Demokratien ein neuer Typus von politischer Bewegung die Bühne betreten, der wie eine Partei agiert, ohne recht eigentlich Partei zu sein – mit beträchtlichem Erfolg. Gefolgschaftsbewegung ist vermutlich die treffendste Etikettierung. Berlusconis *Popolo della Liberta*, ursprünglich *Sforza Italia*, hervorgegangen aus dem Zusammenbruch eines heillos diskreditierten Parteiensystems, ist wohl das Hauptbeispiel. Auch in den Niederlanden haben ähnliche Bewegungen bemerkenswerten Erfolg gehabt. Ihre Führer haben zeitweilig einen erstaunlichen Enthusiasmus, den Vertrauen zu nennen man zögert, für sich mobilisieren können. Das mag mit gewissen charismatischen Qualitäten zu tun haben, vor allem aber damit, dass diese Führer sich wesentlich gegen das als gänzlich „vertrauensunwürdig" dargestellte „System" profilieren. Bewegungen dieser Art, gleichgültig ob sie ausschließlich auf Personen oder auf Personen und Themen fixiert sind, sind tatsächlich ein anderes Medium der Repräsentation und der Partizipation als Parteien. Aber kann man in ihnen ernstlich überlegene Alternativen zu den herkömmlichen Parteien sehen? Wohl kaum. Von allen anderen Fragen der Bewertung ihrer Ziele und ihres Stils abgesehen: Sie haben, eben weil sie Gefolgschaftsbewegungen sind, weder eine personenunabhängige programmatische Identität noch eine personenüberdauernde organisatorische Stabilität. Sie können Funktionen von Parteien dauerhaft nur übernehmen, indem sie sich Parteien angleichen. In dem Maß aber, indem sie das tun, sind sie nicht mehr funktionale Äquivalente für Parteien sondern Parteien.

So bleibt es denn dabei: Der Befund, dass die moderne Demokratie, im Besonderen aber die parlamentarisch verfasste Demokratie ohne Parteien nicht funktionsfähig sei, ist offenbar durch keine Gegenüberlegung infrage zu stellen. Wenn es so ist, muss uns die Vermutung, dass die symbiotische Verbindung zwischen moderner Demokratie und Parteien in eine kritische Phase eingetreten sein könnte, weil Veränderungen der Parteien selbst, aber auch gesellschaftlicher Wandel zu einer fortschreitenden Entfremdung zwischen Parteien und Bürgern führen, beunruhigen. Kritische Phase heißt dann eben nicht „Übergangsphase“, in der sich die Konturen einer neuen, nächsten Entwicklungsstufe der modernen Demokratie bereits abzeichnen. Sondern es heißt: Funktionsbedingungen der modernen Demokratie, die nicht zufällig Parteiendemokratie ist und sich nur als Parteiendemokratie weiterentwickeln kann, sind gefährdet. Das geht zuallererst die Parteien an. Sie können mit ihrem eigenen Kredit den der Parteiendemokratie und damit den der repräsentativen Demokratie überhaupt verspielen. Ob sie zwischen ihrer Gemeinwohlverpflichtung und ihrer Selbstbezüglichkeit eine Balance zu bewahren vermögen, die sie für die Bürger glaubwürdig macht, ist für die Zukunft der Demokratie eine Frage von elementarer Bedeutung.

Aber es geht nicht nur die Parteien an. Der Selbstbezüglichkeit der Parteien, mag sie auch den Bürgern einen gewichtigen Grund für berechtigte Parteienkritik geben, steht ja eine Selbstbezüglichkeit der Bürger als Wähler gegenüber, die den Parteien das Leben schwer macht. Und so lässt sich ein Argument auch in der Gegenrichtung entwickeln. Die Bürger messen die Parteien einerseits an Gemeinwohlmaßstäben. Sie erwarten andererseits aber auch ganz selbstverständlich, dass die Politik gerade ihre Interessen ohne Rücksicht auf das Ganze bedient. Dahinter verbirgt sich die – durchaus unreflektierte – Vorstellung von einer Art Arbeitsteilung zwischen Politikern und Bürgern: Die Politiker tragen die Gemeinwohlverantwortung, die Wähler dürfen an sich selbst denken. Mit einer Arbeitsteilung dieses Musters aber kann Demokratie nicht funktionieren. Gewiss, die Wähler dürfen an sich selbst denken, aber nicht nur. Denn sie bestimmen in letzter Instanz die Handlungsspielräume der Politik. Nur wenn die Wähler die Gemeinwohlverantwortung der Politik zu respektieren und das heißt: auch gegen sich gelten zu lassen bereit sind, hat die Politik den Handlungsspielraum, diese Verantwortung auch wahrzunehmen. Tun sie es anhaltend nicht, bestrafen sie die Parteien für gemeinwohlorientiertes Handeln, so überfordern sie die Politik und also die Parteien hoffnungslos.

Selbstbezüglichkeit der Parteien, die die Abneigung der Bürger gegen die Parteien nährt; Selbstbezüglichkeit der Bürger in ihrem politischen Handeln, die die Parteien überfordert – in ihrer Verknüpfung beschreiben diese beiden Feststellungen ein elementares Demokratiedilemma; ein Dilemma, das uns vor Augen führt: Die Hoffnung, die demokratischen Institutionen könnten von sich aus das notwendige Minimum an Gemeinwohlorientierung der Politik gewährleisten, ist eine Illusion. Es gibt, heißt das, keine institutionelle Garantie für das Gelingen von Demokratie. Politik in der Demokratie muss deshalb immer auch, unermüdlich und unerbittlich, als Prozess der Aufklärung aller Beteiligten durch alle Beteiligten über die Verantwortung, die sie in einem freiheitlichen Gemeinwesen tragen, begriffen und betrieben werden.

Literatur:

v. Arnim, Hans-Herbert (1996): Die Parteien, der Abgeordnete und das Geld. Parteienfinanzierung in Deutschland. München.

Ders. (2001): Das System. München.

Ders. (Hrsg.) (2001): Politische Klasse und Verfassung. Berlin.

v. Beyme, Klaus (1993): Die politische Klasse im Parteienstaat. Frankfurt a.M.

Ders. (2000): Parteien im Wandel. Wiesbaden.

Cotter, Cornelius/Bibby, John (1980): Institutional Development of Parties and the Thesis of Party Decline. In: Political Science Quarterly 95 S. 1-27.

Cunningham, Noble (1965): Making of the American Party System, 1789 to 1809. Englewood Cliffs N. J.

Dahl, Robert (1976): Democracy in the United States. Promise and Performance. Chicago.

Ders. (2001): How Democratic is the American Constitution? New Haven/ London.

Dalton, Russell (Hrsg.) (2004): Democratic Challenges, Democratic Choices. The Erosion of Political Support in Advanced Industrial Democracies. Oxford u.a.

Ders. (2006): Citizen Politics: Public Opinion and Political Parties in Advanced Industrial Democracies. Washington D.C.

Ders./Wattenberg, Martin P. (Hrsg.) (2002): Parties without Partisans. Political Change in Advanced Industrial Democracies. Oxford.

Falter, Jürgen/Rattinger, Hans (2001): Die Parteien im Urteil der öffentlichen Meinung 1977 bis 1999. In: Gabriel, Oscar W./Niedermayer, Oskar/Stöss, Richard (Hrsg.): Parteiendemokratie in Deutschland. 2.Auflage. Bonn. S. 495-513.

Faul, Erwin (1964): Verfemung, Duldung und Anerkennung des Parteiwesens in der Geschichte des Politischen Denkens. In: Politische Vierteljahresschrift 5 S. 60-80.

Gabriel, Oscar (2008): Politische Einstellungen und politische Kultur. In: Ders./Krupp, Sabine (Hrsg.): Die EU-Staaten im Vergleich. Wiesbaden. S. 181-214.

Ders./Plasser, Fritz (Hrsg.) (2010): Deutschland, Österreich und die Schweiz im neuen Europa. Bürger und Politik. Baden-Baden.

Greven, Michael (2010): Sind Parteien in der Politik alternativlos oder ist ihre Rolle historisch begrenzt? Die Parteienforschung angesichts von „Globalisierung“, „Transnationalisierung“ und „Europäisierung“. In: Gehne, David/ Spier, Tim (Hrsg.): Krise oder Wandel der Parteiendemokratie? Festschrift für Ulrich v. Alemann. Wiesbaden.

Jennings, Sir Ivor (1961): Party Politics. Vol. II: The Growth of Parties. Cambridge.

Katz, Richard/Mair, Peter (1995): Changing Models of Party Organization and Party Democracy. In: Party Politics 1 S. 5-28.

Krumwiede, Heinrich/Nolte, Detlev (2000): Die Rolle der Parlamente in den Präsidialdemokratien Lateinamerikas. Hamburg.

Lawson,Kay/Merkl, Peter (Hrsg.) (1988): When Parties Fail: Emerging Alternative Organizations. Princeton.

Lipset, Seymour (1996): What Are Parties For? In: Journal of Democracy 7 S. 169-175.

Ders. (2000): The Indispensability of Parties. In: Journal of Democracy 11 S. 48-55.

Morgenstern, Scott/Nacif, Benito (Hrsg.) (2002): Legislative Politics in Latin America. Cambridge.

Niedermayer, Oskar (2005): Bürger und Politik. Politische Orientierungen und Verhaltensweisen in Deutschland. Wiesbaden.

Nohlen, Dieter/Stöve, Philip (Hrsg.) (2010): Elections in Europe. A Data Handbook. Baden-Baden.

Rattinger, Hans (2006): Die Parteien: Ungeliebt aber ohne Alternative. In: Falter, Jürgen/Gabriel, Oscar/Rattinger, Hans/Schoen, Harald (Hrsg.): Sind wir ein Volk? Ost- und Westdeutschland im Vergleich. München.

Reiter, Howard (1989): Party Decline in the West. A Sceptic`s View. In: Journal of Theoretical Politics 1 S. 325-348.

Schmitt Hermann/Holmberg, Sören (1995): Political Parties in Decline? In: Klingemann, Hans-Dieter/Fuchs, Dieter (Hrsg.): Citizens and the State. Oxford. (Beliefs in Government Vol.I).

Thibault, Bernhard (1996): Präsidentialismus und Demokratie in Lateinamerika. Opladen.

Westle, Bettina (1990): Legitimität der Parteien und des Parteiensystems in der Bundesrepublik Deutschland. In: Kölner Zeitschrift für Soziologie und Sozialpsychologie 42 S. 401- 427.

Wiesendahl, Elmar (2010): Zwei Dekaden Party-Change-Forschung. Eine Bilanz. In: Gehne, David/ Spier, Tim (Hrsg.): Krise oder Wandel der Parteiendemokratie? Festschrift für Ulrich von Alemann. Wiesbaden.

Wilson, James/DiIulio, John (1995): American Government. Lexington Mass./ Toronto.

Vierter Versuch. Über direkte Demokratie.

Sieben Anmerkungen zu einem Glaubensstreit.

Das Thema direkte Demokratie hat in den letzten ein, zwei Jahrzehnten Konjunktur gehabt, in Deutschland und anderswo. Es hat verfassungspolitische Konjunktur und es hat wissenschaftliche Konjunktur gehabt.[1] Daraus hätte ein fruchtbarer Dialog zwischen Verfassungspolitik und Wissenschaft werden können, ein Exempel für das, was die Demokratietheorie inzwischen „deliberative Demokratie“ nennt. Hätte! Dass der Dialog nicht zustandegekommen ist, haben beide Seiten zu vertreten. In der Politik dienten die Expertenanhörungen den widerstreitenden Parteien wie gewöhnlich dazu, sich bestätigen zu lassen, wovon man ohnehin überzeugt war. Und auch die Wissenschaft tat sich, bei allem Fleiß der Empirie, schwer damit, aus einem eher sterilen Pro und Contra hinauszufinden. Auch die wissenschaftliche Debatte wurde zu sehr als eine andere Art von Parteienstreit geführt. Und so gelang es der Wissenschaft nicht wirklich, sich mit dem, was sie zu sagen gehabt hätte, konsequent auf die Frage auszurichten, für deren Beantwortung man sie brauchte; die Frage, um die es bei der Verfassungsentscheidung im Wesentlichen hätte gehen müssen: Was bedeutet es, ganz bestimmte direkt-demokratische Entscheidungsverfahren in einen ganz bestimmten Verfassungskontext bei ganz bestimmten gegebenen gesellschaftlichen Rahmenbedingungen einzufügen?

1 Das Schrifttum, das die Konjunktur des Themas hervorgebracht hat, lässt sich leicht erschließen. Neuere Arbeiten, die den Gegenstand direkte Demokratie – auf unterschiedliche Weise – insgesamt in den Blick nehmen: Butler/Ranney (1994), Hamon (1995), Budge (1996), Setälä (1999), Le Duc (2003), Kaufmann (2007), Heußner/Jung (2009). Neuerdings gibt es in Deutschland ein Jahrbuch zum Thema direkte Demokratie. Der Sammelband Freitag/Wagschal (2007) beschäftigt sich ungeachtet seines Titels praktisch ausschließlich mit der Schweiz.

Was Deutschland angeht, so ist das Thema erst einmal von der verfassungspolitischen Agenda genommen worden. In den Ländern sind inzwischen, und zwar ausnahmslos, direkt-demokratische Entscheidungsverfahren in reicher Varianz etabliert, auch in den Kommunalverfassungen.[2] Im Bund hat die gescheiterte Verfassungsinitiative der rot-grünen Koalition in Sachen direkte Demokratie in der 14. Legislaturperiode einerseits sichtbar gemacht, dass – 50 Jahre nach Inkrafttreten des Grundgesetzes – eine parlamentarische Mehrheit hinter der Forderung steht, die Entscheidung des Parlamentarischen Rates gegen direkt-demokratische Verfassungselemente zu revidieren, andererseits aber auch gezeigt, dass diese Mehrheit nicht groß genug ist, um die Verfassung ändern zu können.[3] Die Union hat, solange sie über mindestens ein Drittel der Stimmen im Parlament verfügt, eine Sperrminorität. Bevor sich nicht neue Konstellationen ergeben, wird die Politik deshalb wohl das Thema nicht wieder aufgreifen. Aber ein Thema wird es bleiben. Allein schon die demoskopischen Daten, die konstant klare Mehrheiten für eine starke direkt-demokratische Komponente im Grundgesetz ausweisen, sprechen dafür. Die von Parteien dominierte repräsentative Demokratie hat in den letzten Jahrzehnten in der ganzen westlichen Welt viel an Rückhalt verloren. Es sieht nicht so aus, als sei die Legitimitätsschwäche der repräsentativen Demokratie eine rasch vorübergehende Erscheinung. Die scheinbar schlüssige Antwort auf diese Schwäche „mehr direkte Demokratie wagen“ wird deshalb an Überzeugungskraft nicht verlieren, sondern eher noch gewinnen, zumal in Deutschland, wo sich die Vorstellung in den Köpfen festgesetzt hat, man sei im internationalen Vergleich in dieser Sache ein Nachzügler.

Die Wissenschaft wird auch in Zukunft keine exakten Vorhersagen über die Folgen ganz bestimmter verfassungspolitischer Weichenstellungen machen können. Aber sie kann, wenn sie sich nicht

2 Zu den Gegebenheiten in Deutschland, insbesondere den verfassungsrechtlichen Gegebenheiten Dux (2008) und Neumann (2009).

3 Zu den verfassungsrechtlichen Auseinandersetzungen in Deutschland in den letzten beiden Jahrzehnten Hans-Jürgen Wiegand: Die Auseinandersetzungen um die Einführung von Volksentscheiden auf der Bundesebene seit Beginn der neunziger Jahre. In: Heußner/Jung (2009) S. 449-458.

einfach in die Schlachtreihen der Befürworter und der Gegner einreiht, sondern ihr Material mit der nötigen Offenheit wie der nötigen analytischen Intelligenz befragt, zu Einsichten gelangen, die für die verfassungspolitische Diskussion von großer Bedeutung sind. Freilich: Um einen Beitrag zu dieser Diskussion leisten zu können, muss die Wissenschaft erst einmal die Schwächen des eigenen Umgangs mit dem Gegenstand in den Blick nehmen.[4] Sie muss sich fragen, wie sie selbst aus den eingeübten Argumentationsritualen hinausfindet. Im Folgenden formuliere ich sieben kritische Anmerkungen, die versuchen, eben diese Frage zu beantworten.

I.

Begriffliche Klarheit ist das erste Gebot. Man muss wissen, wovon man spricht, wenn man „direkte Demokratie" sagt. Und man muss gute Gründe dafür anführen können, dass man das Objekt so und nicht anders bestimmt. Die Unterscheidung zwischen repräsentativer und direkter Demokratie kann vernünftigerweise nur auf den Unterschied zwischen Wahlen und Abstimmungen gegründet werden.[5] Wahlen und Abstimmungen sind zwei grundsätzlich verschiedene Modi der Beteiligung der Bürger an den öffentlichen Angelegenheiten. Genauer: Es handelt sich, wenn wir den einzelnen Bürger ins Auge fassen, um zwei ganz unterschiedliche Arten individueller Entscheidung; und es handelt sich, wenn wir die gesamte Bürgerschaft ins Auge fassen, um zwei ganz unterschiedliche Arten von letztinstanzlicher Kollektiventscheidung. Wahlen sind ein Modus der Begründung von legitimer Entscheidungsautorität, Abstimmun-

4 Dazu Jung (2001) Kap. 2. Sabine Jung nennt drei Hauptschwächen der wissenschaftlichen Behandlung des Gegenstandes direkte Demokratie: Direkte Demokratie werde in der Regel als eigenständiger Demokratietypus betrachtet, der sich dem Typus der repräsentativen Demokratie antithetisch gegenüberstellen lasse; direkte Demokratie werde vorwiegend unter dem Vorzeichen der Partizipation diskutiert, nicht der Ausübung von Herrschaftsfunktionen; bei der Behandlung des Phänomens direkte Demokratie fehle es in der Regel an analytischer Differenzierung und begrifflicher Schärfe (S. 15f.). Zur Geschichte des wissenschaftlichen Diskurses über direkte Demokratie in Deutschland Schwieger (2005).

5 So auch Marschall (1997).

gen sind ein Modus der Ausübung von legitimer Entscheidungsautorität

Näherhin: In Wahlen übertragen Wähler auf Zeit Entscheidungsvollmacht an Gewählte. Wähler vertrauen Gewählten ein Amt an. Sie müssen sich ein Urteil über Personen oder Parteien und deren voraussichtliches zukünftiges Handeln bilden. Wahlentscheidungen sind ihrer Natur nach in starkem Maße Voten des Vertrauens in Personen oder Parteien bzw. des Misstrauens gegen Personen oder Parteien. Natürlich ist mit dem Votum über eine Person oder eine Partei in aller Regel ein Votum über die Politik, für die sie stehen, die Politik, die ihnen zugerechnet wird, verbunden. Und dieser Zusammenhang kann gelegentlich so ausgeprägt, thematisch so fokussiert sein, dass er dramatisch in den Vordergrund tritt. Die Volkskammerwahl vom 18. März 1990, um ein eindrucksvolles Beispiel aus der jüngsten deutschen Geschichte zu nennen, stand ganz und gar im Zeichen der Frage, wann und wie der Zusammenschluss der beiden deutschen Staaten vollzogen werden solle. Aber auch solche Wahlen bleiben Wahlen. Sie bleiben Wahlen, weil die einzige verbindliche Entscheidung, die die Wähler treffen, eben die ist, bestimmten Personen bestimmte Ämter zu übertragen. Und weil auch keine andere verlässliche Deutung ihrer Absichten möglich ist als die, dass sie in ihrer Gesamtheit diese und keine andere Verteilung der Mandate gewollt haben bzw. in ihrer Mehrheit eben diesem und keinem anderen Kandidaten ein bestimmtes Amt zu übertragen beabsichtigten.

Alles andere ist Spekulation, so plausibel man gelegentlich auch spekulieren kann. Die Bundestagswahlen von 1983 etwa haben zwar die Wirkung eines Votums über die Nachrüstung gehabt, aber ob die Wähler, die der regierenden Koalition aus Union und FDP ihre Stimme gaben, für oder gegen die Nachrüstung waren, ob sie überhaupt eine entschiedene Meinung in dieser Sache hatten, bleibt letztlich unbeantwortbar. Und vor allem: Es war bedeutungslos für die Wirkung des Wählervotums.

In Abstimmungen auf der anderen Seite entscheiden die Bürger selbst in der Sache. Sie müssen sich ein Urteil in der Sache bilden. Vertrauen in die Urteilsfähigkeit anderer kann dabei hilfreich sein. Aber gefordert ist letztlich die eigene Entscheidung. Und auch als

Kollektiv stehen sie nicht, wie eine Wählerschaft, in einem respondierenden Verhältnis zu einer anderen Autorität. Sie sind nicht nur letzte Instanz – das sind sie auch als Wähler –, sie sind mit sich allein.

So einfach und eindeutig die Unterscheidung zwischen Wahlen und Abstimmungen aber auch ist, die Grenzlinie zwischen repräsentativer und direkter Demokratie wird häufig anders gezogen. Es ist ein auch in der Wissenschaft erstaunlich weit verbreiteter Sprachgebrauch, Wahlen, durch die exekutive Ämter besetzt werden – die Wahl von Staatsoberhäuptern, von Regierungschefs, von Bürgermeistern oder Landräten durch die Bürger, im Unterschied zur Wahl von Parlamenten – durch das Etikett plebiszitär in eine nicht genauer bestimmte Nähe zur direkten Demokratie zu rücken oder gar bestimmte Wahlen, die des Reichspräsidenten in der Weimarer Republik ist ein klassisches Beispiel, ganz explizit der direkten Demokratie zuzurechnen.[6] Es gibt keinen vernünftigen Grund für diesen Sprachgebrauch. Man muss sich darüber wundern, wie selbstverständlich er sich unter Wissenschaftlern behauptet. Die Frage, warum bestimmte Wahlen als „plebiszitär" gelten sollen und andere nicht, bleibt unbeantwortet. Es gibt auch keine andere Antwort als die, dass Wahlen Wahlen sind. Und dass eine analytisch belastbare, eine analytisch fruchtbare Unterscheidung zwischen repräsentativer und direkter Demokratie nur dadurch zu erreichen ist, dass Wahlen als der Teilnahmemodus der repräsentativen und Abstimmungen als der Teilnahmemodus der direkten Demokratie verstanden werden.

Verwirrung gestiftet hat im deutschen Sprachraum nicht zuletzt Ernst Fraenkel mit seiner einflussreichen, viel zitierten Abhandlung „Die repräsentative und die plebiszitäre Komponente im demokratischen Verfassungsstaat".[7] Fraenkel stellt in diesem Text nicht repräsentative und direkte Demokratie einander gegenüber, sondern das plebiszitäre und das repräsentative Prinzip. Das repräsentative Prinzip gebe der Idee des Gemeinwohls den Primat. Für den wahren

6 Die Beispiele für diesen Sprachgebrauch sind Legion. Meistens ist es der Begriff plebiszitär, der die Grenze zwischen Wahlen und Abstimmungen verwischt.

7 Der Text erschien zuerst selbständig 1958 und wurde dann immer wieder in dem vielfach aufgelegten Sammelband Ernst Fraenkel, „Deutschland und die westlichen Demokratien" nachgedruckt.

(hypothetischen) Volkswillen werde angenommen, dass er sich immer auf das Gemeinwohl richte. Er werde durch Repräsentation zur Geltung gebracht. Das plebiszitäre Prinzip räume dem tatsächlichen Volkswillen den Primat ein, er entscheide, was als Gemeinwohl zu gelten habe. Daraus folgt aber, dass alle Verfahren, die dem tatsächlichen Volkswillen in der Politik zur Wirkung verhelfen, „plebiszitär" genannt werden müssen, auch Wahlen. „Plebiszitär" wird zum Synonym – darauf hat schon Dolf Sternberger hingewiesen[8] – für „demokratisch". Das wiederum bedeutet, dass logisch kein Raum für einen besonderen Modus demokratischer Repräsentation bleibt. Sobald wir Repräsentation auf allgemeine Wahlen gründen, kommt nach der Logik dieser Begrifflichkeit immer schon das plebiszitäre Prinzip ins Spiel. Die für die repräsentative Demokratie als repräsentativ verfasste Demokratie konstitutive Annahme, dass Repräsentation nicht in jeder Gestalt sondern dann und nur dann legitim das Gemeinwohl zur Geltung zu bringen vermag, wenn sie aus allgemeinen Wahlen hervorgeht, findet in Fraenkels Gegenüberstellung von repräsentativem und plebiszitärem Prinzip keinen Anknüpfungspunkt.

Die angerichtete Verwirrung wird im Einzelnen sichtbar, wenn Fraenkel bestimmte Wahlen, die amerikanischen Präsidentschaftswahlen etwa und die britischen Unterhauswahlen, weil in ihnen in der Regel faktisch das Amt des Premierministers vergeben wird, dem plebiszitären Prinzip zuschlägt und andere, so die Kongresswahlen in den USA (obwohl doch gerade die Bindung der Mitglieder von Repräsentantenhaus und Senat an ihre Wähler besonders eng ist), dem repräsentativen. Eine analytisch fruchtbare Unterscheidung zweier Typen von Demokratie – eine Unterscheidung also, die auch die repräsentative Demokratie als Demokratie ernst nimmt – ist so nicht zu erreichen. Die muss, um es noch einmal zu sagen, an die Differenz zwischen Wahlen und Abstimmungen als zwei grundverschiedenen Modi der Bürgerbeteiligung anknüpfen. Repräsentative Demokratie ist Wahldemokratie, direkte Demokratie ist Abstim-

8 Sternberger (1971) S. 38f.

mungsdemokratie, die vormodern Versammlungsdemokratie war und sich modern durch Abstimmungen an der Urne verwirklicht.

Daraus folgt dann auch, dass zwischen direkter Demokratie im Sinn von Abstimmungsdemokratie auf der einen und der demokratischen Intensivierung von Wahldemokratie auf der anderen Seite unterschieden werden muss. Vorwahlen, die Abberufung von Abgeordneten durch die Wähler, Volksbegehren auf Auflösung von Parlamenten, wie die Weimarer Republik sie kannte und eine Reihe von Gliedstaaten der USA sie kennen – das alles sind Instrumente partizipativer Intensivierung der Wahldemokratie; direkte Demokratie ist bei präzisem, sinnvollen Sprachgebrauch etwas anderes. Es versteht sich von selbst, dass mit dieser begrifflichen Zuordnung nichts über Vernunft oder Unvernunft solcher Intensivierung ausgesagt ist, auch nichts darüber, wo die Grenze überschritten wird, jenseits derer das repräsentativ-demokratische Prinzip des verantworteten Regierens faktisch außer Kraft gesetzt ist.

II.

Mit der begrifflichen Klärung ist die demokratietheoretische Abgrenzung der beiden Varianten von Demokratie voneinander noch nicht wirklich geleistet, sie ist nur vorbereitet. Die Antwort auf die Frage, wie sich die beiden Modi bürgerschaftlicher Entscheidungen demokratietheoretisch zueinander verhalten, ist keineswegs nur von wissenschaftlichem Interesse. Sie ist folgenreich auch für die verfassungspolitische Diskussion. Die Auffassung ist weit verbreitet, dass die direkte Demokratie, die Abstimmungsdemokratie, gegenüber der repräsentativen Demokratie, der Wahldemokratie, normativ höherrangig sei. Denn, so das Argument, je mehr der „Souverän“, das Volk, selbst entscheide, desto mehr nähere sich das Gemeinwesen dem Demokratieideal an. Die Begrifflichkeit – direkt/indirekt, unmittelbar/mittelbar – schreibt diese Argumentationslogik fest. Die direkte Demokratie ist, so gesehen, die eigentliche Demokratie, die repräsentative Demokratie ein Surrogat, eine Notlösung, „a sorry substitute for the real thing“, um noch einmal, im Rückgriff auf den zweiten Versuch, Robert Dahl zu zitieren,[9] notwendig, weil in Flächenstaaten die Versammlungsdemokratie überhaupt nicht und angesichts des erreichten Komplexitätsgrades moderner Demokratie die Abstimmungsdemokratie jedenfalls nicht mehr konsequent praktizierbar ist. Sind diese Ausgangsannahmen einmal akzeptiert, ist die Argumentationssymmetrie nicht wieder herzustellen.

Die Gegenthese, die den weiteren Überlegungen zugrunde liegt, lautet: Direkte Demokratie und repräsentative Demokratie stehen nicht im Verhältnis des Mehr und Weniger zueinander, repräsentative Demokratie ist keine Minderform der direkten Demokratie. Es handelt sich vielmehr um zwei unterschiedliche Formen der Selbstregierung von Bürgergemeinschaften, die im Verhältnis zueinander jeweils ein *aliud* darstellen. Wie ist das zu verstehen? Die Antwort hat im Wesentlichen schon der zweite Versuch mit seinen Überlegungen zur Identität der repräsentativen Demokratie gegeben. Sie braucht nur andeutungsweise in Erinnerung gerufen zu werden. Wenn Kollektive Entscheidungen treffen, die für alle verbindlich sind, dann ist unausweichlich Fremdbestimmung in hohem Maße auch dann im Spiel, wenn alle Bürger an den Entscheidungen beteiligt sind. Das gilt für die Wahldemokratie wie für die Abstimmungsdemokratie. Und es gilt selbst und gerade für die – nicht praktizierbare – Einstimmigkeitsregel. Kollektive Selbstregierung bedeutet niemals individuelle Selbstbestimmung. Keine Demokratiediskussion kann ernst genommen werden, die der rousseauistischen Versuchung erliegt und meint, dieses Dilemma auflösen zu können, statt sich ihm zu stellen.

Was direkte und repräsentative Demokratie unterscheidet, ist, dass sie unterschiedlich mit diesem *factum brutum* umgehen. Die

9 Dahl (1982) S. 13. Man kann auch noch einen Schritt weitergehen. Die moderne Demokratie mit ihren repräsentativen Strukturen ist dann nicht mehr nur die „zweitbeste Lösung“ sondern schlicht eine Fehlentwicklung. Tilman Evers spricht von „herrschaftlich werdendem Liberalismus“, dem er die „republikanisch-demokratische Tradition“ gegenüberstellt. Für die Möglichkeit, dass auch die rein repräsentative Form der Demokratie ein normatives Argument für sich haben könnte, lässt diese Gegenüberstellung faktisch keinen Raum mehr. Tilman Evers: Volkssouveränität und parlamentarisches System. Ideologiegeschichtliche Wurzeln einer aktuellen Debatte. In: Heußner/Jung (2009) S. 23-37.

Strategie der direkten Demokratie ist es, Fremdbestimmung zumindest symbolisch zu minimieren. Die Strategie der repräsentativen Demokratie ist es, die unvermeidliche Fremdbestimmung als verantwortete Fremdbestimmung zu organisieren. Näherhin heißt das: Die repräsentative Demokratie geht mit der Unvermeidbarkeit von Fremdbestimmung in Kollektiven so um, dass sie alle dem Gemeinwesen anvertraute Befugnis, verbindlich zu entscheiden, in Ämtern institutionalisiert und die Inhaber der Ämter der Kontrolle der Bürger unterwirft. Niemand entscheidet in der repräsentativen Demokratie in öffentlichen Angelegenheiten aus eigenem Recht. Wem Entscheidungsvollmacht anvertraut ist, der kann, in welchen Verfahren auch immer, zur Rede gestellt und zur Verantwortung gezogen werden. Repräsentative Demokratie ist, auf diese klassische, kurze Formel hat es der zweite Versuch gebracht, *responsible government*. Responsible government bedeutet: Die repräsentative Demokratie baut in den demokratischen Prozess selbst eine Grundstruktur der Gewaltenteilung ein – eine Gewaltenteilung zwischen der bevollmächtigenden und kontrollierenden Bürgergewalt und der Regierungsgewalt der bevollmächtigten Repräsentanten. Die repräsentative Demokratie, um es noch einmal anders zu sagen, organisiert den demokratischen Prozess dialogisch; will sagen, sie gründet sich, indem sie Bürger und Amtsträger einander gegenüberstellt, auf einen Dialog, der als Institutionalisierung des Prinzips verstanden werden muss, dass, wer für das Ganze handelt, allen gegenüber rechenschaftspflichtig ist. Dass bestimmte Voraussetzungen erfüllt sein müssen, damit repräsentative Demokratie tatsächlich zum *responsible government* wird, versteht sich – Parteiensysteme und Wahlsysteme etwa in ihrer jeweiligen Ausprägung sind hier als Schlüsselfaktoren zu nennen. Aber das ist kein Argument gegen die These, repräsentative Demokratie könne und müsse als Demokratiekonzept mit einer eigenen normativen Dignität verstanden werden.[10]

Die direkte Demokratie hingegen hebt, soweit sie greift, das Gegenüber von Bürger und Amtsträger zugunsten der Intensivierung von bürgerschaftlicher Selbstregierung auf. Jeder Bürger soll möglichst viel selbst entscheiden, wofür freilich der Preis des Verzichtes auf das Prinzip des *responsible government* gezahlt werden muss. Die Verantwortlichkeit eines jeden einzelnen mitentscheidenden Bürgers gegenüber allen anderen, über die er mitentscheidet, können wir uns zwar denken, aber sie lässt sich auf keine Weise institutionalisieren.[11] Gewiss: Auch der politische Prozess in der repräsentativen Demokratie erreicht unvermeidlich den Punkt, an dem die Bürgergesamtheit einen Letztentscheid fällt, für den sie sich nicht zu verantworten braucht, in der Wahl nämlich. Aber es ist mehr als ein gradueller, es ist ein prinzipieller Unterschied, ob das Leitprinzip, die Befugnis, für andere verbindlich zu entscheiden, müsse verantwortet werden, so lange wie das logisch möglich ist, durchgehalten wird, oder ob es überhaupt nicht als Leitprinzip fungiert.

Das demokratietheoretische Grundargument, direkte und repräsentative Demokratie seien nicht zwei unterschiedliche Intensitätsstufen des gleichen Entwurfs bürgerschaftlicher Selbstregierung

10 Andreas Greifeld (1983) hat in einer scharfsinnigen Analyse nachzuweisen versucht, dass das Entscheidungsverfahren der repräsentativen Demokratie im Vergleich mit dem Entscheidungsverfahren der direkten Demokratie nicht nur eine eigenwertige normative Begründung hat, sondern auch das „demokratischere" ist. Die Verfasstheit des parlamentarischen Verfahrens, aus der Pflichten und Verantwortlichkeiten resultieren, die in Volksabstimmungen nicht zu institutionalisieren sind, spielt in seiner Argumentation eine Schlüsselrolle. Die hier entwickelte Argumentation braucht so weit nicht zu gehen.

11 Sie wird am ehesten in der Versammlungsdemokratie noch sichtbar gemacht, wo die Bürger sich für das Gesetzgebungsgeschäft auf dem Marktplatz versammeln, in einem öffentlichen Raum also, der sie erkennbar zu Trägern eines öffentlichen Amtes macht. Nur noch eine blasse Erinnerung daran ist mit dem Urnengang verbunden. Die Entscheidung mittels Knopfdruck im eigenen Wohnzimmer, in der manche die zukünftige Vollendung der Demokratie erblicken, wäre in Wahrheit die endgültige und vollkommene Privatisierung des Öffentlichen, die definitive Institutionalisierung, so könnte man auch sagen, des „irresponsible government".

sondern zwei verschiedene Entwürfe, lässt sich übrigens durch andere Überlegungen abstützen. Den beiden unterschiedlichen Modellen der Selbstregierung entsprechen Modi des Entscheidens mit je eigenen Charakteristika. Um nur die wichtigsten dieser Charakteristika zu nennen: In der Abstimmungsdemokratie fallen Entscheidungen notwendig disjunkt. Sie entziehen sich dem Zwang zur Kohärenz. Auch sind Deliberation und Entscheidung im direkt-demokratischen Entscheidungsverfahren anders miteinander verknüpft als im repräsentativ-demokratischen. Aus diesen – und weiteren – Gründen ist das Potential des direkt-demokratischen Entscheidungsverfahrens zur Verarbeitung von Komplexität geringer. Die Stichworte bedürfen der Erläuterung.

Disjunkt meint: Jede Abstimmungsmehrheit trifft als solche eine und nur eine Entscheidung. Als einmalige Mehrheit kann sie diese Entscheidung zu keiner anderen Entscheidung bewusst in Beziehung setzen Etwas anders formuliert: Es gibt kein Subjekt, das die Verantwortung für ein Entscheidungskontinuum trägt und tragen kann. Die repräsentativ verfasste Demokratie ist, jedenfalls in ihrer parlamentarischen Form, darauf angelegt, ihren Akteuren Verantwortung für Entscheidungskontinua zuzuweisen und sie dadurch in ihrem Entscheidungshandeln zur Konsistenz im Zeitablauf zu nötigen. Zwar gibt es auch in der repräsentativen Demokratie das Phänomen häufig wechselnder parlamentarischer Mehrheiten, für die präsidentiell verfasste repräsentative Demokratie amerikanischen Typus ist es geradezu konstitutiv. Aber diese wechselnden Mehrheiten bilden sich innerhalb eines überschaubaren Kreises von Amtsträgern, nämlich Abgeordneten, von denen jeder öffentlich rechenschaftspflichtig ist. So kann die Notwendigkeit, in Entscheidungskontinua zu denken, die für jeden einzelnen Amtsträger/Abgeordneten gegeben ist, in Grenzen auch noch kollektive Wirkung entfalten.

Was es heißt, dass es für Abstimmungsmehrheiten weder eine Verpflichtung noch einen Anreiz noch überhaupt die Möglichkeit gibt, Kohärenz zwischen einzelnen sachlich zusammenhängenden Entscheidungen herzustellen, wird am deutlichsten sichtbar bei finanzwirksamen Entscheidungen. Wenn sie fallweise in Abstimmungen getroffen werden, dann heißt das: Niemand trägt die disziplinierende Verantwortung für das Gesamtbudget. Das kann dramatische Folgen haben. Natürlich entscheiden auch Parlamente nicht immer kohärent. Aber sie haften für Inkohärenz.

Was den Zusammenhang zwischen Deliberation und Entscheidung angeht: In der repräsentativen Demokratie sind Deliberation und Entscheidung während des gesamten Gesetzgebungsprozesses als zwei Dimensionen eines Verfahrens miteinander verknüpft. Bis zuletzt, so will es das parlamentarische Verfahren, steht die Entscheidung unter dem Vorbehalt der Deliberation. Direkt-demokratische Gesetzgebung hingegen bedeutet, dass Deliberations- und Entscheidungsphase aufeinander folgen. Verhältnismäßig früh muss eine bestimmte Entscheidungsfrage, eine bestimmte Ja-Nein-Option definitiv fixiert werden, um von da an den Gang der Dinge zu bestimmen.

Am Ende bestätigt auch noch das historische Argument, was demokratietheoretische wie entscheidungstypologische Überlegungen deutlich machen: Die repräsentative Demokratie ist nicht die Minderform der direkten Demokratie, die da zum Zuge kommt, wo es nicht mehr anders geht. Abstimmungs- und Wahldemokratie haben nämlich auch ihre je eigene Geschichte. Wir wissen es bereits, im zweiten Versuch sind wir dem nachgegangen. Gewiss, es gibt den historischen Vorgang, dass kommunale Versammlungsdemokratien zu Repräsentativverfassungen übergehen, weil es sich erweist, dass die Zusammenkunft aller Bürger auf dem Marktplatz zum Zweck der Gesetzgebung nicht länger praktikabel ist. Wir begegnen solchen Vorgängen vor allem in der Frühzeit der englischen Siedlungskolonien in Nordamerika, in Neuengland zumal. Aber das war nur ein Nebenpfad. Die moderne repräsentative Demokratie ist so nicht entstanden. Sie ist entstanden in einem Prozess der – überwiegend allmählichen – Demokratisierung ständischer Repräsentativverfassungen. Sie stellt sich, etwas anders formuliert, der historischen Betrachtung als das Ergebnis des Zusammenwachsens von vordemokratischer Repräsentativverfassung und demokratischem allgemeinen Wahlrecht dar, nicht als repräsentative Metamorphose der Versammlungsdemokratie. Die moderne Variante direkt-demokratischer Praxis, die Urnenabstimmung, entsteht dann wiederum erst als

Mechanismus der Korrektur der repräsentativen Demokratie. Auch aus historischer Sicht ist es also plausibel, die Eigenständigkeit der beiden Demokratievarianten zu betonen.

III.

In Deutschland wird die verfassungspolitische (nicht so sehr, soweit sich das unterscheiden lässt, die wissenschaftliche) Debatte über die direkte Demokratie wie so viele andere Debatten noch immer im Schatten der Geschichte geführt, im Schatten, um es konkret zu sagen, der „Weimarer Erfahrungen“. Das tut ihr nicht gut. Natürlich ist die Politikwissenschaft auch auf das Material angewiesen, das ihr die Geschichtswissenschaft anbietet. Und natürlich kann Deutschland noch viel weniger als andere Länder seine Geschichte in öffentlichen Diskursen ignorieren. Aber die Fixierung auf ein Exempel, so suggestiv es sich im Fall der deutschen Geschichte dem Betrachter auch aufdrängen mag, ist für eine auf systematische Erkenntnis zielende Wissenschaft problematisch. „Weimar“ darf als Argument nicht überbewertet werden. Mehr noch: Es ist zu klären, in welchen Sinn „Weimar“ überhaupt ein Argument darstellt.

Lange Zeit sind im Nachkriegsdeutschland die „Weimarer Erfahrungen“ fast unangefochten gegen die direkte Demokratie ins Feld geführt worden. Nach allgemeiner Überzeugung waren sie es, die den Parlamentarischen Rat in seiner Mehrheitsentscheidung für eine konsequent repräsentative Demokratie bestimmten, so wie sie, die „Weimarer Erfahrungen“, es waren, die in den Jahrzehnten danach zur Verteidigung dieser Entscheidung angeführt wurden, wann immer die Frage aufkam, ob es nicht an der Zeit sei, direkt-demokratische Entscheidungsverfahren in das Grundgesetz aufzunehmen. Gedeutet wurden die „Weimarer Erfahrungen“ so: Die direkt-demokratischen Elemente der Weimarer Verfassung hätten sich für die Republik destabilisierend ausgewirkt, vor allem deshalb, weil sie von republikfeindlichen Parteien zum Kampf gegen die Republik genutzt worden seien.[12] Fast im Alleingang hat Otmar Jung diesen, so wird man sagen dürfen, bundesrepublikanischen Beinahe-Konsens seit Ende der achtziger Jahre immer wieder hartnäckig herausgefordert. Er ist nicht erfolglos geblieben. Seine doppelte Gegenthese: Die „Weimarer Erfahrungen" sind falsch gedeutet. Es hat der Republik nicht geschadet, dass ihre Verfassung der „Volksgesetzgebung" Raum gab und dass diese Möglichkeiten tatsächlich, obschon nicht häufig genutzt wurden.[13] Und: Die Entscheidung des Parlamentarischen Rates gegen die direkte Demokratie hatte wenig mit den „Weimarer Erfahrungen", hingegen viel mit dem Ost-West-Konflikt zu tun, und zwar sehr konkret mit der besonderen Konstellation der Jahre 1948/49. Man habe der Agitation der SED/KPD gegen die Gründung eines Weststaates – eine Agitation, von der man durchaus fürchtete, sie könne im Westen Resonanz finden – kein Instrument zur Verfügung stellen wollen.[14]

Die Debatte der Historiker darüber, ob Jung mit seinem doppelten Einspruch Recht habe, ist hier nicht fortzuführen – oder doch jedenfalls nur andeutungsweise. Wichtiger ist für uns die Frage nach dem Gewicht des historischen Argumentes. Was die Weimarer Republik angeht, so ist es zwar richtig, dass es die späten Wahlen waren und nicht Volksabstimmungen, in denen die Republik ihre entscheidenden Niederlagen gegen ihre Feinde von rechts und links erlitt. Aber das ändert doch nichts daran, dass die Geschichte Weimars ziemlich deutlich zeigt: Volksbegehren und Volksentscheid können gerade für extremistische Parteien sehr attraktive Propagandawaffen sein. Die KPD hat diese Waffe genutzt, nicht zuletzt gegen die SPD, die republikfeindliche Rechte hat es auch getan. Dass es in der Spätphase vor allem – systematisch, so unsere Überlegung zur Begrifflichkeit,

12 Die erste gründliche historische Untersuchung zur direkt-demokratischen Praxis in der Weimarer Republik war die von Schiffers (1971). Sie hat mit ihren Ergebnissen die damals vorherrschenden Auffassungen eher gestützt. Dreißig Jahre nach seiner Dissertation hat der Autor den neuesten Stand der Diskussion mit etwas anderen Akzenten differenziert zusammenzufassen versucht. Reinhard Schiffers: Schlechte Weimarer Erfahrungen? In: Heußner/Jung (2009) S. 71-90.

13 Jung (1989).

14 Jung (1994).

anders einzuordnende – Volksbegehren zur Auflösung von Landtagen waren, mit denen rechts- wie linksextreme Parteien die Weimarer Verfassungsordnung attackierten, tut in diesem Argumentationszusammenhang nichts zur Sache. Die berühmte Formel von Theodor Heuss aus den Debatten des Parlamentarischen Rates, Volksbegehren, Volksinitiativen seien „eine Prämie für jeden Demagogen", waren keineswegs einfach dahingesagt, sie wurzelten in den Erinnerungen eines Weimarer Parlamentariers.[15] Und was die Entscheidung des Parlamentarischen Rates angeht, so wird man vor allem feststellen müssen, dass die Quellenlage wenig ergiebig ist; über die Motive hinter dieser Entscheidung wissen wir nicht viel. Jungs Hinweis auf die besondere Spannungslage der Jahre 1948/49 ist keineswegs unplausibel. Aber muss das heißen, dass die Abgeordneten des Parlamentarischen Rates ganz vergessen hatten, wer vor 1933 die Instrumente der direkten Demokratie vor allem genutzt hatte?

Wie immer sich die historischen Befunde am Ende aber auch darstellen mögen, ihre Bedeutung für die verfassungspolitische Debatte ist sehr begrenzt. Ein historisches Argument gegen die direkte Demokratie verwandelt sich nicht dadurch, dass man es korrigiert, eo ipso in ein valides Argument für die direkte Demokratie. So aber klang es in den Debatten nicht selten. Der Nachweis, dass die direkte Demokratie der Weimarer Republik nicht geschadet habe und dass der Parlamentarische Rat bei seiner Entscheidung gegen die direkte Demokratie ganz anderes im Sinn gehabt habe als Weimar, wurde als bedeutsames Plädoyer für die direkte Demokratie vorgetragen. Das ist, ob man ihn als geführt ansieht oder nicht, ein logisches *non-sequitur*.

IV.

Wenn begriffliche Klarheit herrscht, wenn die beiden Modi demokratischen Entscheidens in ihrer Eigenart demokratietheoretisch angemessen bestimmt sind, wenn schließlich auch dem historischen Argument der Platz zugewiesen ist, der ihm zukommt, dann kann die

15 Zitiert nach Jung (1994) S. 283. Zur Behandlung des Themas im Parlamentarischen Rat allgemein Niclauß (1992).

eigentliche Debatte beginnen. Sie wird, zumal in der Öffentlichkeit, aber keineswegs nur dort, häufig so geführt, dass Argumente für „die“ direkte Demokratie und Argumente gegen „die“ direkte Demokratie einander gegenübergestellt werden. Das ist ein wenig sinnvolles Diskussionsschema. Direkt-demokratische Mitentscheidungsverfahren gibt es in sehr unterschiedlichen Ausgestaltungen. Viele, nicht alle Argumente beziehen sich auf bestimmte Ausprägungen, auf andere nicht. Man muss, heißt das, spezifisch argumentieren. Und wenn man von „der“ direkten Demokratie im Allgemeinen spricht, muss man geprüft haben, ob diese allgemeine Redeweise tatsächlich gerechtfertigt ist.[16]

Die Wissenschaft hat sich der Aufgabe, Kriterien für eine sinnvolle Binnendifferenzierung des Pauschalbegriffs „direkte Demokratie“ zu entwickeln, mit zunehmender Aufmerksamkeit angenommen, hat mit ihren Bemühungen auf die öffentliche, verfassungspolitische Diskussion bisher freilich nur wenig einwirken können. Praktisch alle einschlägigen Versuche rücken zwei Fragen ins Zentrum: Wer hat das Recht, einen Volksentscheid auszulösen, lautet die eine. Wer ist der Autor der Abstimmungsvorlage, die andere. Die Fragen dienen der Identifizierung der Akteure, die Verfügungsmacht über das Instrumentarium haben, und der genaueren Bestimmung dieser Verfügungsmacht. Letztlich geht es, bei aller notwendigen Differenzierung im Einzelnen, um eine einfache Alternative: Sind es „die Regierenden“ oder sind es die Bürger? Die Gegenüberstellung erfasst nicht alle Fälle. Beim obligatorischen Referendum, wie es in Verfassungsfragen weit verbreitet ist, stellt sich die Frage nach der Verfügungsmacht nicht eigentlich; sie ist gleichsam neutralisiert. Und es gibt auch die Variante, dass das Initiativrecht weder bei „den Regierenden“ noch bei den Bürgern liegt sondern bei einer Minderheit von Parlamentariern, faktisch also, jedenfalls wenn wir die Verhältnisse des parlamentarischen Systems zugrunde legen, bei der Opposition. Aber solche Differenzierungen ändern doch nichts da-

16 Auf die Notwendigkeit, nicht einfach „die“ direkte Demokratie sondern die unterschiedlichen Entscheidungsverfahren differenziert ins Auge zu fassen, weist nachdrücklich Abromeit (2003) hin.

ran, dass die Art der Prägung eines demokratischen politischen Systems durch direkt-demokratische Ingredientien zuerst und vor allem durch die Antwort auf die Frage bestimmt wird, ob der Verfassungsgeber die Verfügungsgewalt über das direkt-demokratische Instrumentarium „den Regierenden" oder „dem Volk" anvertraut hat. Können die Bürger nur reagieren, so muss das sehr andere Wirkungen haben, als wenn sie selbst die Initiative ergreifen können – das ist so offensichtlich, dass es keiner Begründung bedarf.

Jeder Vorschlag, die Vielfalt der Erscheinungsformen direkt-demokratischer Entscheidungsregeln und Entscheidungspraxis mit Hilfe möglichst weniger Kategorien zu ordnen und der Analyse zugänglich zu machen, ist mindestens auch von den konkreten analytischen Zielsetzungen mitbestimmt, die der Anlass sind, ihn zu entwickeln. Im Folgenden sollen die grundlegenden Varianzen in der Ausprägung von direkter Demokratie nach einem Schema erfasst werden, das geeignet ist, geeigneter als andere, die jeweilige architektonische Bedeutung der direkt-demokratischen Bauelemente im komplizierten Gesamtgefüge eines bestimmten demokratischen Verfassungsstaates sichtbar zu machen. Die Schlüsselfragen bleiben: Wer hat das Initiativrecht? Und: Wer formuliert die Entscheidungsvorlage, also etwa den Gesetzentwurf, über den abgestimmt wird? Sie werden ergänzt durch zwei weitere Fragen: Welche Entscheidungsmaterien sind für direkt-demokratische Entscheidungsprozesse überhaupt zugänglich? Und: Unterliegen die direkt-demokratischen Entscheidungsprozesse verfassungsgerichtlicher Kontrolle? Mit Hilfe dieser vier Fragen lassen sich die beiden Endpunkte eines Kontinuums von Möglichkeiten der Verknüpfung direkter Demokratie mit repräsentativ-demokratischen und verfassungsstaatlichen Grundstrukturen beschreiben, von dem für die moderne Demokratie, die Versammlungsdemokratie nicht mehr sein kann, möglichen Maximum direkt-demokratischer Prägung des politischen Systems bis zu jenem Minimum, das von der rein repräsentativen Demokratie eben noch zu unterscheiden ist.

Wenn die Bürger selbst, nach welchen Regeln im Einzelnen auch immer, über das Recht der Initiative verfügen, sich also, anders formuliert, selbst ins Spiel bringen können; wenn sie in Initiativgruppen selbst die Entscheidungsvorlage formulieren können, über die sie als Gesamtheit abstimmen; wenn sie auf alle Materien zugreifen können; und wenn es keine verfassungsgerichtliche Kontrolle dieses Prozesses gibt, dann hat das direkt-demokratische Bauelement in der Gesamtarchitektur das mögliche Bedeutungsmaximum erreicht. Wenn das Recht der Initiative ausschließlich bei den Regierenden liegt; wenn die Entscheidungsvorlagen den Bürgern vorgegeben sind; wenn wesentliche Entscheidungsmaterien – etwa, wie das oft der Fall ist, alle ausgabenwirksamen Entscheidungen – direkt-demokratischen Verfahren nicht zugänglich sind; und wenn außerdem das, was an direkt-demokratischer Entscheidungspraxis bleibt, verfassungsgerichtlicher Kontrolle unterworfen ist, dann ist das direkt-demokratische Bauelement im Verhältnis zu den anderen, dem repräsentativ-demokratischen und dem verfassungsstaatlichen, von bescheidener Bedeutung.

Die beliebte einfache Gegenüberstellung jener Mehrheit von Demokratien, in denen in irgendeiner Variante direkt-demokratische Entscheidungsverfahren mehr oder minder häufig praktiziert werden, und der Minderheit rein repräsentativ verfasster Demokratien ignoriert die Vielfalt der Architekturen, die großen Unterschiede in der Wertigkeit von direkter Demokratie. Erst wenn auf dem skizzierten Kontinuum sichtbar gemacht wird, wo eine bestimmte Verfassungsarchitektur ihren Platz hat, welches Eigengewicht der direkt-demokratischen Komponente von Fall zu Fall zukommt, sind sinnvolle Aussagen möglich.

Zur Kenntnis zu nehmen, dass es unterschiedliche direkt-demokratische Verfahren gibt, die hinter der Redeweise von „der" direkten Demokratie zu verschwinden drohen, ist nicht zuletzt deswegen wichtig, weil sich anders die Befunde der empirischen Forschung zur Praxis der direkten Demokratie nicht richtig lesen lassen. Es gilt sorgfältig zu unterscheiden zwischen dem, was möglicherweise zur Abstimmungsdemokratie im Allgemeinen, und dem, was zu ganz bestimmten Konfigurationen, ganz bestimmten Ausprägungen direkt-demokratischer Verfassungskomponenten gesagt werden kann.[17] Übrigens ist das bei Aussagen zur Prozesslogik der direkten Demokratie genauso zu beachten.

Zu den verfahrensunabhängigen Befunden gehören vor allem diese: Die direkte Demokratie bietet fraglos mehr Beteiligungschancen. Mehr Beteiligungschancen bedeuten aber nicht mehr Gleichheit in der tatsächlichen politischen Beteiligung. Im Gegenteil. Abstimmungsentscheidungen unterscheiden sich von Wahlentscheidungen auch dadurch, dass sie dem Bürger im Regelfall deutlich höhere Informationskosten zumuten.[18] Das schlägt auf die Beteiligung durch. Zudem variiert die Beteiligungsmotivation unter den Bürgern aus Gründen, die auf der Hand liegen, viel stärker als bei Wahlen. Wer sich als betroffen ansieht, wer am Ausgang der Abstimmung interessiert ist und wie stark, das hängt in hohem Maße vom Gegenstand der Abstimmung ab. Die Beteiligung an Abstimmungen, heißt das,

17 Empirisch untersucht ist vor allem die Praxis in der Schweiz und in den einschlägigen Gliedstaaten der USA, insbesondere Kalifornien. Entsprechende Titel finden sich im Literaturverzeichnis. Was wir wissen, sei es über die Abstimmungsdemokratie im Allgemeinen, sei es über ihre unterschiedlichen Ausprägungen, wissen wir im Wesentlichen aus dem Studium dieser wenigen Fälle. Das heißt umgekehrt: Wir wissen viel weniger über direktdemokratische Praxis in anderen Verfassungskontexten, über ihre Auswirkungen beispielsweise auf Parteien in parlamentarisch verfassten Demokratien oder über das Abstimmungsverhalten von Bürgern, die nur sehr selten zu Abstimmungen aufgerufen sind. Neuerdings werden auch vergleichende Untersuchungen zu den Schweizer Kantonen oder den amerikanischen Gliedstaaten gemacht, um auf höhere Fallzahlen zu kommen, die die Anwendung statistischer Methoden erlauben. Dass aus diesen sehr besonderen Kontexten verallgemeinerbare Erkenntnisse zu gewinnen sind, ist nicht wahrscheinlich.
Die schweizerische Praxis wird insgesamt eher positiv bewertet; für die amerikanische gilt das nicht so eindeutig. Zu den Verhältnissen in Kalifornien überwiegen die kritischen Stimmen. Der Staat wird inzwischen gelegentlich als unregierbar bezeichnet, auch wegen eines Übermaßes an direkter Demokratie. Siehe dazu den Artikel „Der Terminator in der Zwangsjacke" *Frankfurter Allgemeine Zeitung* 10.12.2009, S. 3.

18 Brennan/Hamlin (2000) argumentieren im Kapitel „ Political Representation": Da der einzelne Bürger keinen Einfluss auf den Ausgang der Wahl/Abstimmung habe, gebe es für ihn keinerlei Anreiz sich zu informieren. Das habe bei Sachentscheidungen weit problematischere Folgen als bei Wahlentscheidungen, die im Kern Vertrauensbekundungen seien.

ist im Allgemeinen selektiver als die Beteiligung an Wahlen. Das Gewicht betroffener, interessierter, motivierter Minderheiten ist größer. Diese Selektivität ist alles andere als unproblematisch, wie auch die ungleiche Verteilung der Fähigkeit, Abstimmungskampagnen zu organisieren, in der Bilanz als problematisch in Anschlag gebracht werden muss. Bei vielen, nicht allen Entscheidungsfragen ist zudem die Unsicherheit des abstimmenden Bürgers im Blick auf die Entscheidungsfrage größer ist als die des wählenden Bürgers, zumal dann, wenn ihn nicht ein starkes, unmittelbares Eigeninteresse leitet. Das bedeutet, dass er abhängiger von den Informationen, die ihn während des Abstimmungskampfes erreichen, ist. Zwar haben Abstimmungskampagnen anscheinend einen positiven Einfluss auf das Informationsniveau der Öffentlichkeit. Aber die größere Unsicherheit des abstimmenden Bürgers bedeutet eben auch: Er ist im Durchschnitt beeinflussbarer als der Wähler. Das ist einer der Gründe dafür, dass – themenabhängig – Finanzkraft in Abstimmungskampagnen einen stärkeren Einfluss auf den Ausgang gewinnen kann als in Wahlkämpfen.[19]

So wichtig diese Befunde für die Einschätzung direkt-demokratischer Praxis sind – überwiegend ist, was analytische Logik und empirische Forschung zum Thema ermittelt haben und ermitteln können, spezifischer Natur, betrifft bestimmte Ausprägungen, Verfahrensweisen, Verfassungskonfigurationen und nicht „die" direkte Demokratie schlechthin. Man kann das angesichts des Standes der öffentlichen Diskussion gar nicht oft genug sagen. Wenige, einfache Illustrationen genügen, um es zu verdeutlichen. Verfahren, die „von oben" eingeleitet werden, verfolgen in aller Regel affirmative Zwecke. Sie dienen der gezielten Mobilisierung legitimierender Unterstützung, oft in taktischer Absicht, werden gelegentlich aber auch genutzt, weil ein gravierender politischer Konflikt anders nicht beizulegen ist. Am Umgang des französischen Staatspräsidenten mit seinem Recht, das Volk anzurufen, lässt sich beides studieren. So

19 Zu dieser Frage, die aus auf der Hand liegenden Gründen von besonderem Interesse ist, siehe für die Schweiz Hertig (1982) und für die USA Zisk (1987).

wie dieses Exempel auch lehrt, dass der Ausgang immer ungewiss ist.

Bürgerinitiierte Vetoverfahren wie das fakultative Gesetzesreferendum begünstigen wie alle Verfahren, die zusätzliche Akteure mit Vetomacht ins Spiel bringen, den Status quo. Die Befestigung des Status quo kommt freilich nicht notwendig nur einem politischen Lager, dem konservativen, zugute. Entwickelte Demokratien zeichnen sich durch einen legislativen Status quo aus, der viele, durchaus unterschiedliche Interessen bedient. Viele unterschiedliche Interessen können folglich von Möglichkeiten, ihn zu verteidigen, profitieren.[20] Bürgerinitiierte Vetoverfahren, das ist am Beispiel der Schweiz eindringlich gezeigt worden, können auch einen starken Konsensdruck erzeugen. Vermutlich ist da aber keine Automatik am Werk.

Initiativverfahren haben das Potential, die Agenda zu erweitern und Außenseitern Chancen politischer Einflussnahme zu eröffnen. In pointierter Formulierung: In Initiativverfahren können Minderheiten zum Gesetzgeber werden. Initiativverfahren sind im Übrigen für die professionelle Politik weniger gut kalkulierbar als Vetoverfahren.

Mit den letzten Bemerkungen sind indirekt bereits Quorenregelungen angesprochen. Sie sind ein besonders umstrittenes Element im Regelwerk der direkten Demokratie. Oft wird – sehr unsachgemäß – zwischen Beteiligungs- und Zustimmungsquoren, die doch durchaus unterschiedliche Wirkungen haben, nicht unterschieden. Beteiligungsquoren stören im Entscheidungsverfahren die Balance zwischen Ja-Sagern und Nein-Sagern zu Lasten der Ja-Sager. Diese Wirkung von Beteiligungsquoren sagt aber über die Legitimität oder

20 Auch die empirische Untersuchung von Wagschal/Obinger (2000) zum Verhältnis Sozialstaat – direkte Demokratie weist in diese Richtung. Befunde, in denen sich Zusammenhänge zwischen direkt-demokratischen Entscheidungsverfahren und einer im internationalen Vergleich relativ niedrigen Steuerquote, Staatsquote und Staatsverschuldung abzeichnen, haben dazu geführt, dass liberale Ökonomen die direkte Demokratie für sich entdeckt haben. Die zugrundeliegenden empirischen Untersuchungen haben wiederum die Schweiz und die USA zum Gegenstand. Ob man hier einer allgemeinen Regelmäßigkeit auf der Spur ist, ist offen. Frey (1994).; Wagschal (1997).

auch die Zweckmäßigkeit von Zustimmumgsquoren überhaupt nichts aus. Man kann nicht einfach ignorieren, dass sich an Volksentscheiden in der Regel nun einmal nur Minderheiten beteiligen, und zwar, davon war die Rede, Minderheiten, die sich nach ganz bestimmten – nicht immer unproblematischen – Selektionsmustern bilden. Die Frage, an welche Mindestbedingungen in der Demokratie ein faktisches Gesetzgebungsrecht für Minderheiten geknüpft werden sollte, muss gestellt werden; mit besonderer Dringlichkeit, wenn es um die Verfassung geht.[21]

V.

Die idealtypische Gegenüberstellung von Wahldemokratie und Abstimmungsdemokratie, mit der ich zunächst gearbeitet habe, diente der gedanklichen Klärung. Sie sollte deutlich machen, dass wir es hier mit einer Differenz zu tun haben, die normativ wie analytisch bedeutsam ist. In der Welt der real existierenden Demokratie stehen sich Wahldemokratie und Abstimmungsdemokratie nicht gegenüber. Zwar gibt es gelegentlich, nicht sehr häufig, die repräsentative Demokratie in reiner Ausprägung. Aber die voll und konsequent ausgebildete direkte Demokratie gibt es in der modernen Welt nicht. Es gibt sie nicht als Versammlungsdemokratie – Athen hat in der Neuzeit keine Nachfolge gefunden. Rousseaus leidenschaftliches Plädoyer (er hatte freilich eher Sparta als Athen vor Augen) ist nicht zum Programm der modernen Demokratie geworden. Und es gibt sie auch nicht als Urnenabstimmungsdemokratie. Ganz in den Anfängen der Entwicklung der modernen Demokratie, in der Französischen Revolution, hat man einmal den Versuch gemacht, eine Polis-Verfassung für den Flächenstaat zu entwerfen – in der zweiten Revolutionsverfassung, der von 1793. Aber diese Verfassung hat nicht einen einzigen Tag wirklich gegolten. Ein plausibles Argument für die

21 So auch Abromeit (2003). Das von Gegnern von Quoren häufig vorgebrachte Argument, auch für Wahlen gebe es keine Quoren, lässt außer Acht, dass an Wahlen in aller Regel mehr als die Hälfte der Wahlberechtigten teilnehmen, an Abstimmungen eben nicht. Wäre es anders, so würde sich die Legitimitätsfrage bald auch im Blick auf Wahlen stellen.

Vermutung, dass die Entwicklung der neuzeitlichen Demokratie auch anders hätte verlaufen können, gibt es nicht.

Als Regelfall begegnet uns in der Welt der modernen Demokratie die Verbindung der beiden Entscheidungsmodi in einer Verfassungsarchitektur, freilich eine in der großen Mehrzahl der Fälle äußerst asymmetrische Verbindung. Wir haben es mit repräsentativen Demokratien mit überwiegend sehr bescheidenen Beimengungen von direkter Demokratie zu tun. Die Abstimmungsdemokratie, etwas anders formuliert, tritt in der modernen Welt überhaupt nur akzessorisch auf, die Wahldemokratie hingegen ist prinzipiell autark; und sie ist, mit ganz wenigen Ausnahmen, in allen Verbindungen überwältigend dominant.[22]

Auch wenn – ihrer typologischen, insbesondere auch normativen Eigenständigkeit ungeachtet – Wahl- und Abstimmungsdemokratie sich offenbar durchaus miteinander kombinieren lassen, beliebig sind die Kombinationsmöglichkeiten nicht. Moderne Demokratien sind, um eine schon mehrfach verwendete Metapher noch einmal zu nutzen, komplexe Architekturen, zusammengefügt aus verschiedenen Bauelementen, die auf einander einwirken. Über direkt-demokratische Entscheidungsverfahren kann deshalb, was die moderne Demokratie angeht, sinnvoll nur in systemischen Bezügen diskutiert werden.[23] Sie müssen als Komponenten einer komplexen Gesamtstruktur wahrgenommen und erörtert werden. Die besänftigende Formulierung, es gehe doch nur um eine Ergänzung der repräsenta-

22 Fraenkel (1958) geht in seiner Gegenüberstellung des repräsentativen und des plebiszitären Prinzips von einer Symmetrie aus. Beide Prinzipien seien für sich nicht lebensfähig und bedürften der Korrektur durch das jeweils andere. Ähnlich Bobbio (1987) S. 53. Man kann so nur argumentieren, wenn man demokratische Repräsentation nicht als einen eigenständigen Modus von Repräsentation gelten lässt.
Die Dominanz des repräsentativ-demokratischen Prinzips in der modernen Welt erklärt sich vermutlich sowohl historisch wie systemlogisch. Historisch: Die moderne Demokratie entstand in einem Prozess der Demokratisierung älterer Repräsentativverfassungen. Systemlogisch: Ganz wie es Sieyès vorhergesagt hatte, erwies sich auch für die Politik, dass die moderne Welt nur arbeitsteilig organisiert werden konnte.

23 Das geschieht, soweit ich sehe, zum ersten Mal in systematischer Gründlichkeit in der Studie von Sabine Jung (2001).

tiven Verfassungsordnung durch direkt-demokratische Komponenten, die in den einschlägigen Debatten häufig auftaucht, täuscht darüber hinweg, dass jedes eingefügte Bauelement die Gesamtarchitektur eben nicht nur „ergänzt“ sondern verändert. Die verfassungspolitische Frage, heißt das, muss immer konkret gestellt werden: Was bedeutet es, ganz bestimmte direkt-demokratische Verfahren in ein ganz bestimmtes Verfassungsensemble einzubauen? Keines der Postulate, die hier formuliert werden, wird in der öffentlichen Debatte so konsequent ignoriert wie eben dieses. Dabei ist es von erheblicher praktischer Bedeutung.

Es geht zunächst einmal darum, dass die repräsentative Demokratie in durchaus unterschiedlichen Erscheinungsformen auftritt, der parlamentarischen und der präsidentiellen Variante, um nur die geläufigste und elementarste Unterscheidung zu nennen. Es ist, wie gleich noch genauer darzulegen sein wird, alles andere als belanglos, ob bestimmte direkt-demokratische Entscheidungsverfahren (und welche) in eine repräsentativ-demokratische Verfassung der einen oder der anderen Art eingebaut werden. Es geht aber auch darum, dass die für die moderne Demokratie konstitutive Verknüpfung des demokratischen mit dem verfassungsstaatlichen Prinzip in sehr unterschiedlichen Ausprägungen begegnet. Auch im Blick auf diese Varianz gilt: Über direkt-demokratische Entscheidungsverfahren kann sinnvoll nur in systemischen Bezügen diskutiert werden, sie müssen als Elemente einer komplexen Gesamtstruktur wahrgenommen werden. Ebenso ist die Dimension Einheitsstaat-Bundesstaat zu bedenken. Auch sie ist Bestandteil jener Gesamtstruktur, in die sich wie jedes andere Element eine mögliche direkt-demokratische Komponente einzufügen hat, auf die sie jedenfalls so oder so einwirkt. Zusammengefasst: Je komplexer eine Gewaltenteilungsstruktur ist – und der Einbau direkt-demokratischer Interventionsverfahren in die repräsentative Demokratie verändert natürlich die Architektur der Gewaltenteilung –, desto komplexer werden auch die Voraussetzungen der Stimmigkeit der Gesamtkonfiguration.

Am Beispiel der Bundesrepublik Deutschland lässt sich gut illustrieren, was es heißt, verfassungspolitische Fragen in systemischen Bezügen zu diskutieren. Die Bundesrepublik ist eine parlamentarisch verfasste Demokratie, deren Praxis, wie die aller parlamentarischen Demokratien, hauptsächlich von der Struktur des in diesem Verfassungsrahmen operierenden Parteiensystems bestimmt wird. Sie ist eine Demokratie mit einer ungewöhnlich stark entwickelten verfassungsstaatlichen Komponente, die vor allem in einer mächtigen Verfassungsgerichtsbarkeit in Erscheinung tritt. Und sie ist ein Bundesstaat, in dem die beiden Ebenen der Staatlichkeit insbesondere in der Institution des Bundesrates auf sehr ungewöhnliche Art miteinander verknüpft sind. Was folgt daraus im Blick auf denkbare direkt-demokratische Komponenten?

In parlamentarischen Demokratien bedarf die Regierung bekanntlich grundsätzlich der Unterstützung durch die parlamentarische Mehrheit.[24] Aus dieser Abhängigkeit ergibt sich zwar nicht zwingend aber doch regelmäßig die Notwendigkeit einer auf Zeit, möglichst für eine Legislaturperiode, stabilen Mehrheits-Minderheitsstruktur im Parlament. Für das parlamentarische System ist, etwas anders formuliert, im Regelfall eine klare Trennung zwischen Regierungs- und Oppositionsfunktion im Parlament konstitutiv. Den konkurrierenden Parteien fallen unterschiedliche Rollen zu, entweder aufgrund unmittelbarer Zuweisung durch die Wähler oder als Ergebnis von Koalitionsverhandlungen, die sie miteinander führen. Am Ende der Legislaturperiode urteilen die Wähler, orientiert an der Rollenverteilung der abgelaufenen Periode, und geben die Karten neu aus.

Zur Logik dieses Prozesses passen bestimmte Varianten eines direkt-demokratischen Interventionsrechtes schlecht. Sie durchkreuzen sie. Gemeint ist näherhin die Initiative, und zwar sowohl in Gestalt der Gesetzesinitiative, einer Initiative also, die eine Entscheidungsvorlage in den politischen Prozess „von außen her“ einbringt, als auch in Gestalt der Referendumsinitiative, einer Initiative, die darauf zielt, zu einer bereits getroffenen parlamentarischen Entscheidung ein bestätigendes oder verwerfendes Votum des Volkes herbeizuführen.

24 Zum Verhältnis parlamentarisches System – direkte Demokratie Kielmansegg (1996).

Das eine „passt“ zum andern nicht, weil die direkt-demokratischen Interventionen fast zwangsläufig in den Sog des institutionalisierten Mehrheits-Minderheitskonfliktes geraten, der sich aus der Logik der parlamentarischen Regierungsweise ergibt. Die Opposition wird, um es einfach zu sagen, die direkt-demokratischen Interventionsrechte nutzen, um die Regierung zu lähmen und zu delegitimieren, so gut sie kann. Dabei spielt es keine Rolle, ob das Recht, eine Intervention auszulösen, wie es in einigen Demokratien der Fall ist, ausdrücklich der parlamentarischen Minderheit zusteht oder den Bürgern. Oppositionelle Parteien können und werden die eine wie die andere Art der Initiative nutzen. Zwar kann die Opposition, von Randparteien, die wenig zu verlieren haben, abgesehen, bei der Nutzung direkt-demokratischer Instrumente keineswegs beliebige Risiken – Risiken des Scheiterns – eingehen. Sie muss und wird sorgfältig kalkulieren. Aber sie kann auch bei vorsichtigem Kalkül den Handlungsspielraum der Mehrheit beträchtlich einschränken und die Logik parlamentarischer Mehrheitsregierung empfindlich stören Eine taktisch kluge Nutzung des Initiativrechtes durch die Opposition kann im Ergebnis bewirken, dass die Mehrheit zugleich verantwortlich und nicht verantwortlich für die Politik, die tatsächlich gemacht wird, ist; und dass die Minderheit zugleich Opposition und eine Art von Gegenregierung ist. Für den Wähler ist es kaum noch möglich, mit einer solchen Konstellation rational umzugehen.

Bezieht man die Variable Parteiensystem in das Argument ein, so ist zu differenzieren: Besonders starke Effekte der Unverträglichkeit sind dort zu erwarten, wo wir es mit hoch kompetitiven, polarisierten oder zumindest dualistisch strukturierten Parteisystemen zu tun haben. Schwächer werden die Kollisionseffekte vermutlich sein, wo Vielparteiensysteme mit variablen Koalitionsmustern existieren.[25]

25 Erst recht ist zu erwarten, dass sich die Kollisionswirkungen in einer parlamentarisch verfassten Demokratie, die nicht nur ausnahmsweise sondern gewohnheitsmäßig mit Minderheitsregierungen operiert, abschwächen werden. Die Rollenverteilung zwischen Mehrheit und Minderheit ist in diesem Fall diffus. Deshalb hat Dänemark keine größeren Probleme mit dem Recht parlamentarischer Minderheiten, die Referendumsinitiative zu ergreifen (§ 42 Abs. 1 der dänischen Verfassung).

Wesentlich unproblematischer werden Gesetzes- und Referendumsinitiative aber erst dann, wenn die Systemlogik des parlamentarischen Systems überhaupt nicht mehr greift, also in nicht- parlamentarisch verfassten Demokratien. Wenn die Regierung in ihrer Existenz nicht vom Vertrauen des Parlaments abhängt, entfällt der Zwang zur Ausbildung einer stabilen Mehrheitsstruktur im Parlament. Und das wiederum bedeutet, dass es im Parlament keine Minderheit gibt, der als solcher in einer auf Zeit fixierten Konstellation die Oppositionsrolle zufiele. Mit einer solchen Struktur lassen sich direkt-demokratische Interventionsrechte offensichtlich viel spannungsfreier verbinden.

Diesem zunächst einmal logisch entwickelten Argument tritt die Empirie eindrucksvoll zur Seite. Es sind tatsächlich nicht-parlamentarisch verfasste Demokratien, die das direkt-demokratische Instrumentarium am konsequentesten, das heißt bis hin zu von den Regierenden nicht kontrollierbaren Initiativrechten, entwickelt haben: die Schweiz und eine Reihe von Gliedstaaten der USA, Kalifornien an erster Stelle. Die parlamentarischen Demokratien hingegen stehen dem vollen Ausbau der direkt-demokratischen Interventionsrechte überwiegend viel zurückhaltender gegenüber.[26] Dazu wird gleich noch mehr zu sagen sein. Selbst für ein nicht-parlamentarisches System wie die Schweiz gilt aber, wie Leonhard Neidhart vor mehreren Jahrzehnten schon gezeigt hat,[27] dass die politischen Akteure auf die Einführung der Referendumsinitiative mit sehr folgenreichen Anpassungsstrategien geantwortet haben, genauer: Konkordanzstrategien, die bis heute die Funktionsweise der schweizerischen Demokratie vollkommen bestimmen, Strategien, durch die möglichst alle Akteure, die das Instrument des Referendums zur Ausübung von Vetomacht nutzen könnten, in einen auf Konsens zielenden Willensbildungsprozess einbezogen werden. In parlamentarisch ver-

26 Dem scheint zu widersprechen, dass die deutschen Bundesländer, allesamt parlamentarisch verfasst, sich inzwischen ohne Ausnahme mit einem mehr oder minder – überwiegend mehr – stark ausgebauten direkt-demokratischen Instrumentarium versehen haben. Angesichts des politisch nachgeordneten Status der Länder und ihrer sehr begrenzten Gesetzgebungskompetenzen ist das aber kein wirklicher Testfall.

27 Neidhart (1970).

fassten Demokratien würde eine Praxis konsequenter Konkordanz mit der Systemlogik ebenso kollidieren wie die strategische Nutzung direkt-demokratischer Interventionsrechte durch die Opposition.

Was die verfassungsstaatliche Komponente angeht, so lassen sich auch direkt-demokratische Entscheidungsverfahren theoretisch durchaus in einen verfassungsstaatlichen Rahmen einordnen, mit Hilfe der geläufigen Denkfigur nämlich, dass auch das Volk, wenn es sich einmal eine Verfassung gegeben hat, unter der Herrschaft der Verfassung nur als *pouvoir constitué* tätig wird, als verfasste, den geltenden Verfassungsegeln unterworfene Gewalt. Gleichwohl bleibt die letzte Konsequenz dieses Gedankens, die verfassungsgerichtliche Kontrolle des Volkes selbst, immer heikel. Eine solche Kontrolle ist nicht unmöglich, wenn die verfassungsstaatliche Tradition stark genug ist, wie das amerikanische Beispiel zeigt.[28] Auch Italien praktiziert sie recht intensiv. Aber es empfiehlt sich sehr, sie als prophylaktische Kontrolle anzulegen, als Kontrolle der Zulässigkeit von Initiativen also. Hat das Volk einmal entschieden, so ist die gerichtliche Annullierung seines Votums immer eine kritische Belastungsprobe für die Symbiose von Demokratieprinzip und Verfassungsprinzip, die den demokratischen Verfassungsstaat ausmacht.

Selbst mit dieser Einschränkung wäre eine verfassungsgerichtliche Kontrolle des Volkes in Demokratien, die – wie die Schweiz – sich primär über die Volkssouveränität definieren, nicht denkbar. Auch Frankreich ist hier zu nennen. Der *Conseil constitutionnel*, das Verfassungsgericht der 5. Republik, hat 1962 ausdrücklich festgestellt, dass er zu schweigen habe, wenn der Souverän entschieden hat.[29] Damals war er vom Präsidenten des Senats gegen das zweifelsfrei verfassungswidrige Verfahren angerufen worden, dessen de Gaulle sich bedient hatte, um die Direktwahl des Staatspräsidenten in die Verfassung hineinzuschreiben. Aber dieses zweifelsfrei verfassungswidrige Verfahren bestand eben in der unmittelbaren Anrufung des Volkes durch den Staatspräsidenten. Und der *Conseil*

28 Dazu Eule (1990). Ferner Kranenpohl (2003).
29 Dazu Vogel (2001) S. 198ff.

constitutionnel weigerte sich, der souveränen Nation die Verfassung entgegenzuhalten.

Schließlich: Auch die Frage Bundes- oder Einheitsstaat ist bedeutsam, wenn eine direkt-demokratische Komponente in eine Verfassungsarchitektur eingebaut werden soll.[30] Eher unproblematisch sind die Fälle eines strikt dualistischen Föderalismus, eines Föderalismus ohne Kompetenzüberlappungen oder –verzahnungen also. Aber in aller Regel sehen bundesstaatliche Verfassungen die Mitwirkung der Gliedstaaten an Entscheidungsprozessen auf der Bundesebene vor, im allgemeinen durch direkt gewählte Repräsentanten der „Völker" der Gliedstaaten, ausnahmsweise – im deutschen Fall – aber auch durch deren Regierungen. Werden diese Entscheidungsprozesse direkt-demokratisch organisiert, wird es schwierig, die Mitwirkung der Gliedstaaten nicht nur auf dem Papier sondern faktisch aufrechtzuerhalten. Zwar kann ein Bundesstaat die Mitwirkung der föderalen Kammer in einem direkt-demokratischen Gesetzgebungs- oder Verfassungsgesetzgebungsverfahren in der Weise ersetzen, dass er nach Schweizer Vorbild den Erfolg des Volksentscheides an eine doppelte Mehrheit bindet, d.h. zusätzlich zur Mehrheit der Stimmen ein „Ständemehr" verlangt, also Stimmenmehrheiten in einer Mehrzahl von Gliedstaaten. Aber es ist natürlich eine Illusion anzunehmen, dass die Bürger, die gleichsam doppelt gefragt sind, bei der Abgabe ihrer einen Stimme zwischen ihren beiden bürgerschaftlichen Rollen unterscheiden oder auch nur unterscheiden könnten. Diese Differenzierungsleistung können nur von einander unabhängige Institutionen erbringen. Aus einer Entscheidungsinstanz lassen sich durch zwei Weisen, ein und dasselbe Votum zu zählen, nicht wirklich zwei machen. So gesehen haben direkt-demokratische Entscheidungsverfahren in Bundesstaaten immer den Effekt, dass gliedstaatliche Einflüsse auf Bundesentscheidungen, da wo sie vorgesehen sind, abgeschwächt werden. Die Gewichte verschieben sich. Dass es so ist, mag einer der Gründe dafür sein, dass die Vereinigten Staaten bei allem Enthusiasmus für die direkte De-

30 Dazu Estel (2006).

mokratie in den Gliedstaaten auf der Bundesebene bis heute rein repräsentativ verfasst sind.

VI.

Die Forderung, auch den gesellschaftlichen Kontext in die Analyse einzubeziehen, scheint zu banal zu sein, als dass man sie ausdrücklich aussprechen müsste. Banal ist sie in der Tat. Das bedeutet aber nicht, dass sie sich für jeden Diskussionsteilnehmer von selbst verstünde. Der Hinweis auf den gesellschaftlichen Kontext ist banal im Allgemeinen, weil die Beschäftigung des Politikwissenschaftlers mit Regeln ja immer genau dieser Interdependenz gilt. Und sie ist banal im Besonderen, weil schlechterdings nicht zu übersehen ist, dass die Wirkungen direkt-demokratischer Verfahren wesentlich vom gesellschaftlichen Kontext, in dem sie praktiziert werden, bestimmt werden. Aber so wie die Diskussion häufig geführt wird, muss auch das Selbstverständliche in Erinnerung gerufen werden.[31] Nur die einfachsten Zusammenhänge können hier zur Sprache kommen.

Für die Frage, wie direkt-demokratische Entscheidungsregeln sich auswirken, ist offensichtlich von Bedeutung, ob es sich um eine segmentierte oder um eine relativ homogene, zumindest gut integrierte Gesellschaft handelt. Und wenn segmentiert, ob wir es mit einer spannungsreichen, gar feindseligen Segmentierung zu tun haben oder einer entspannten, habituell friedlichen. Auch die Frage, wie die für die Nutzung des direkt-demokratischen Instrumentariums wichtigen Ressourcen verteilt sind, ist wichtig. Sind sie breit gestreut oder bei relativ wenigen politischen Akteuren konzentriert? In der kulturellen Dimension wird man vor allem fragen müssen, ob eine Gesellschaft durch Vertrauen und Toleranz geprägt ist oder eher durch Misstrauen und Intoleranz. Etwas anders formuliert: Es macht einen wesentlichen Unterschied, ob die politische Kultur eine Kultur der Kompromissbereitschaft ist oder nicht; ob sie dem Postulat, alle Gruppen seien in ihrem politischen Handeln auch dem Gemeinwohl

31 Die Relevanz des gesellschaftlichen Kontextes steht im Mittelpunkt der Überlegungen von Abromeit (2003). Sie betont vor allem die Bedeutung des Unterschiedes zwischen segmentierten und homogenen Gesellschaften für die direkte Demokratie.

verpflichtet, Nachdruck zu geben vermag oder ob sie einseitig die Verfolgung partikularer Interessen rechtfertigt. Als Idealtypen könnte man zwei gegensätzliche Ausprägungen von Gesellschaft einander gegenüberstellen, die völlig unterschiedliche Kontexte für die Praxis direkter Demokratie bieten; an ihnen lassen sich dann tatsächliche gesellschaftliche Wirklichkeiten messen. Hier eine sehr homogene, gut integrierte Gesellschaft, mit einer breiten Streuung der Ressourcen und einer politischen Kultur der Toleranz und des Bürgersinns, dort eine stabil segmentierte Gesellschaft, in der die Ressourcen sehr ungleich verteilt sind und Misstrauen, Intoleranz, Interessenpartikularismus dominieren. Was diese Unterschiede für die direkte Demokratie bedeuten, muss nicht ausgeführt werden.

Vermutlich sind die auffallenden Unterschiede zwischen der direkt-demokratischen Praxis der Schweiz und der in den Gliedstaaten der USA vor allem kulturell zu erklären, aus dominanten, in einer langen kollektiven Erfahrung wurzelnden Einstellungs- und Verhaltensprägungen. Es gibt natürlich auch Unterschiede im Regelwerk. In der Schweiz ist das fakultative Referendum das systembestimmende Instrument, in den USA die Initiative. Aber auch daran mag wiederum die politische Kultur ihren Anteil haben. Jedenfalls ist die Tatsache, dass die direkte Demokratie in der Schweiz eher einen moderierenden, Kompromisse fördernden Effekt hat, während sie in den USA die Konflikte häufig noch verschärft, aus den Regeln selbst nicht zu erklären. Eher schon aus den die politische Kultur prägenden Gegebenheiten der politischen Geographie: hier ein von Großmächten umgebener Kleinstaat, dort ein Gigant, der mit sich allein ist oder es doch lange war. Dass aus solchen Umständen unterschiedliche Muster des Umgangs mit inneren Konflikten hervorgehen, verwundert nicht. Vermutlich ist es auch nur aus den Unterschiedlichkeiten der politischen Kulturen zu erklären, dass man sich in den USA, wiederum vor allem in Kalifornien, so viel schwerer damit tut als in der Schweiz, repräsentative und direkte Demokratie in einer vernünftigen, stabilen Balance zu halten. In Kalifornien hat die natürliche Tendenz der direkten Demokratie, sich selbst verfassungsrechtlich zu privilegieren, sich so stark durchgesetzt, dass das Funktionieren der repräsentativen Institutionen gefährdet ist. Es spricht viel dafür, dass das etwas mit dem prinzipiellen Misstrauen zu tun hat, mit dem die Amerikaner dem Staat begegnen.

Die Frage, ob das Instrumentarium der direkten Demokratie dem Minderheitenschutz dient oder Gefahren für Minderheiten heraufbeschwört, hat begreiflicherweise einen besonderen Stellenwert im verfassungspolitischen Streitgespräch, aber auch in der wissenschaftlichen Debatte. An ihr lässt sich gut zeigen, dass Wirkungen direkt-demokratischer Verfahren nur dann vernünftig erörtert werden können, wenn alle drei Eckpunkte des analytischen Dreiecks Regeln – systemischer Kontext – gesellschaftlicher Kontext mitbedacht werden. Wenn direkte Demokratie, insbesondere durch das fakultative Referendum, zu Konkordanz führt, kommt das auch Minderheiten zugute. Die Initiative gibt Minderheiten mindestens Einfluss auf die politische Agenda. Andererseits ist der Volksentscheid ein Verfahren der Mehrheitsentscheidung *par excellence*; ein Verfahren, das, einmal in Gang gesetzt, die Suche nach einem Kompromiss zugunsten der Präsentation einer definitiven Ja-Nein-Alternative abbricht. Ein solches Verfahren kann für Minderheiten immer bedrohlich sein. Welche Potentiale der verschiedenen Verfahren wie einzuschätzen sind, hängt ganz wesentlich von den jeweiligen Kontexten ab. Wobei vorab immer erst einmal die Frage zu stellen wäre, welche Minderheiten eigentlich schutzbedürftig und schutzwürdig sind. Problematische Auswirkungen, das liegt auf der Hand, kann die Verfügbarkeit eines Entscheidungsmodus, der seiner Natur nach nicht den Kompromiss sucht, sondern eher die Polarisierung begünstigt, insbesondere in einer Gesellschaft haben, die von einer strukturellen Mehrheit politisch dominiert wird und in der eine nicht auf Verständigung ausgerichtete politische Kultur das Verhalten bestimmt.

VII.

Zu den Erstaunlichkeiten der verfassungspolitischen Diskussion in Deutschland gehört, dass man die Frage, wo die Bundesrepublik im internationalen Vergleich eigentlich stehe, mehr als nachlässig behandelt, und die Frage, wohin bestimmte Reformen sie befördern würden, gar nicht erst gestellt hat. Sie wird mit ihrem Verzicht auf direkt-demokratische Entscheidungsverfahren auf der Bundesebene pauschal als unterentwickelt, zurückgeblieben eingestuft, woraus dann folgt, dass die angemahnten Reformen als verfassungspolitische Normalisierungsprozesse zu verstehen sind, die als solche einer weiteren Rechtfertigung nicht bedürfen. So einfach ist es nicht. Wer unsere Überlegungsschritte mitgegangen ist, wird die reale Welt der Demokratien sehr differenziert wahrnehmen und auf die Bestimmung des Ortes der Bundesrepublik in dieser Welt etwas mehr Mühe verwenden.

Arend Lijphart hat in seinem Standardwerk „Patterns of Democracy" aus dem Jahr 1999 für die zweite Hälfte des 20. Jahrhunderts 36 stabile Demokratien gezählt und diesen Bestand zur Grundlage seiner vergleichenden demokratietheoretischen Überlegungen gemacht. Zwar spiegelt diese Zählung nicht den neuesten Stand der weltweiten Demokratieentwicklung wider. Insbesondere in Lateinamerika und Ostmitteleuropa sind inzwischen eine Reihe junger Demokratien auf den Plan getreten, die Chancen haben, einmal zu den stabilen gerechnet zu werden. Aber es gibt gute Gründe dafür, junge Demokratien erst nach einer gewissen Bewährungszeit in demokratievergleichende Untersuchungen einzubeziehen. Es soll deshalb auch hier den weiteren Überlegungen die Lijphart'sche Auswahl zugrundegelegt werden.

In einer ersten raschen Charakterisierung lässt sich für den Zeitraum der 14.Legislaturperiode, in der der Deutsche Bundestag über eine einschlägige Verfassungsänderung diskutierte, feststellen:[32] In 24 der 36 Fälle waren der repräsentativen Grundstruktur direkt-demokratische Elemente beigemischt. Unter den restlichen zwölf Demokratien waren weitere vier, die, obwohl nach dem Wortlaut ihrer Verfassungen rein repräsentativ verfasst, konsultative Volksabstimmungen abgehalten hatten. Unter den verbleibenden acht Demokratien befanden sich zwei Bundesstaaten, die USA und die Bundesrepublik Deutschland, die zwar auf bundesstaatlicher Ebene rein re-

32 Zum Folgenden siehe die tabellarische Übersicht bei Jung (2001) S. 241-244. Kommentierte, auf Europa beschränkte Überblicke finden sich ferner bei Grote (1996), Möckli (1998), Gross/Kaufmann (2002), Kaufmann/Walters (2004).

präsentativ verfasst sind, in den Gliedstaaten aber – in den USA extensiv – direkt-demokratische Entscheidungsverfahren praktizieren. Die sechs Länder, die schließlich als rein repräsentativ-demokratisch verfasst übrig bleiben, sind: Barbados, Costa Rica, Indien, Israel, die Niederlande[33] und Papua Neuguinea.

Damit ist zwar bestätigt, dass die Zahl der strikt repräsentativ verfassten und agierenden Demokratien im Lijphart'schen 36er-Kreis klein ist. Aber bei genauerem Hinsehen wird sofort deutlich, dass die Varianz, was das Mischungsverhältnis repräsentativ-demokratische Grundstruktur – direkt-demokratische Zutaten angeht, groß ist. Nur in einem Fall, dem der Schweiz (wenn man von einer Reihe von Gliedstaaten der USA absieht), ist das direkt-demokratische Instrumentarium so stark ausgebaut und wird so intensiv genutzt, dass man von einem ungefähren Gleichgewicht zwischen Wahldemokratie und Abstimmungsdemokratie sprechen kann. In allen anderen Fällen ist das repräsentativ-demokratische Prinzip eindeutig dominant, die direkt-demokratische Komponente eine Zutat. Freilich variiert das Gewicht der Zutat auch noch einmal ganz erheblich. Die Varianzen lassen sich mit jenem Raster erfassen, das wir im vierten Überlegungsschritt entwickelt haben.

Aus diesem Raster von insgesamt vier Fragen hatten sich die Endpunkte eines Kontinuums ergeben: Auf der einen Seite Demokratien, in denen die Bürger selbst über das Initiativrecht verfügen; in denen sie selbst die Entscheidungsvorlage formulieren können; in denen sie auf alle Materien zugreifen können; und in denen ihre Interventionen keiner verfassungsgerichtlichen Kontrolle unterliegen. In der Schweiz verhält es sich so, mit der einen Einschränkung, dass das Recht zur Gesetzesinitiative auf der Bundesebene gewissen Einschränkungen unterworfen ist. Auf der anderen Seite Demokratien, in denen das Initiativrecht ausschließlich bei den Regierenden liegt; in denen die Entscheidungsvorlagen den abstimmenden Bürgern vorgegeben werden; in denen wesentliche Materien ausschließlich

33 Inzwischen haben die Niederlande bekanntlich in einer wesentlichen konstitutionellen Frage einen folgenreichen Volksentscheid abgehalten. Am 1. Juli 2005 stimmten die Niederländer über den Entwurf einer europäischen Verfassung ab und verwarfen ihn mehrheitlich.

repräsentativ-demokratischer Entscheidung vorbehalten sind; und in denen die direkt-demokratischen Interventionen des Volkes verfassungsgerichtlicher Kontrolle unterworfen sind. Frankreich ist das Beispiel eines Landes, das sich weit auf dieser Seite des Spektrums findet – nur der vom *Conseil constitutionnel* praktizierte Verzicht auf verfassungsgerichtliche Kontrolle von Volksentscheiden fügt sich nicht recht ins Bild. Sonst aber ist die 5. Republik geradezu der Prototyp einer extrem asymmetrischen Kombination: Ausschließlich der Staatspräsident hat das Recht, einen Volksentscheid anzuberaumen. Selbst bei Verfassungsänderungen ist das Referendum nicht obligatorisch, der Staatspräsident setzt es an oder nicht. Er hat es in der Hand, das Volk ins Spiel zu bringen oder es aus dem Spiel zu lassen (Art. 89 Abs. 3 der französischen Verfassung). Auch ist bei allen Volksentscheiden, die die Verfassung der 5. Republik kennt, die Entscheidungsvorlage der abstimmenden Bürgerschaft vorgegeben. Ein Volksentscheid ist, drittens, nach dieser Verfassung nur für bestimmte Entscheidungsmaterien zulässig, wenn dieser Zulässigkeitsbereich inzwischen auch relativ weit und unscharf abgesteckt ist (Art. 11 Abs. 1 der Verfassung wurde 1975 erweitert). Freilich: Das Schicksal de Gaulles zeigt, dass selbst die uneingeschränkte Verfügungsmacht der Regierenden über das direkt-demokratische Instrumentarium keine Sicherheit vor Überraschungen schafft. De Gaulle trat bekanntlich zurück, weil das Volk, das er selbst in einer durchaus sekundären Angelegenheit an die Urnen gerufen hatte, gegen ihn votierte.

Die Schweiz und Frankreich als Prototypen: Wer von hier aus die Gesamtheit der Demokratien mit direkt-demokratischen Komponenten ins Auge fasst, wird schnell bemerken, dass die meisten viel mehr mit Frankreich gemein haben als mit der Schweiz. Insbesondere die Schlüsselfrage nach dem Initiativrecht macht das deutlich. Ein weitreichendes oder gar uneingeschränktes Initiativrecht der Bürger selbst ist sehr selten. Neben der Schweiz finden sich unter den 36 etablierten Demokratien Lijpharts nur drei, die ein voll entwickeltes Volksgesetzgebungsverfahren von der autonomen Initiative bis zum Volksentscheid kennen: Italien, Kolumbien und Venezuela, wobei im italienischen Fall nur die abrogative Initiative zugelassen ist, also eine Initiative, die auf Aufhebung oder Änderung eines Gesetzes zielt, nicht auf Erlass eines neuen. Zudem sind bestimmte Materien, vor allem das Budget und die Steuergesetze, dem Zugriff der Initiative entzogen (Art. 75 Abs. 1 und 2 der italienischen Verfassung). Und in Verfassungsfragen gibt es das Initiativrecht nur in Gestalt der Referendumsinitiative (Art. 138 Abs. 3 der Verfassung). Man mag in diesem Zusammenhang noch einige Länder nennen, die wenn nicht den Bürgern so doch parlamentarischen Minderheiten das Recht zugestehen, ein Referendum herbeizuführen (gegen eine vom Parlament beschlossene Verfassungsänderung: Österreich, Schweden, Spanien; bei Gesetzen allgemein: Dänemark). Aber das Gesamtbild ändert sich dadurch nicht wesentlich.

Es ändert sich allerdings, wenn wir die von Lijphart nicht berücksichtigten jungen Demokratien in die Betrachtung einbeziehen, die ihre Bewährungsprobe noch nicht bestanden haben. Nicht wenige von ihnen haben sich sowohl in Ostmitteleuropa als auch in Lateinamerika in ihren Verfassungen direkt-demokratischen Entscheidungsverfahren sehr viel weiter geöffnet als die älteren Demokratien.[34] Und bei aller Notwendigkeit, sehr genau hinzusehen, um welche Verfahren es sich denn handelt: Einige jedenfalls der jungen Demokratien stehen auf dem Verfassungspapier – wohlgemerkt: auf dem Papier – hinter der Schweiz nicht mehr zurück. Das ist umso bemerkenswerter, als es sich in Ostmitteleuropa um, auf unterschiedliche Weise, parlamentarisch verfasste Demokratien handelt, um einen Demokratietypus also, bei dem, wie wir gesehen haben, direktdemokratische Interventionsrechte leicht zu systemischen Spannungen führen können. Die Stimmungslage, die diesen Schub vermutlich erklärt, ist uns aus Deutschland wohlvertraut. Sie ist auch in den neuen Bundesländern, als die ihre Verfassungen ausarbeiteten, wirksam gewesen.[35] Es mag durchaus sein, dass sich hier ein Epochenwechsel in der Demokratiegeschichte ankündigt. Aber bevor davon ernstlich die Rede sein kann und bevor die Argumente dieses Textes neu überdacht werden müssen, bleibt abzuwarten, was aus den jungen Demokratien wird und wie im Besonderen ihre direkt-demokra-

34 Zu Lateinamerika siehe Thibaut (1998); zu Ostmitteleuropa Ismayr (2004).
35 Dazu Klages/ Paulus (1996).

tische Praxis, wie das Zusammenspiel zwischen der repräsentativen und der direkt-demokratischen Komponente der Verfassung sich entwickeln.

Einstweilen ist im Blick auf jene Initiative zur Verfassungsänderung, die die rot-grüne Koalition in der 14. Legislaturperiode ergriff und die bekanntlich ein voll ausgebautes Volksgesetzgebungsverfahren (wenn auch mit gewissen Einschränkungen des Zugriffsrechtes und unter verfassungsgerichtlicher Kontrolle) vorsah, also festzustellen: Eine solche Verfassungsänderung wäre keine Anpassung an die Normalität, kein Schritt heraus aus historisch bedingtem Außenseitertum gewesen, sondern eher ein avantgardistisches Experiment, jedenfalls im Kreis von Lijpharts etablierten Demokratien. Man mag gute Gründe für eine avantgardistische Verfassungspolitik zu haben meinen. Aber dann soll man sie auch als Argumente für ein Experiment vorbringen. Ein Gemeinwesen, das sich auf ein Verfassungsexperiment einlässt, muss wissen, was es tut.

Nehmen wir an, in der nächsten Diskussionsrunde achteten die verfassungspolitischen Kombattanten auf begriffliche Präzision; sie nähmen wahr, dass es nicht um ein Mehr oder Weniger an Demokratie, sondern um zwei unterschiedliche Weisen der Selbstregierung geht; sie hätten es gelernt, die „Weimarer Erfahrungen" richtig zu gewichten; sie unterschieden sorgfältig zwischen den verschiedenen direkt-demokratischen Verfahren; sie nähmen die systemlogischen Zusammenhänge und den gesellschaftlichen Kontext zur Kenntnis; und sie seien willens und in der Lage, ihr Vorhaben im internationalen Vergleich richtig einzuordnen: Zu welchem Ergebnis kämen sie? Das lässt sich nicht vorhersagen Aber so viel ist sicher: Der Vorschlag, der 2002 auf dem Tisch lag, könnte es nicht sein. Für Sabine Jung, die streng systemlogisch argumentiert, kommt für die Bundesrepublik als möglicherweise nützlich nur das obligatorische Verfassungsreferendum in Betracht. Gesetzes- und Referendumsinitiative hingegen würden, so ihre Prognose, weil sie einen starken Konkordanzzwang ausüben, die Schwächen des deutschen Systems noch steigern.[36] Frank Decker argumentiert genau umge-

36 Jung (2001) S. 292f.

kehrt.[37] Er plädiert für die Referendumsinitiative (nicht die Gesetzesinitiative) eben wegen des Konsensdrucks, den sie erzeugt. Deutschland sei ohnehin nur durch eine Große Koalition regierbar, u.a. wegen des Bundesrates, aber auch weil das Parteiensystem sich wandle. Da sei es nur schlüssig, den Druck, der in diese Richtung wirkt, zu erhöhen. Man sieht: Die gleichen Ausgangsannahmen müssen nicht zu den gleichen verfassungspolitischen Schlüssen führen.

Wenn das analytische Tableau, das hier entwickelt wurde, auch nicht zu bestimmten Schlussfolgerungen zwingt, so legt es doch eine ganze Reihe von Konklusionen nahe. Zusätzlich mag man daran denken, sich für die verfassungspolitischen Überlegungen an der Frage zu orientieren: Gibt es spezifische Stärken der direkten und spezifische Schwächen der repräsentativen Demokratie, die sich aufeinander beziehen lassen?

Man wird kaum auf Widerspruch stoßen, wenn man darauf hinweist, dass die direkte Demokratie faktisch über ein Legitimierungspotential verfügt, das dem der repräsentativen Demokratie in bestimmten Fällen überlegen ist. Genutzt wird dieses Legitimierungspotential oft für Verfassungsentscheidungen – das obligatorische Verfassungsreferendum ist das bei weitem häufigste direkt-demokratische Entscheidungsverfahren, hat freilich mit dem Problem zu tun, dass es Verfassungsentscheidungen von hoher Technizität gibt. Eingrenzend könnte man deshalb an Konstitutionsentscheidungen in einem elementareren Sinn, Entscheidungen, in denen ein Gemeinwesen sich neu definiert, denken. Der europäische Integrationsprozess verlangt den beteiligten Staaten solche Entscheidungen ab. Für sie, so lässt sich argumentieren, genügen Routineverfahren der Le-

37 Decker (2005). Man könnte seinem Argument auch eine leicht zynische Wendung geben: Auf einen Vetospieler mehr komme es im politischen System der Bundesrepublik nicht an. Das ist freilich die Frage. Jedenfalls eignet sich das Argument schlecht zur Begründung einer Verfassungsreform. Zu Deckers Plädoyer für die Große Koalition ist zu sagen: Auch einer Großen Koalition stünden in Deutschland kampagnefähige Oppositionsparteien gegenüber, denen die fakultative Referendumsinitiative ein willkommenes Instrument wäre. Konkret: Könnte die Linkspartei auf die Referendumsinitiative zugreifen, so hätte das vermutlich erhebliche Auswirkungen auf eine regierende SPD.

gitimierung noch weniger als für die „gewöhnlichen“ verfassungsändernden Entscheidungen. Für diese Fälle, anknüpfend etwa an Art. 23 Abs. 1 Satz 3 GG, auf die Legitimationskraft von Volksentscheiden zurückzugreifen, hat beträchtliche Plausibilität.

Ein zweiter Gesichtspunkt: Dass Volksentscheide faktisch ein überlegenes legitimatorisches Potential haben können, hängt mit ihrer Letztinstanzlichkeit zusammen. Haben die Bürger entschieden, gibt es im demokratischen politischen Prozess keine weitere anrufbare Instanz mehr. Die Vermutung liegt deshalb nahe, dass Volksentscheide besser als Parlamentsbeschlüsse geeignet seien, Konflikte von besonderer Intensität und Grundsätzlichkeit einer von allen akzeptierten oder jedenfalls hingenommenen Lösung zuzuführen. Der schon erwähnte Volksentscheid über die Unabhängigkeit Algeriens, mit dem Staatspräsident de Gaulle den – Bürgerkriegsgefahren bergenden – innerfranzösischen Streit über Algerien beendete, ist ein klassisches Beispiel für das, was Volksentscheide in dieser Hinsicht leisten können. Freilich ist auch der Volksentscheid nur ein Verfahren. Wer darauf beharrt, dass Wahrheit legitimiert und dass er die Wahrheit besitze – man denke an die Kernkraftgegner in Deutschland, als über dieses Thema noch gestritten wurde, oder die Abtreibungsgegner in den USA –, der ist durch kein Verfahren zu beeindrucken. In politischen Konflikten, in denen sich mindestens eine Seite auf Wahrheitsgewissheit beruft, können deshalb auch Volksentscheide nur begrenzt befriedende Wirkungen entfalten.

So wie ihr Legitimationspotential zu den unbestreitbaren Stärken der direkten Demokratie gehört, gehört zu den unbestreitbaren Schwächen der repräsentativen Demokratie, dass sie dazu tendiert, als Parteiendemokratie, die sie in aller Regel ist, eine Selbstbezüglichkeit zu entwickeln, die sie anscheinend nicht aus eigener Kraft unter Kontrolle zu halten vermag, eben weil sie im Wesentlichen durch Parteien handelt. Davon war im dritten Versuch ausführlich die Rede. Überall da, wo es um gemeinsame Interessen der Parteien als Parteien geht – vom Zugriff auf Steuergelder über die Ämterpatronage bis zur Kontrolle der öffentlich-rechtlichen Rundfunkanstalten – neigen die Parteien zur Kartellbildung. Funktioniert aber der Wettbewerb zwischen den Parteien nicht mehr, wird die Parteiendemokratie sehr problematisch. Der Gedanke liegt nahe, dass es eines externen Akteurs als Kontroll- und Korrekturmacht bedarf. Kann das Volk, die Bürgerschaft diese Rolle spielen? Manche Kritiker des Parteienstaates sind sich an diesem Punkt sehr sicher, vermutlich zu sicher.[38] Ihnen kann man entgegenhalten, dass gerade gegen Parteien starke Ressentiments weit verbreitet sind, die für die Ausübung eines Wächteramtes jedenfalls nicht die beste Qualifikation sind. Aber es bleibt dabei: Die Fähigkeit der Parteiendemokratie zur Selbstkontrolle und Selbstkorrektur ist, vorsichtig ausgedrückt, begrenzt. Die repräsentativ verfasste Demokratie muss auf diese ihre Schwäche in irgendeiner Weise reagieren. Und sie muss sich dabei vor Augen halten: Was immer eine Dosis direkter Demokratie zu bewirken vermag, für ihre Glaubwürdigkeit als politische Ordnung kann die repräsentative Demokratie letztlich nur selbst einstehen.

Eines sollte bei allen Kontroversen in der Sache klar sein: Wie der wissenschaftliche so darf auch der verfassungspolitische Diskurs nicht in normativer Engführung hinter das Komplexitätsniveau zurückfallen, das die moderne Demokratie in ihrer tatsächlichen Entwicklung erreicht hat.

Literatur:

Abromeit, Heidrun (2003): Nutzen und Risiken direktdemokratischer Instrumente. In: Offe, Claus (Hrsg.): Demokratisierung der Demokratie. Diagnosen und Reformvorschläge. Frankfurt a.M./New York.

v. Arnim, Hans-Herbert (2001): Das System. Die Machenschaften der Macht. München.

Billerbeck, Rolf (1989): Plebiszitäre Demokratie in der Praxis. Zum Beispiel Kalifornien. Berlin.

Bobbio, Norberto (1987): The Future of Democracy. Minneapolis.

Bowler, Shawn/Donovan, Todd/Tolbert, Caroline (Hrsg.) (1998): Citizens as Legislators. Direct Democracy in the United States. Columbus.

38 Ein unermüdlicher, scharfer Kritiker der Parteiendemokratie, der sich von der direkten Demokratie viel verspricht, ist Hans-Herbert v. Arnim. v. Arnim (2001).

Brennan, Geoffrey/Hamlin, Alan (2000): Democratic Devices and Desires. Cambridge.

Brunetti, Aymo/Straubhaar, Thomas (1996): Direkte Demokratie – „bessere" Demokratie? Was lehrt uns das Schweizer Beispiel? In: Zeitschrift für Politikwissenschaft 6 S. 7-26.

Budge, Ian (1996): The New Challenge of Direct Democracy. Cambridge.

Butler David/Ranney, Austin (Hrsg.) (1994): Referendums Around the World. The Growing Use of Direct Democracy. Washington/D.C.

Capretti, Anna (2001): Öffnung der Machtstrukturen durch Referenden in Italien. Frankfurt a.M.

Christmann, Anna (2009): In welche politische Richtung wirkt die direkte Demokratie? Rechte Ängste und linke Hoffnungen in Deutschland m Vergleich zur direkt-demokratischen Praxis in der Schweiz. Baden-Baden.

Cronin, Thomas. E. (1989): Direct Democracy. The Politics of the Initiative, Referendum, and Recall. Cambridge/Ma.

Dahl, Robert (1982): Dilemmas of Pluralist Democracy. Autonomy versus Control. New Haven.

Decker, Frank (2005): Die Systemverträglichkeit der direkten Demokratie. Dargestellt an der Diskussion um die Einführung von plebiszitären Elementen in das Grundgesetz. In: Zeitschrift für Politikwissenschaft 15 S. 1103-1147.

Estel, Denise (2006): Bundesstaatsprinzip und direkte Demokratie im Grundgesetz. Baden-Baden.

Eule, Julian N. (1990): Judicial Review of Direct Democracy. In: Yale Law Journal 99 S. 1503-1590.

Feld, Lars P./Huber Peter. M./Jung, Otmar /Welzel. Christian/ Wittreck, Fabian (Hrsg.): Jahrbuch für direkte Demokratie. Baden-Baden.

Fossedahl, Gregory A. (2002): Direct Democracy in Switzerland. New Brunswick/London.

Fraenkel, Ernst (1958): Die repräsentative und die plebiszitäre Komponente im demokratischen Verfassungsstaat. Tübingen.

Freitag, Markus/Wagschal, Uwe (Hrsg.) (2007): Direkte Demokratie. Bestandsaufnahme und Wirkungen im internationalen Vergleich. Münster.

Frey, Bruno (1994): Direct Democracy. Politico-Economic Lessons from Swiss Experience. In: American Economic Review. Papers and Proceedings 84 S. 338-342.

Gallagher, Michael/Ulevi, Pier Vincenzo (Hrsg.) (1996): The Referendum Experience in Europe. London/New York.

Glaser, Ulrich (1997): Direkte Demokratie als politisches Routineverfahren: Volksabstimmungen in den USA und in Kalifornien. Erlangen/Jena.

Greifeld, Andreas (1983): Volksentscheid durch Parlamente. Wahlen und Abstimmungen vor dem Grundgesetz der Demokratie. Berlin/München.

Gross, Andreas/Kaufmann, Bruno (2002): IRI Europe Länderindex zur Volksgesetzgebung. Amsterdam.

Grote, Rainer (1996): Direkte Demokratie in den Staaten der Europäischen Union. In: Staatswissenschaften und Staatspraxis 7 S. 317-363.

Hager, Lutz (2005): Wie demokratisch ist die direkte Demokratie? Eine Wachstumstheorie der Demokratie. Volksinitiativen im Kalifornien. Wiesbaden.

Hamon, Francis (1995): Le Référendum . Étude comparative. Paris.

Hertig, Hans Peter (1982): Sind Abstimmungserfolge käuflich? Elemente der Meinungbildung bei eidgenössischen Abstimmungen. In: Schweizerisches Jahrbuch für Politische Wissenschaft 22 S. 35-57.

Hermann K. Heußner (1994): Volksgesetzgebung in den USA und in Deutschland. Ein Vergleich der Normen, Funktionen, Probleme und Erfahrungen. Köln u.a.

Heußner, Hermann K./Jung, Otmar (Hrsg.) (2009): Mehr direkte Demokratie wagen. Volksentscheid und Bürgerentscheid. Geschichte – Praxis – Vorschläge. München 2.Aufl.

Ismayr, Wolfgang (2004): Die politischen Systeme der EU-Beitrittsländer im Vergleich. In: Aus Politik und Zeitgeschichte B 5-6 .

Jung, Otmar (1989): Direkte Demokratie in der Weimarer Republik. Frankfurt a.M.

Jung, Otmar (1994): Grundgesetz und Volksentscheid. Gründe und Reichweite der Entscheidungen des Parlamentarischen Rates gegen Formen direkter Demokratie. Opladen.

Jung, Sabine (2001): Die Logik direkter Demokratie. Wiesbaden.

Kaufmann, Bruno (2007): Guidebook to Direct Democracy and Beyond. Bern 2.Aufl.

Kaufmann, Bruno/Walters, Dane (Hrsg.) (2004): Direct Democracy in Europe. Durham.

Kielmansegg, Peter Graf (1996): Parlamentarisches System und direkte Demokratie. In: Akademie-Journal 2 S. 2-5.

Klages, Andreas/Paulus, Petra (1996): Direkte Demokratie. Impulse aus der deutschen Einheit. Marburg.

Kobach, Kris (1993): The Referendum. Direct Democracy in Switzerland. Aldershot u.a.

Kranenpohl, Uwe (2003): Rousseau vs. Hamilton? Volksgesetzgebung und Verfassungsgerichtsbarkeit im Widerstreit. In: Schmitt, Karl (Hrsg.): Herausforderungen der repräsentativen Demokratie . Baden-Baden. S. 157-174.

Kriesi, Hanspeter (2005): Direct Democratic Choice. The Swiss Experience. Lanham u.a.

Le Duc, Lawrence (2003): The Politics of Direct Democracy. Referendums in Global Perspective. Peterborough

Linder, Wolf (1999): Direkte Demokratie. In: Klöti, Ulrich/Knoepfel, Peter/ Kriesi, Hanspeter/Linder, Wolf/Papadopoulos, Yannis (Hrsg.): Handbuch der Schweizer Politik. Zürich. S. 109-130.

Lijphart, Arend (1999): Patterns of Democracy. Government Forms and Performance in Thirty-Six Countries. New Haven/London.

Loewenstein, Karl (1964): Volk und Parlament nach der Staatstheorie der französischen Nationalversammlung von 1789. Studien zur Dogmatik der unmittelbaren Volksgesetzgebung. Aalen. (Erstveröffentlichung 1922).

Marschall, Stefan (1997): Ist das unmittelbare Personenvotum ein „direktdemokratisches" Verfahren? In: Zeitschrift für Politikwissenschaft 7 S. 845 – 862.

Matsusaka, John G.(2004): For the Many or the Few. The Initiative, Public Policy and American Democracy. Chicago.

Möckli, Silvano (1994): Direkte Demokratie. Ein internationaler Vergleich. Bern.

Möckli, Silvano (1998): Direktdemokratische Einrichtungen und Verfahren in den Mitgliedstaaten des Europarates. In: Zeitschrift für Parlamentsfragen 29 S. 90-107.

Neidhart, Leonhard (1970): Plebiszit und pluralitäre Demokratie. Eine Analyse der Funktionen des schweizerischen Gesetzesreferendums. Bern.

Neumann, Peter (2009): Sachunmittelbare Demokratie im Bundes- und Landesrecht unter besonderer Berücksichtigung der neuen Länder. Baden-Baden.

Niclauß, Karlheinz (1992): Der Parlamentarische Rat und die plebiszitären Elemente. In: Aus Politik und Zeitgeschichte B 45/92 S. 3-15.

Pallinger, Zoltan/Kaufmann, Bruno/Marxer, Winfried/Schiller, Theo (Hrsg.) (2007): Direct Democracy in Europe. Developmemts and Prospects. Wiesbaden.

Papadopoulos, Yannis (1998): Démocratie directe. Paris.

Papadopoulos, Yannis (2001): How Does Direct Democracy Matter? The Impact of Referendum Votes on Politics and Policy-Making. In: West European Politics 24, 2 S. 35-58.

Rosenberg, Shawn W. (Hrsg.) (2007): Deliberation, Participation and Democracy. Can the People Govern? New York u.a.

Rux, Johannes (2008): Direkte Demokratie in Deutschland. Rechtsgrundlagen und Rechtswirklichkeit der direkten Demokratie in der Bundesrepublik Deutschland und ihren Ländern. Baden-Baden.

Rüther, Günther (Hrsg.) (1996):Repräsentative oder plebiszitäre Demokratie – eine Alternative? Grundlagen, Vergleiche, Perspektiven. Baden-Baden.

Schiffers, Reinhard (1971): Elemente direkter Demokratie im Weimarer Regierungssystem. Düsseldorf.

Schiffers, Reinhard (1996): Weimarer Erfahrungen: Orientierungshilfe für die Aufnahme plebiszitärer Elemente in das Grundgesetz? In: Zeitschrift für Politikwissenschaft 6 S. 349-374.

Schmidt, Manfred G. (2003): Lehren der Schweizer Referendumsdemokratie. In: Offe, Claus (Hrsg.): Demokratisierung der Demokratie. Frankfurt a.M. S. 111-123.

Schweizerische Vereinigung für Politische Wissenschaft (1991): Direkte Demokratie. SVPW-Jahrbuch 31. Bern u.a.

Schwieger, Christoph (2005): Volksgesetzgebung in Deutschland. Der wissenschaftliche Umgang mit plebiszitärer Gesetzgebung auf Reichs- und Bundesebene in Weimarer Republik, Drittem Reich und Bundesrepublik Deutschland. Berlin.

Setälä, Maija (1999): Referendums and Democratic Governments. Normative Theory and the Analysis of Institutions. Basingstoke u.a.

Stelzenmüller, Constanze (1994): Direkte Demokratie in den Vereinigten Staaten von Amerika. Baden-Baden.

Sternberger, Dolf (1971): Nicht alle Gewalt geht vom Volke aus. Stuttgart u.a.

Suksi, Markku (1993): Bringing in the People. A Comparison of Constitutional Forms and Practices of the Referendum. Dordrecht u.a.

Tsebelis, George/Hug, Simon (2002): Veto-Players and Referendums around the World. In: Journal of Theoretical Politics 14 S. 465-515.

Thibaut, Bernhard (1998): Institutionen direkter Demokratie in Lateinamerika. In: Zeitschrift für Parlamentsfragen 29 S. 107-127.

Vogel, Wolfram (2001): Demokratie und Verfassung in der V. Republik. Frankreichs Weg zur Verfassungsstaatlichkeit. Opladen.

Wagschal, Uwe (1997): Direct Democracy and Public Policy Making. In: Journal of Public Policy 17 S. 223-245.

Wagschal, Uwe/Obinger, Herbert (2000): Der Einfluss der Direktdemokratie auf die Sozialpolitik. In: Politische Vierteljahresschrift 41 S. 466-497.

Zimmerman, Joseph F. (1999): The Initiative. Citizen Law-Making. Westport/CT.

Zisk, Betty H. (1987): Money, Media, and the Grass Roots. State Ballot Issues and the Electoral Process. Newbury Park.

Fünfter Versuch. Die Instanz des letzten Wortes.

Verfassungsgerichtsbarkeit und Gewaltenteilung in der Demokratie.

Die Ehe zwischen der Demokratie und dem Verfassungsstaat ist, das darf man gut 200 Jahre nach dem Eintritt des demokratischen Verfassungsstaates in die Geschichte wohl sagen, eine glückliche. Aber es ist eine Ehe. Und was für jede Ehe gilt, gilt auch für diese: Es gibt nicht nur Harmonie, es gibt auch Spannungen. Etwas anders formuliert: Das demokratische Prinzip – alle Gewalt geht vom Volk aus – und das Verfassungsprinzip – alle Staatsgewalt soll rechtsgebunden ausgeübt werden – sind im demokratischen Verfassungsstaat eine sehr erfolgreiche Symbiose eingegangen. Mehr noch: Die Erfahrung gerade des 20. Jahrhunderts spricht dafür, dass sie, jedenfalls unter Bedingungen der Modernität, nur miteinander überleben können, die Demokratie nur in verfassungsstaatlicher Gestalt und der Verfassungstaat nur auf demokratischem Fundament. Aber wie es in der Symbiose zwei verschiedene Lebewesen sind, die sich miteinander verbinden, so muss auch der demokratische Verfassungsstaat als die Synthese zweier verschiedener Grundprinzipien verstanden werden, zwischen denen keine prästabilierte Harmonie herrscht.[1]

Dabei sind durchaus unterschiedliche Mischungs- und Verbindungsverhältnisse möglich – demokratietypologische Überlegungen könnten an diesem Punkt ansetzen. Und es mag sein, dass die Varianz umso größer wird, je weiter der Siegeszug, den die Demokratie in der zweiten Hälfte des 20. Jahrhunderts angetreten zu haben scheint, sie über den Globus führt.

Von allen Faktoren, die das „Mischungs- und Verbindungsverhältnis" beeinflussen, ist vermutlich die Existenz oder Nichtexistenz eines Verfassungsgerichtes der bedeutendste. Verfassungsgerichts-

1 Um das Verständnis dieser Synthese geht es in der Studie von Birgit Enzmann (2009).

barkeit, so kann man es oft lesen, stelle die Krönung, den Schlussstein des Verfassungsstaates dar. In der Tat: Das Prinzip der Bindung aller staatlichen Gewalt an das Recht vollendet sich in der Rechtsbindung auch des Gesetzgebers, der Bindung auch und gerade der rechtsetzenden Gewalt an ein Recht höheren Ranges, die Verfassung. Und diese Bindung wiederum ist nur dann wirklich eine Bindung, wenn es eine Instanz gibt, die sie gegenüber dem Gesetzgeber geltend zu machen vermag. Eben das ist die Kernkompetenz der Verfassungsgerichtsbarkeit, und nur um diese Kernkompetenz soll es hier gehen: Verfassungsgerichte haben die Bindung des Gesetzgebers an die Verfassung zu gewährleisten. Sie erfüllen diese Aufgabe mit Hilfe der Befugnis, verfassungswidrige Gesetze außer Kraft zu setzen. Mit eben dieser Kernkompetenz ist die Verfassungsgerichtsbarkeit aber nicht nur Schlussstein und Krönung des Verfassungsstaates, sondern zugleich auch die Institution, in welcher die dem Doppelwesen demokratischer Verfassungsstaat eigentümliche Spannung zwischen Verfassungsprinzip und Demokratieprinzip am sichtbarsten zutage tritt. Diese Spannung wird uns im Folgenden beschäftigen.

Genau genommen birgt schon die Idee des Vorrangs der Verfassung vor dem Gesetz als solche das Problem.[2] Aber es bricht erst mit der Institutionalisierung des Vorrangs in Gestalt der Verfassungsgerichtsbarkeit wirklich auf. Drei Schritte werden zu tun sein. In einem ersten Schritt wird die Problematik der Institution Verfassungsgerichtsbarkeit im Spannungsfeld der beiden konstitutiven Prinzipien des demokratischen Verfassungsstaates schärfer herauszuarbeiten sein. Die Frage wird zu stellen sein: Was tut eine Instanz eigentlich, die die Verfassung verbindlich auslegt? Es muss sichtbar werden (und diese Frage kann es sichtbar machen): Dass Demokratien sich überhaupt auf Verfassungsgerichtsbarkeit eingelassen haben, ist alles andere als selbstverständlich. In der Bundesrepublik mit ihrer, alles in allem, sehr erfolgreichen Verknüpfung von Demokratie und Verfassungsgerichtsbarkeit ist das etwas in Vergessenheit geraten.

2 Das wird deutlich, sobald man sich an der Aufgabe versucht, den Vorrang der Verfassung demokrathietheoretisch schlüssig zu begründen. Tatsächlich sind nur pragmatische Antworten möglich. Dazu Kielmansegg (1988).

In einem zweiten Schritt wird dann zu prüfen sein, ob das Nicht-Selbstverständliche theoretisch stimmig gemacht werden kann; ob, heißt das, Verfassungsgerichtsbarkeit argumentativ überzeugend in die Demokratie eingebettet werden kann. Es fehlt natürlich nicht an Versuchen, das zu tun. Wir werden sie in Augenschein nehmen müssen. Theoretisch schlüssige Lösungen des Spannungsverhältnisses erklären freilich noch nicht die bemerkenswerte Tatsache, dass in einer wachsenden Zahl von Demokratien ein Gericht als Instanz des letzten Wortes im politischen Raum nicht nur (fast) widerspruchslos hingenommen wird, sondern sich allgemeiner Zustimmung und allgemeinen Vertrauens erfreut. Sie wird uns in einem dritten Schritt beschäftigen. Dabei ist anzunehmen, dass Argumentationsstrategien zur Rechtfertigung von Verfassungsgerichtsbarkeit, wie sie im zweiten Schritt erörtert werden, für die Bereitschaft einer weiten Öffentlichkeit, Verfassungsgerichtsbarkeit zu akzeptieren und Verfassungsgerichten zu vertrauen, wenig bedeutsam sind. Diesen drei Schritten vorangestellt ist eine kurze historische Betrachtung, die die Ursprünge des modernen demokratischen Verfassungsstaates in den Revolutionen des ausgehenden 18. Jahrhunderts ins Auge fasst und in diesen Ursprüngen sowohl auf die Anfänge der Verfassungsgerichtsbarkeit als auch auf den demokratischen Vorbehalt gegen Verfassungsgerichtsbarkeit stößt.

I.

Logisches Denken vorausgesetzt stellt sich die Frage, wie denn die Bindung des Gesetzgebers an die Verfassung gewährleistet werden könne, unausweichlich von dem Augenblick an, in dem Verfassung und Gesetz gedanklich klar voneinander unterschieden werden und der Verfassung ein Geltungsvorrang vor dem Gesetz zugesprochen wird. Tatsächlich war der Gedanke des Vorranges des Verfassungsrechts vor dem Gesetzesrecht in den Verfassungsdebatten der beiden epochalen demokratischen Revolutionen des späten 18. Jahrhunderts, der amerikanischen und der französischen, die sich ja beide wesentlich in Akten der Verfassungsgebung verwirklichten, in aller Klarheit präsent. Die Verfassung wurde als ein Rechtsgehäuse begriffen, in dem sich die verfassten Gewalten, also auch der Gesetzgeber, zu bewegen haben würden. Damit war die Frage nach der Kontrolle des Gesetzgebers aufgeworfen, und sie wurde auch erörtert. Aber weder diesseits noch jenseits des Atlantiks entschied man sich für ein Gericht als Kontrollinstanz. Zweite Kammern, also Gewaltenteilung innerhalb der Legislative, oder ein suspensives Veto der Exekutive, des Präsidenten im amerikanischen Fall, des Königs im Fall der französischen Verfassung von 1791, waren die Mittel der Wahl. Und es ging dabei auch mehr um die Kontrolle der Legislativmacht im Allgemeinen als um die Kontrolle der Verfassungsmäßigkeit von Gesetzen im Besonderen.[3]

Durch diese Parallele darf man sich freilich nicht täuschen lassen. Im französischen Fall war das Nein zu einer gerichtlichen Kontrolle des Gesetzgebers, ganz ausdrücklich ausgesprochen gegenüber dem von Sieyès in die Verfassungsberatungen von 1795 eingebrachten Vorschlag einer *jurie constitutionnaire*, ein endgültiges, auf die Überzeugung vom Vorrang des Volkssouveräns, der sich im Gesetz artikuliere, gegründet. Für die französischen Revolutionäre war es, was immer die Logik des Verfassungsstaates verlangen mochte, eben doch undenkbar, dass die eben erst souverän gewordene Nation, die durch die Nationalversammlung handelte, sich einem Richterspruch unterwerfen könnte. Und so ist es bis 1971 geblieben. Im amerikanischen Fall, vor dem Hintergrund einer ganz anderen Geschichte, ließ das Schweigen der Verfassung die Frage einfach nur offen, und innerhalb von weniger als zwei Jahrzehnten wurde sie bekanntlich zugunsten des Kontrollrechtes der rechtsprechenden Gewalt im Allgemeinen und des *Supreme Court* als letzter Instanz im Besonderen entschieden.

Wie man weiß, war es ein Akt judikativer Usurpation, der die moderne Verfassungsgerichtsbarkeit begründete. Im Jahr 1803 sprach sich der *Supreme Court* in der berühmten Entscheidung Marbury vs. Madison das Recht, ja die Pflicht, Gesetze am Maßstab der

3 Zu den Debatten in Frankreich Vogel (2001). Die Verfassungen von 1791 (Titel III, Kap. V, Art. 3) und 1795 (Achter Titel, Art. 203) untersagten es den Richtern ausdrücklich, die Gültigkeit eines Gesetzes in Frage zu stellen. Für die Verfassung von 1793, die sich mit der Dritten Gewalt insgesamt schwer tat, verstand sich das von selbst. Zu den USA: Alleweldt (1996); Elster (1995); Marcus (1995); Stourzh (1974); Stourzh (1979).

Verfassung zu messen und gegebenenfalls für verfassungswidrig zu erklären, selbst zu.[4] Aber diese richterliche Selbstermächtigung konnte sich auf eine schon etablierte verfassungsstaatliche Tradition, die sie stützte, ihr jedenfalls nicht entgegenstand, berufen. Der Gedanke, dass ein Gemeinwesen sich auf eine kodifizierte Verfassung zu gründen habe und dass diese kodifizierte Verfassung natürlich auch den Gesetzgeber binde, hatte im kolonialen Amerika feste Wurzeln geschlagen. Für die Vorstellung, dass die Gerichte die Verfassungsmäßigkeit der Gesetze zu prüfen hätten, kann man das nicht sagen. Aber ganz fremd war auch diese Vorstellung dem kolonialen Amerika nicht. Es gab Beispiele. Und eines der bekanntesten, wenn auch sicher nicht einflussreichsten Mitglieder des Verfassungskonventes von Philadelphia, Alexander Hamilton, hat in den „Federalist Papers", also im unmittelbaren Anschluss an die Beratungen des Konventes, während der Ratifizierungsdebatten, nachdrücklich die These vertreten, die gerichtliche Kontrolle der Verfassungsmäßigkeit der Gesetze sei die einzige Möglichkeit, die Bindung des Gesetzgebers an die Verfassung zu sichern.[5] Sie sei, so muss man ihn lesen, implizit auch von der neuen Unionsverfassung gewollt. Seine Argumentationsweise legt die Vermutung nahe, dass seine These bei seinen Lesern gewiss nicht unumstritten war, aber auch nicht einfach als abwegig erschien.

Das Schweigen der Verfassung von 1789 wird also tatsächlich nicht als ein klares Votum des Verfassungsgebers gegen richterliche Normenkontrolle gelesen werden dürfen. Gleichwohl: Die Entscheidung des *Supreme Court* von 1803 war ein Akt der Selbstermächtigung. Dass er kaum auf Widerspruch stieß, bleibt erstaunlich, auch wenn man die verfassungsstaatliche Tradition der Gemeinwesen des kolonialen britischen Nordamerikas in Rechnung stellt.

Zwei Gründe mögen dabei eine Rolle gespielt haben. Zum einen hat in der amerikanischen Verfassungsdiskussion, wie sie sich in den „Federalist Papers" spiegelt, die Furcht vor dem Missbrauch der Mehrheitsmacht, Demokratiefurcht, wie man handfester wohl auch sagen könnte, eine besondere Rolle gespielt. Das Problem legislati-

4 Zu dieser Entscheidung Irons (1999) Kap. 9.
5 Federalist Papers Nr. 78. Zu Hamiltons Argumentation Alleweldt (1996).

ver, nicht etwa exekutiver Tyrannei war ein Zentralthema dieser Debatte; die „Federalist Papers" erklärten die Gefahr legislativen Machtmissbrauchs zur Hauptschwäche des „popular government". Gewiss, in den „Federalist Papers" sprach sich ein Parteistandpunkt aus, aber eben doch ein Parteistandpunkt von großem Gewicht – er dominierte die Verfassungsdebatte. Je entschiedener man von der Notwendigkeit einer Kontrolle der gewählten legislativen Mehrheit überzeugt war, desto einleuchtender wurde der Gedanke, sie einer nicht-gewählten Instanz anzuvertrauen.

Der zweite Grund: Die USA wurden, anders als etwa Frankreich, als Bundesstaat gegründet, sie waren der erste moderne Bundesstaat überhaupt. Im Bundesstaat stellt sich unabweisbar die Aufgabe, legislative Kompetenzkonflikte zwischen Bund und Gliedstaaten zu entscheiden, das heißt Gesetze des Bundes wie der Gliedstaaten an den Kompetenzverteilungsnormen der Bundesverfassung zu messen und gegebenenfalls für mit ihnen unvereinbar zu erklären.[6] Es liegt sehr nahe, auch wenn es nicht zwingend ist, für diese Aufgabe an eine neutrale Schiedsinstanz, also ein Gericht zu denken. Damit aber ist die Tür mehr als nur einen Spalt breit geöffnet. Der Gedanke umfassender Überprüfung der Verfassungsmäßigkeit der Gesetzgebung durch ein Gericht kann sich durch diesen breiten Spalt leicht hereindrängen.

Wie auch immer: Richterliche Normenkontrolle, *judicial review*, wurde von diesem frühen Zeitpunkt an ein ganz selbstverständlicher, im Grundsatz unumstrittener Teil der amerikanischen Verfassungspraxis. Nachgeahmt aber wurde die amerikanische „Erfindung" kaum. Der Triumphzug der Verfassungsgerichtsbarkeit – und von einem solchen muss man inzwischen in der Tat sprechen – in der Welt der Demokratien hat erst in der zweiten Hälfte des 20. Jahr-

6 Der Verfassungskonvent, so das Urteil der Historiker, war sich wenn auch nicht über Verfassungsgerichtsbarkeit im Allgemeinen so doch darüber einig, dass die Gerichte des Bundes berechtigt sein sollten, kompetenzüberschreitende Gesetze der Gliedstaaten für verfassungswidrig zu erklären.

hunderts begonnen[7] Ihre Skepsis bewahrt haben sich vor allem die älteren traditionsreichen Demokratien, die skandinavischen Staaten,[8] auch die Niederlande, die richterliche Normenkontrolle von Verfassungs wegen bis heute explizit verbieten (Art. 120), die Schweiz, die sich auf das für Bundesstaaten gebotene Minimum, die Überprüfung von gliedstaatlichen Gesetzen an der Bundesverfassung, beschränkt; über lange Zeit auch Frankreich, wo es dann freilich unter dem Regime der Fünften Republik zu dramatischen Veränderungen kam. In Großbritannien sind mangels einer kodifizierten Verfassung auch nur die formalen Voraussetzungen für eine Verfassungsgerichtsbarkeit nie gegeben gewesen.

Deutschland, die Bundesrepublik Deutschland, führt mit seiner Gründungsentscheidung für ein kompetenzenreiches Verfassungsgericht den späten Triumphzug an. Viele der jungen, sich neu konstituierenden Demokratien der zweiten Jahrhunderthälfte haben sich das Bundesverfassungsgericht zum Vorbild genommen. War es in der frühen amerikanischen Debatte wesentlich die „Demokratiefurcht", die die Suche nach Möglichkeiten der Kontrolle der gesetzgebenden Gewalt bestimmte, so wurde im Durchbruch und Siegeszug der Verfassungsgerichtsbarkeit in den Jahrzehnten nach dem Zweiten Weltkrieg vor allem die Diktaturerfahrung wirksam – in Deutschland wie in Italien, in Spanien wie in Griechenland, in so gut wie allen ostmitteleuropäischen Demokratien, um nur die wichtigsten Beispiele zu nennen. Man kann das so deuten, dass Diktatur, totalitäre Herrschaft weniger als Demokratieverlust denn als Rechtsverlust erfahren und verarbeitet wird, weshalb die Herrschaft des

7 Vor 1945, so Wahl (2001) S. 45, habe es nur in den USA, der Schweiz, in Österreich und Irland Verfassungsgerichtsbarkeit unterschiedlichen Umfangs gegeben. Da implizite Normenkontrolle sich im Verfassungsstaat jederzeit, auch schleichend im Wege der Selbstermächtigung der Gerichte entwickeln kann, sind präzise Aussagen dieser Art nicht ganz einfach zu treffen.

8 § 14/Kap. 11 der schwedischen Verfassung zeigt anschaulich, dass einerseits die Idee der richterlichen Normenkontrolle auch in Skandinavien Boden gewinnt, andererseits die traditionellen Vorbehalte aber noch fortwirken. Wenn es sich um Vorschriften des Reichstages oder der Regierung (!) handelt, soll die Normenkontrollbefugnis nur bei „offenbaren Fehlern" wirksam werden. Damit können eigentlich nur eklatante Verfahrensfehler gemeint sein.

Rechts in einem umfassenden Sinn als einer zusätzlichen, letztinstanzlichen Sicherung bedürftig erscheint.

Unter allen einschlägigen Entwicklungen ist die schon angesprochene französische vielleicht das eindringlichste Indiz dafür, dass Verfassungsgerichtsbarkeit tatsächlich auf einem unaufhaltsamen Vormarsch ist. Gegen alle französische Tradition, gegen das tief in der politischen Kultur Frankreichs verwurzelte Dogma, dass ein *gouvernement des juges* mit der Souveränität der Nation unvereinbar sei, hat sich in der Fünften Republik eine starke Verfassungsgerichtsbarkeit, ausgeübt vom *Conseil constitutionnel*, herausgebildet.[9] Gewiss, dabei haben Zufälle eine Rolle gespielt. Und wie im amerikanischen Fall war ein kühner Akt der Selbstermächtigung – hier des *Conseil constitutionnel* – entscheidend. Aber trotzdem ist die junge Institution Verfassungsgerichtsbarkeit in Frankreich weithin akzeptiert – das ist das Bemerkenswerte, das Aussagekräftige an dieser Entwicklung.

II.

Was tun Verfassungsgerichte eigentlich? Je präziser die Antwort auf diese Frage ausfällt, desto deutlicher wird sichtbar, dass in Verfassungsgerichten die für den demokratischen Verfassungsstaat konstitutive Spannung zwischen Verfassungsprinzip und Demokratieprinzip tatsächlich kulminiert. Ist Verfassungsgerichtsbarkeit wirklich Gerichtsbarkeit? Der Form nach gewiss – Verfassungsgerichte sind als Gerichte verfasst und treffen ihre Entscheidungen justizförmig. Das ist, wie noch zu zeigen sein wird, alles andere als bedeutungslos. Aber was für Entscheidungen treffen sie? Ist das Nötige und Treffende gesagt, wenn man antwortet: Wie alle Gerichte legen auch die Verfassungsgerichte Rechtsnormen aus, um aus ihnen Entscheidungen für konkrete Streitfälle abzuleiten?

Die Parallele führt in die Irre. Die „Auslegung" der Verfassung ist etwas grundlegend anderes als die Auslegung des Gesetzes. Das hat zum einen damit zu tun, dass die Stellung der Verfassungsgerichtsbarkeit im Gewaltenteilungssystem eine ganz andere ist als die

9 Dazu Stone (1992) und Vogel (2001).

der Gerichtsbarkeit. Zum andern damit, dass Verfassung und Gesetz zwei höchst unterschiedliche Aggregatzustände des Rechts sind. Beide Gesichtspunkte bedürfen der Erläuterung. In der Gewaltenteilungsordnung sind die Gerichte dem Gesetzgeber eindeutig nachgeordnet. Die Bindung des Richters an das Gesetz ist abgesichert durch eine effektive Unterordnung der Gerichte unter den Gesetzgeber. Das heißt: Die legislative Gewalt vermag die judikative Gewalt prinzipiell mit dem Instrument des Gesetzes zu steuern. Das Verhältnis zwischen Verfassungsgericht und Verfassungsgesetzgeber ist ein ganz anderes. Zwar sind Verfassungsgerichte natürlich an die Verfassung gebunden und folglich dem Verfassungsgesetzgeber nachgeordnet. Aber die Parallele ist nur eine scheinbare. Der Gesetzgeber ist im Prinzip jederzeit handlungsfähig und aktiv. Das parlamentarische System ist geradezu darauf angelegt, dass handlungsfähige Mehrheiten sich im Parlament nicht nur von Fall zu Fall bilden, sondern verlässlich, stetig verfügbar sind. Die Bedingungen der Möglichkeit, den Vorrang der gesetzgebenden vor der rechtsprechenden Gewalt tatsächlich geltend zu machen, sind systemisch gewährleistet. Mit der verfassungsändernden Gesetzgebung verhält es sich ganz anders. Die einschlägigen Regeln zielen darauf ab, die Änderung der Verfassung zu erschweren, die Verfassung dem Zugriff gesetzgebender Mehrheiten zu entziehen. Die Verfassung ist das eine Gesetz, das gerade nicht einfach zur Disposition der Politik steht und stehen soll. Handlungsfähigkeit zu Zwecken der Verfassungsänderung muss immer gegen die Logik des politischen Alltags geschaffen werden. Das gibt der Auslegungsinstanz eine einzigartige Stellung. Sie ist tatsächlich „Instanz des letzten Wortes“ (Josef Isensee). Die gesetzgebende Gewalt vermag die rechtsprechende in dieser besonderen Relation nicht wirklich zu steuern. Der Verfassungsgesetzgeber, so will es das Regelwerk des Verfassungsstaates, kann nur ausnahmsweise intervenieren.

Das gilt umso mehr, je höher die Hürden für die verfassungsändernde Gesetzgebung sind. In den USA etwa sind sie extrem hoch. In mehr als 200 Jahren hat es nur 27 Änderungen, *amendments*, der amerikanischen Verfassung gegeben. Und es ist dem Verfassungsgesetzgeber nur viermal gelungen, die verfassungsauslegende Instanz, den *Supreme Court*, durch eine Verfassungsänderung gezielt zu überspielen.[10] In der Bundesrepublik sind Verfassungsänderungen sehr viel häufiger, die Hürden sind weniger hoch. Aber auch in Deutschland haben wir die Erfahrung gemacht, dass verfassungsändernde Mehrheiten, Mehrheiten, zu denen Regierung und Opposition zusammenfinden müssen, nur schwer zusammenzubringen sind, sobald etwas auf dem Spiel steht. Und so soll es ja auch sein. Das aber bedeutet: Die Auslegungsinstanz ist in hohem Maß autonom.

Das zweite Argument lautete, Verfassung und Gesetz seien zwei höchst unterschiedliche Aggregatzustände des Rechts. Gewiss: Jeder Richter „legt aus". Aber er tut das im Regelfall eingebunden in ein dichtes System, ein engmaschiges Netz von ganz überwiegend präzisen Normen – Generalklauseln sind die Ausnahme;[11] eingebunden zudem in Konsistenzzwänge, die sich aus der hierarchischen Ordnung der Auslegungsinstanzen wie auch aus ihrem Nebeneinander ergeben. Die Spielräume jeder einzelnen Auslegungsinstanz sind begrenzt.

Ganz anders bei der „Auslegung" der Verfassung. Die Verfassung ist, jedenfalls in ihrem Grundrechtsteil, aber keineswegs nur in ihrem Grundrechtsteil, ein Gesetz, das aus Generalklauseln besteht. Verfassungsauslegung ist folglich ein Prozess der fortlaufenden Konkretisierung konkretisierungsbedürftiger Normen. Die Verfassung, um es pointiert zu sagen, entsteht im Zuge ihrer Konkretisierung durch Auslegung. Der Verfassungsstaat ist, wie Ernst Rudolf Huber es gelegentlich formuliert hat, notwendig Verfassungsauslegungsstaat.[12] Konkretisierung heißt: Es wird nicht durch Deduktion aus den Generalklauseln des Verfassungsrechts hergeleitet, was in ihnen durch den Verfassungsgesetzgeber schon vorentschieden ist, vielmehr wird in der Konkretisierung der Verfassungssätze gerade das

10 Ely (1992) S. 46. Siehe ferner Baker (1995).

11 Richterrecht entsteht natürlich auch in anderen Bereichen der Rechtsprechung. In Deutschland sind bedeutende Teile des Arbeitsrechts das wichtigste Beispiel. Aber Richterrecht dieser Reichweite kann nur entstehen, wenn und weil der Gesetzgeber das Feld freigibt. Er könnte von seiner Legislativmacht jederzeit Gebrauch machen. Für den Verfassungsgesetzgeber gilt das aus den dargelegten Gründen eben nicht.

12 Huber (1968) S. 195.

entschieden, was noch nicht entschieden ist. In der Verfassung, so kann man es auch formulieren, ist nicht mehr als ein normatives Potential angelegt, das erst durch konkretisierende Entscheidungen geltungswirksam gemacht werden muss. Es muss zwischen verschiedenen – nicht beliebig vielen, aber doch mehreren – Optionen der Konkretisierung gewählt werden, von denen keine durch logische Operationen als die dem Text oder dem Sinn der Verfassung gemäßere oder gar einzig gemäße erwiesen werden kann.

Besonders augenfällig wird das, wenn Minderheitenvoten vorgelegt werden dürfen, wie das beim *Supreme Court* und seit 1970 auch beim Bundesverfassungsgericht der Fall ist. Da stehen sich Konkretisierungsoptionen oft in scharfem, ja polemischem Kontrast gegenüber, über die nicht nach den Regeln der deduktiven Logik befunden werden kann, obschon gerade dissentierende Minderheiten oft der Versuchung erliegen, die von ihnen vertretene Auslegungsoption nicht nur als die plausiblere sondern – mit großer Schärfe – als die unter vernünftigen Menschen einzig denkbare zu verfechten. In aller Regel ist sie genau das nicht, weil es die „unter vernünftigen Menschen einzig denkbare" Auslegungsoption da, wo überhaupt ausgelegt werden muss, eben nicht gibt.

Man muss sich nur wenige Schlüsselsätze des Grundgesetzes – von dem hier nur exemplarisch die Rede ist, für andere Verfassungen gilt grundsätzlich nichts anderes – in Erinnerung rufen, um deutlich zu erkennen, dass es in seinem normativen Kern ein aus Generalklauseln zusammengefügter Rahmen ist, von dem ohne Konkretisierungsentscheidungen keine Wirkung ausgehen kann: „Ehe und Familie stehen unter dem besonderen Schutze der staatlichen Ordnung" (Art. 6); „Eigentum verpflichtet. Sein Gebrauch soll zugleich dem Wohle der Allgemeinheit dienen" (Art. 14); „Die Bundesrepublik Deutschland ist ein demokratischer und sozialer Bundesstaat" (Art. 20); und selbst für eine so technisch klingende Verfassungsnorm wie „Das Recht des öffentlichen Dienstes ist unter Berücksichtigung der hergebrachten Grundsätze des Berufsbeamtentums zu regeln" (Art. 33) gilt das gleiche. Immer stellt sich die Frage: Was folgt daraus? Und nie lässt sich diese Frage durch logisch zwingende Deduktionen beantworten, sondern immer nur durch die – freilich begründungspflichtige – Wahl einer von mehreren, häufig höchst unterschiedlichen Konkretisierungsoptionen.

Natürlich gibt es andere Sätze: „Die Bundesflagge ist schwarz-rot-gold" (Art. 22); „Der Bundestag tritt spätestens am dreißigsten Tage nach der Wahl zusammen" (Art. 39). Aber, noch einmal: Die normative Substanz der Verfassung findet sich nicht in präzisen Sätzen dieser Art. Die Dynamik der Entwicklung geht von den substanzreich-unpräzisen Normen aus. Es sind, anders formuliert, in aller Regel eher die wesentlichen als die zweitrangigen Normen der Verfassung, die der Auslegung durch Konkretisierung bedürfen. Das gilt übrigens auch für die Staatsorganisationsnormen, ungeachtet ihres prinzipiell höheren Präzisionsgrades. Wie, um beim Grundgesetz zu bleiben, die Verfassung die Kompetenzen zwischen Bund und Ländern verteilt und wann der Bundespräsident den Bundestag auflösen darf, das ergibt sich eben nicht eindeutig aus der Verfassung: Konkretisierungsentscheidungen, die so oder auch anders getroffen werden können, sind unumgänglich.

Die Quintessenz des Argumentes lässt sich in eine kurze Formel fassen: Verfassungsrechtsprechung ist die kontinuierliche Ausübung verfassungsgebender Gewalt in justizförmigem Verfahren. Woodrow Wilson, der bekanntlich Professor der Politikwissenschaft war, bevor er Präsident der USA wurde, hat es genau so gesagt: Der *Supreme Court* sei eine verfassungsgebende Versammlung in Permanenz.[13] Wie denn überhaupt die prägnantesten Formulierungen in dieser Sache von Amerikanern stammen, Amerikanern, die sehr genau wussten, wovon sie reden. Von Charles E. Hughes, *Chief Justice* in der kritischen Periode von 1930–1941, stammt der viel zitierte Satz. „The Constitution is what the judges say it is."[14] Und *Justice* Felix Frankfurter hat diesen Satz noch einmal zugespitzt: „The Supreme Court is the Constitution."[15] Aber auch im Blick auf das Bundesverfassungsgericht hat schon Rudolf Smend in seiner Rede zum zehnjährigen Geburtstag des Gerichtes (1962) gesagt: „Das Grund-

13 Zitiert nach Marcic (1976) S. 320. Marcic selbst spricht ganz ähnlich von „Konstituante in Permanenz". Ebd. S. 322.

14 Zitiert nach Irons (1999) S. 260.

15 Zitiert nach Häberle (1976) S. 352.

gesetz gilt nunmehr praktisch so, wie das Bundesverfassungsgericht es auslegt."[16] Und in einer neueren rechtsvergleichenden Monographie zur Verfassungsgerichtsbarkeit heißt es ganz allgemein, Verfassungsgerichte seien Künder, nicht Hüter der Verfassung.[17] Das ist deutlich genug. Selbst die pointiertesten dieser Formeln treffen die Wirklichkeit der Verfassungsgerichtsbarkeit fraglos viel besser als die ihnen widersprechenden Versuche, die es natürlich auch gibt, Verfassungsrechtsprechung als richterlichen Vollzug von Entscheidungen, die der Verfassungsgeber schon getroffen habe, zu deuten.[18]

Eine Gegenfrage bleibt noch zu stellen: Hängt es nicht doch vom Selbstverständnis der Richter und von der gewählten Auslegungsmethode ab, ob Verfassungsgerichte zu Verfassungsgebern werden oder nicht?[19] Insbesondere in den USA wird diese Debatte immer wieder mit Leidenschaft geführt. Sie entzweit oft den *Supreme*

16 Die Rede ist abgedruckt in der *Frankfurter Allgemeinen* Zeitung vom 14. Februar 1962. Auch bei Häberle (1976).

17 Brünneck (1992) S. 187.

18 In dem vor fast 40 Jahren erschienenen Sammelband Häberle (1976) kann man nachlesen, dass die hier vertretene Auffassung alles andere als neu und originell ist. Besonders deutlich hat M. Drath, in den fünfziger Jahren selbst Verfassungsrichter, formuliert: „Die Verfassungsgerichte haben geradezu die Aufgabe, in dem mehr oder minder weiten und lockeren Rahmen des Verfassungsrechts den *pouvoir constituant* auszuüben." (S. 168). Ähnlich äußert sich H.Krüger (S. 353).R.Marcic (S. 317) spricht von einer Aufteilung der gesetzgebenden Gewalt zwischen gesetzgebenden Körperschaften und dem Verfassungsgericht. Das ist zumindest ungenau – es geht um den *pouvoir constituant.* Man kann in dem gleichen Band aber auch nachlesen, dass bedeutende Verfassungsrichter und Lehrer des Verfassungsrechts hartnäckig an der Gegenthese festhalten, Verfassungsgerichte interpretierten nur die Entscheidungen der verfassungsgebenden Gewalt, sie hätten keinen Anteil an ihr. So E. Friesenhahn (S. 357), W.Geiger (S. 452), K.Hesse (S. 369). Es ist natürlich kein Zufall, dass Verfassungsrichter das, was sie tun, im Allgemeinen eher zurückhaltend beschreiben. Die Bereitschaft auszusprechen, dass Verfassungsgerichtsbarkeit die Ausübung verfassungsgebender Gewalt ist, scheint aber zu wachsen. D.Grimm (1999, S. 206) etwa formuliert: „The norms which bind government are, in the process of interpretation, to a large extent made by the courts." Auch Ebsen (1985) und Würtenberger (1998) äußern sich ähnlich eindeutig: Verfassungsgerichte schaffen Verfassungsrecht.

19 Zur juristischen Auslegungslehre Starck (1992) und Böckenförde (1991).

Court selbst. Aber die Vorstellung, durch richterliche Zurückhaltung, durch strenge Orientierung am Wortlaut der Verfassung und an der nachweisbaren Intention der ursprünglichen verfassungsgebenden Gewalt könne der Verfassungsrichter sich den Zwängen (die natürlich auch Versuchungen sind) zur Rechtsschöpfung entziehen, ist illusionär. Der Wortlaut legt sich eben nicht selbst aus, jedenfalls nicht über die Selbstverständlichkeit hinaus, dass „Auslegung" nicht zu Ergebnissen führen kann, die in explizitem, eindeutigen Widerspruch zum Wortlaut stehen.[20] Ohne die Entscheidung für eine von mehreren Konkretisierungsoptionen geht es, um das noch einmal zu sagen, gerade im normativen Kern der Verfassung nicht ab. Die Hoffnung, man könne diese Entscheidung dadurch vermeiden oder objektivieren, dass man „historisch" auslegt, ist eine Selbsttäuschung. Es gibt den eindeutigen, eindeutig ermittelbaren Willen der ursprünglichen verfassungsgebenden Gewalt nicht.[21] Es gibt eine Fülle von – oft genug widersprüchlichen – Motiven politischer Akteure, die am Ende nur darin übereingestimmt haben, dass sie mehrheitlich diesen und keinen anderen Wortlaut in Geltung gesetzt haben. Womit wir wieder beim Wortlaut, der sich nicht selbst auslegt, angelangt sind. Damit ist das Thema Auslegungsmethoden natürlich nicht für bedeutungslos erklärt. Gesagt ist nur: Keine Auslegungsmethode kann bewirken, dass „auslegen" nicht immer auch bedeutet, „etwas in die Verfassung hineininterpretieren".

20 Während Depenheuer (1997), Verfassungsgericht und kirchliches Lehramt nebeneinanderstellend, die „lehramtliche Verwiesenheit auf das Wort" betont, lässt Isensee (o.J.) nicht einmal den Wortlaut als Auslegungsschranke gelten: „ Der Wortlaut ist unvermeidlich Gegenstand der Auslegung. Damit entscheidet diese über ihre Grenzen selbst. Der Thriumph der Auslegung über ihren Gegenstand ist vollständig." Dieses elegante Argument übersieht aber, dass der Wortlaut auch denen verfügbar ist, an die sich der Geltungsanspruch der Auslegung richtet. Auslegung, die in eindeutigem Widerspruch zum Wortlaut steht, zerstört die Autorität der auslegenden Instanz.

21 Gäbe es ihn, so wäre die Frage immer noch unbeantwortet, warum er hier und heute gelten soll. Wenn der Vorrang der Verfassung demokratietheoretisch überhaupt befriedigend begründbar ist, dann jedenfalls nicht unter Bezugnahme auf den tatsächlichen Willen des historischen Verfassungsgebers.

Im Übrigen gilt natürlich: Es gibt keine Antworten der ursprünglichen verfassungsgebenden Gewalt auf Fragen, die sie sich nicht gestellt hat, nicht stellen konnte. Je älter eine Verfassung wird, desto hilfloser wird deshalb die „historische“ Methode. Sollen Verfassungsgerichte nur auf Fragen Antworten geben dürfen, die sich schon die verfassungsgebende Gewalt gestellt hat, so könnte man Verfassungen nur dadurch vor Irrelevanz bewahren, dass man eine nichtgerichtliche verfassungsgebende Gewalt in Permanenz institutionalisiert, die die anderen, die neuen Fragen durch explizite Verfassungsergänzung beantwortet. Wie man sich das vorstellen soll und was damit gewonnen wäre, steht hier nicht zur Erörterung. Für unsere Zwecke genügt es, den Befund festzuhalten: Verfassungen gewinnen Geltungsmacht durch „Auslegung“. Und Auslegung ist notwendig, so oder so, ein Prozess der Fortschreibung.

Das gilt prinzipiell für jede Verfassung. Dass alle Verfassungen durch Auslegungsentscheidungen konkretisiert werden müssen, um geltungsmächtig werden zu können, heißt freilich nicht, dass alle Verfassungen für die „Interpretationsherrschaft“ (Otwin Massing) durch die verbindlich auslegenden Gerichte die gleichen Voraussetzungen böten. Zwar sind reine Organisationsstatute, die der Auslegungsmacht am wenigsten Spielraum lassen, als moderne Verfassungen kaum noch denkbar. Aber Grundrechtskataloge, das Hauptfeld der Auslegungsarbeit, können sehr unterschiedlich ausfallen, knapp, konzentriert, traditionsorientiert oder auch ausgreifend, üppig, wortreich. Ebenso können Verfassungen, was Staatsziele, Aufträge an den Gesetzgeber, Verpflichtungen des Gemeinwesens, in dieser oder jener Weise tätig zu werden, angeht, zurückhaltend, asketisch oder wiederum „viel-versprechend“ im exakten Wortsinn angelegt sein. Diese Unterschiede entscheiden darüber, wieviel Interpretationsmacht den auslegenden Gerichten anvertraut ist.

Die Bestimmung der Verfassungsgerichtsbarkeit als Ausübung verfassungsgebender Gewalt in justizförmigem Verfahren bedarf freilich einer bedeutsamen Qualifizierung. Um diese Qualifizierung zunächst auf einen Begriff zu bringen: Verfassungsrechtsprechung ist „sekundäre“ Verfassungsgebung. Was soll das heißen? Der Zusatz sekundär macht zum einen darauf aufmerksam, dass der Verfassungsgesetzgeber mit dem Recht zur Änderung des Wortlauts der Verfassung dem Gericht, das die Verfassung auslegt, vorgeordnet bleibt. So hoch die Hürden auch sein mögen, die seinem Tätigwerden entgegengestellt sind, so wenig er folglich als ein regulärer Mitspieler angesehen werden kann – es gibt ihn. Im Übrigen verfügt er, anders als das Gericht, nicht nur über den Wortlaut, er hat auch, anders als das Gericht, das Initiativrecht.[22] Selbst in den Vereinigten Staaten hat er, davon war schon die Rede, im direkten Zusammenstoß mit dem *Supreme Court* gelegentlich den Sieg davongetragen.

Der Zusatz „sekundär" erinnert, zweitens, daran, dass der Text der Verfassung der verfassungsgerichtlichen Konkretisierung vorgegeben ist. Sie muss, heißt das, einen argumentativen Bezug zu diesem Text herstellen. Und dieser argumentative Bezug muss, nicht in jedem Einzelfall und für jeden, aber doch in der Regel, nachvollziehbar sein, er muss plausibel sein, wenn die Institution Verfassungsgerichtsbarkeit sich nicht selbst in Frage stellen will. In diesem Sinne ist das Gericht dann doch notwendig eine textgebundene und eine argumentierende Instanz, eben weil es ein Gericht ist. Dabei hat Plausibilität zwei Dimensionen: Das Gericht muss auf der einen Seite eine aufmerksame, zur Kritik geneigte Fachöffentlichkeit, die vor allem den Argumentationsgang prüft, auf der anderen Seite die allgemeine, politische Öffentlichkeit, die vor allem auf das Entscheidungsergebnis reagiert, überzeugen. Es bewegt sich zudem bei der argumentativen Verknüpfung seiner Entscheidung mit dem vorgegebenen Text nicht auf freiem Feld, sondern in einem Raum, der durch eine – in der Regel – ausdifferenzierte verfassungsrechtliche Dogmatik vorstrukturiert ist.

Alles in allem: Es ist durchaus geboten, der Beschreibung von Verfassungsgerichten als verfassungsgebende Instanzen ein qualifizierendes Attribut hinzuzufügen. Aber wenn das gesagt ist, bleibt es doch dabei: Die Interpretationsherrschaft,[23] die Verfassungsgerichte

22 Darauf verweist mit Recht besonders A. v. Brünneck (1992).

23 Interpretationsherrschaft meint zweierlei: Das Gericht beherrscht die Interpretation und es herrscht durch Interpretation. Im Zusammenhang mit der zweiten Bedeutung ist noch einmal an Depenheuers Analogie zwischen Verfassungsgerichtsbarkeit und kirchlichem Lehramt zu erinnern (Anm. 20).

über die Verfassung ausüben, kann angemessen nur als die Praktizierung verfassungsgebender Gewalt in Permanenz verstanden werden.

Diese These an der Rechtsprechung der großen Verfassungsgerichte zu veranschaulichen, wäre nicht schwierig. Im Rahmen dieser Argumentationsskizze muss es bei einigen wenigen illustrierenden Stichworten bleiben. Die Rechtsprechung des *Supreme Court* zur Rassenfrage ist vielleicht das Paradeexempel schlechthin für den Satz „The constitution is what the judges say it is".[24] Der *Supreme Court* hat im Verlauf eines guten halben Jahrhunderts aus dem gleichen Verfassungstext die Erlaubtheit wie das Verbot der Rassentrennung und schließlich auch noch das Gebot zu ihrer aktiven Überwindung herausgelesen. Er hat sich, heißt das, im Zeitablauf nicht nur für verschiedene, sondern für entgegengesetzte Optionen der Interpretation des Textes entschieden.[25] Er hat in die ihrem Wortlaut nach eindeutig prozessuale Rechtsschutzklausel des *amendment* XIV („nor shall any state deprive any person of life, liberty, or property, without due process of law") einen weitreichenden materiellen Eigentumsschutz hineingelesen und an ihm zunächst die Versuche Franklin D. Roosevelts, durch wirtschaftsregulierende und sozialstaatliche Gesetzgebung die Weltwirtschaftskrise zu bekämpfen, scheitern lassen, schließlich aber doch, ohne dass auch nur ein Wort des Verfassungstextes geändert worden wäre, dem Staat weitgehend freie Hand zur Intervention eingeräumt.[26] Er hat in das gleiche *amendment* XIV ein Recht auf eine geschützte private Lebenssphäre hineingelesen, das sich im Wortlaut des Artikels nicht einmal andeutungsweise findet. Und aus diesem Recht wiederum ein Recht auf Abtreibung herausinterpretiert – da ist die Grenze dessen, was allenfalls noch Konkretisierung genannt werden könnte, zugunsten einer eigenschöpferischen Weiterentwicklung der Verfassung evident überschritten.[27]

24 Dazu Irons (1999).
25 Dazu Brugger (1989).
26 Dazu Irons (1999) Kap. 23-25.
27 Dazu Irons (1999) Kap. 32 und 33.

Das Bundesverfassungsgericht hat auf dem schmalen Fundament des einen Satzes „Die Freiheit der Berichterstattung durch den Rundfunk ist gewährleistet" in immer neuen Anläufen ein imposantes System verfassungsrechtlicher Vorgaben für die Ordnung des Rundfunks errichtet.[28] Das Rundfunkverfassungsrecht der Bundesrepublik ist im Wesentlichen Richterrecht. Wie durch die verbindliche Auslegung der Verfassung ganz neues Verfassungsrecht geschaffen wird, ist an diesem Beispiel besonders gut zu studieren. Wie die Rechtsprechung des Bundesverfassungsgerichtes zu Art. 5 Abs. 1 Satz 2 GG ist auch die Rechtsprechung zu Art. 6 Abs. 1 GG, die Entwicklung eines vom Gericht dem Staat auferlegten Kataloges von finanziellen Pflichten, für die Familie tätig zu werden, ein Musterbeispiel für die machtvolle Konkretisierung einer Grundnorm der Verfassung, Konkretisierung aber nicht im Sinn deduktiver Explikation, die nicht möglich ist, sondern im Sinn der Wahl von Konkretisierungsoptionen, zu denen es auch Alternativen gab und weiterhin gibt.[29]

Eine dritte Illustration: Durch Gesetz sei sicherzustellen, dass die unterschiedliche Finanzkraft der Länder angemessen ausgeglichen werde, sagt Art. 107 Abs. 2 Satz 1 des Grundgesetzes, die Basisnorm des Länderfinanzausgleichs. Was das bedeutet, ist nur durch Fortschreibung der Verfassung zu entscheiden. Es war das Verfassungsgericht, das, von den streitenden Ländern immer häufiger angerufen, der Sache nach die Verfassung auch in diesem Punkt fortgeschrieben hat.[30] Mehr als „nur" Fortschreibung war die Einfügung eines vom Gericht postulierten neuen Grundrechtes, des Grundrechtes auf informationelle Selbstbestimmung, in die Verfassung.[31] Und als eine förmliche Korrektur der Verfassung wird man das Urteil verstehen müssen, das out-of-area-Einsätze der Bundeswehr für zulässig erklärte, sie aber von der Zustimmung des Parlamentes abhängig machte.[32] Natürlich hätte jedes dieser beispielhaft angeführten Ur-

28 Entscheidungen des Bundesverfassungsgerichts (BVerfGE) 12, S. 205ff.; 57, S. 295ff.; 73, S. 118ff.; 74, S. 29ff.; 83, S. 238ff.; 90, S. 60ff.

29 BVerfGE 99, S. 216ff.; 99, S. 246ff.

30 BVerfGE 86, S. 148ff: 101, S. 158ff.

31 BVerfGE 65, S. 1ff.

32 BVerfGE 90, S. 286ff.

teile auch anders ausfallen können. Aber das heißt eben nur: Es gibt keine zwingend „richtige" Auslegung der Verfassung. Es heißt nicht, dass Auslegung ohne Entscheidungen, die neues Verfassungsrecht schaffen, möglich wäre.

Der Europäische Gerichtshof, um noch ein drittes Beispiel zu nennen, ist gewiss ein Sonderfall unter den Verfassungsgerichten, insofern er eine werdende Verfassung auslegt. Aber die These ist keineswegs abwegig, dass gerade dieser Sonderfall überdeutlich sichtbar macht, was Verfassungsgerichtsbarkeit in ihrem Kern ist. Die werdende Verfassung Europas ist in hohem Maße vom Europäischen Gerichtshof mitgeschaffen. Der Europäische Gerichtshof ist es im Besonderen, der letztlich über die Verteilung der Kompetenzen zwischen der Union und den Mitgliedsstaaten entscheidet, die in der europäischen Föderation noch viel mehr als in traditionellen Bundesstaaten die Schlüsselfrage des Verfassungssystems ist. Und er entscheidet darüber angesichts der Eigenart des europäischen Primärrechts mit einem ungewöhnlich weiten Ermessensspielraum. Man kann ihn mit dieser Gestalterrolle im Prozess des Werdens einer Verfassung, pointiert formuliert, durchaus als das Verfassungsgericht *par excellence* verstehen.[33]

Noch einmal: Der kurze Blick auf die Rechtsprechung dreier herausragender Verfassungsgerichte sollte unsere These nur veranschaulichen, nicht systematisch belegen. Aber auch Veranschaulichung vermag die Plausibilität des theoretischen Argumentes zu erhöhen. Der Befund ist eindeutig: Man verfehlt die Realität, wenn man die Verfassungsgerichtsbarkeit im Montesquieu'schen Gewaltenteilungsschema kommentarlos der dritten, der rechtsprechenden Gewalt zuordnet, die doch nach Montesquieu „en quelque façon nul" ist, sie dort gleichsam versteckt. Sie setzt Recht, das alle anderen Gewalten, den Gesetzgeber eingeschlossen, bindet. Rechtsprechende Gewalt ist die Verfassungsgerichtsbarkeit nur dem *modus operandi*, nicht ihrer Stellung und Funktion im Gewaltenteilungssystem nach. Der Sache nach handelt es sich um eine eigenständige vierte Gewalt, die Verfassungsgewalt zu nennen nicht unangemessen wäre.

33 Dazu Hitzel-Cassagnes (2000).

Ihre Funktion lässt sich so bestimmen: Alle öffentliche Gewalt agiert im Verfassungsstaat in einem rechtlich eingegrenzten Raum. Die Verfassungsgewalt ist die Gewalt, die die rechtlichen Grenzen des Handlungsspielraums der anderen Gewalten im Streitfall durch Auslegung der Verfassung definiert. Ihr besonderer Rang ergibt sich daraus, dass sie *mit* der Autorität der Verfassung handelt, alle anderen Gewalten aber *unter* der Autorität der Verfassung.

Hat die Verfassungsgewalt deshalb die Suprematie unter den vier Gewalten? Kann man im gewaltenteilenden Verfassungsstaat überhaupt von der Suprematie einer Gewalt sprechen? Das ist zweifelhaft. Die Behauptung von der Suprematie der Verfassungsgerichtsbarkeit ließe sich jedenfalls nicht allein mit dem Hinweis auf den Vorrang des Rechts, das es setzt, begründen. Denn das stärkste Gegenargument – Verfassungsgerichte haben in aller Regel keine Initiativmacht, sie können nicht von sich aus in den Prozess der Politik eingreifen – bleibt davon unberührt. Diesem Argument kommt mehr Gewicht zu als dem – vor allem in der amerikanischen Literatur seit den „Federalist Papers" immer wieder auftauchenden – Hinweis auf die Möglichkeiten des Gesetzgebers (nicht erst des Verfassungsgesetzgebers), sich gegen das Verfassungsgericht zu wehren. Es gibt solche Möglichkeiten, weil in der Regel sowohl die Organisation als auch die Kompetenzen von Verfassungsgerichten partiell in einfachen Gesetzen geregelt sind. Aber tatsächlich ist der Zugriff auf diese Möglichkeiten im Allgemeinen sehr heikel und deshalb eingeschränkt, weil richterliche Unabhängigkeit in der westlichen Verfassungstradition ein hoch bewertetes Gut ist.[34]

Übrigens kann man die Geschichte der Institutionalisierung von Verfassungsgerichtsbarkeit durchaus als eine Geschichte der all-

34 F.D.Roossevelts court-packing-Plan aus dem Jahr 1937 ist das bekannteste Beispiel für den Versuch einer Majorität, sich mit dem Mitteln der Gesetzgebung gegen ein Verfassungsgericht zu wehren. Rossevelts Ziel war es, durch eine Erhöhung der Zahl der Richter – sie war und ist nicht durch die Verfassung festgeschrieben – die Mehrheitsverhältnisse im *Supreme Court* zu verändern. Ob der Präsident für diesen Plan den Kongress (und die Bevölkerung) hätte gewinnen können, blieb offen, weil der *Supreme Court* selbst wenige Wochen nach Ankündigung von Roosevelts Absichten seinen Kurs korrigierte und seinen Widerstand gegen die New-Deal-Gesetzgebung aufgab.

mählichen Verselbständigung von Verfassungsgerichtsbarkeit zu einer vierten Gewalt verstehen. Verfassungsgerichtsbarkeit entsteht, wie wir gesehen haben, in einem „Usurpationsakt" der dritten Gewalt und bleibt im amerikanischen Modell auch Kompetenz der dritten Gewalt. Jedes Gericht hat das Recht und die Pflicht, die Verfassungsmäßigkeit der Normen, die für die Entscheidung des anstehenden Falles bedeutsam sind, zu prüfen und über sie zu befinden. Das Oberste Gericht ist hervorgehoben nur dadurch, dass seine Entscheidung die abschließende, letztinstanzliche ist. Verfassungsauslegung ereignet sich, bis hin zur letzten Instanz, im regulären Justizbetrieb. Die vierte Gewalt ist in dieser Verwirklichungsform in der Tat institutionell ganz und gar in der dritten „versteckt". Sie wird „implizit" ausgeübt.

Die österreichische Verfassung von 1920 hat zum ersten Mal die Verfassungsgerichtsbarkeit institutionell verselbständigt, hat die verbindliche Auslegung der Verfassung einem Spezialgericht anvertraut und nur ihm. Diesem Vorbild sind die im 20. Jahrhundert geschaffenen Verfassungsgerichtsbarkeiten weithin nachgebildet, auch die des Grundgesetzes, mit der der Siegeszug der Verfassungsgerichtsbarkeit recht eigentlich beginnt. Zwar ist in Deutschland die konkrete Normenkontrolle, die weitaus mehr Gesetze auf den Prüfstand bringt als die abstrakte, als Zusammenspiel der allgemeinen Gerichtsbarkeit mit der Verfassungsgerichtsbarkeit konzipiert. Jedes Gericht prüft die Verfassungsmäßigkeit der entscheidungsrelevanten Gesetze und kann Zweifel anmelden. Das erinnert an das amerikanische Modell. Aber nur das Bundesverfassungsgericht entscheidet, nur ein höchstes Gericht also legt die Verfassung verbindlich aus, und dieses Gericht ist kein allgemeines Revisionsgericht, sondern ein Gericht mit der besonderen Aufgabe, die Geltung der Verfassung zu sichern. Auch in der deutschen Variante impliziert das österreichische Modell mithin eine Art von stillschweigendem Eingeständnis, dass die Gewalt, die die Verfassung verbindlich auslegt, eine eigenständige vierte Gewalt ist.

Frankreich hat eine interessante dritte Variante gewählt, weil es sich mit seiner Demokratietradition weder auf die amerikanische Lösung eines allgemeinen richterlichen Prüfungsrechtes noch auch auf die österreichische – vielleicht weniger angreifbare, aber immer noch provozierende – der Institutionalisierung einer eigenständigen vierten Gewalt einlassen mochte. Im *Conseil constitutionnel* ist Normenkontrolle zwar eigenständig institutionalisiert, aber die Kontrolle ist als Teil des Gesetzgebungsprozesses konzipiert. Nur vor ihrer Verkündung können (in bestimmten Fällen gilt: müssen) Gesetze dem Verfassungsrat zur Überprüfung ihrer Verfassungsmäßigkeit vorgelegt werden. Gegebenenfalls wird also eine Gesetzesvorlage verworfen, nicht ein Gesetz; einmal verabschiedete Gesetze sind dem Zugriff des Verfassungsrates definitiv entzogen. So lässt sich das Votum des Verfassungsrates als ein verbindlicher Rat verstehen, der dem Gesetzgeber vor seiner endgültigen Entscheidung erteilt wird. Der Sache nach praktiziert natürlich auch der *Conseil constitutionnel* in bestimmter Weise zurückgenommene verfassungsgerichtliche Normenkontrolle. Auch er schafft kontinuierlich in justizförmigem Verfahren Verfassungsrecht.

III.

Wenn es richtig ist, dass Verfassungsgerichte verfassungsgebende Gewalt in Permanenz ausüben, dann drängt sich die Frage auf: Wie lässt sich das rechtfertigen? Wie lässt sich die „Verfassungsgewalt" argumentativ in die Legitimitätsdogmatik des demokratischen Verfassungsstaates einfügen? Die verfassungsgebende Gewalt ist nach dem Selbstverständnis der modernen Demokratie der ursprünglichste, der unmittelbarste Ausdruck der Volkssouveränität, ihr Kern. In der verfassungsgebenden Gewalt des Volkes hat die Legitimationskette der Demokratie letztlich ihre Verankerung. Wie lässt es sich begründen, dass ein wesentlicher Teil der verfassungsgebenden Gewalt auf eine als Gericht verfasste Instanz übertragen wird, eine Instanz also, die sehr weitgehend aus dem Prozess der demokratischen Willensbildung ausgegliedert, ja geradezu gegen ihn abgeschirmt ist?

Wer die Übertragung eines Teils der verfassungsgebenden Gewalt auf ein Gericht mit guten Gründen rechtfertigen will, hat prinzipiell die Wahl zwischen zwei Argumentationsstrategien. Ich nenne diese Strategien harmonisierend und kontrastierend. Sie finden sich beide in der Literatur, manche Autoren verknüpfen sie auch relativ unbefangen. Harmonisierende Argumentationsstrategien versuchen Verfassungsgerichtsbarkeit und Demokratieprinzip miteinander zu versöhnen, die Spannung zwischen dem Demokratieprinzip und der Institution Verfassungsgerichtsbarkeit aufzulösen. Kontrastierende Argumentationsstrategien versuchen ihre guten Gründe gerade aus der vorausgesetzten Spannung, in der das demokratische Prinzip und die verfassungsgebende Macht eines Gerichtes zueinander stehen, zu gewinnen.

Um mit den harmonisierenden Argumenten zu beginnen: Alexander Hamilton hat in den „Federalist Papers", dort, wo er das Recht der Gerichte postuliert, Gesetze für verfassungswidrig zu erklären (Nr. 78), einen ersten Versuch unternommen.[35] Gerichte hätten den Volkswillen, wie er in der Verfassung niedergelegt sei, gegen die Repräsentanten zu verteidigen, wenn die bei der Ausübung der ihnen anvertrauten Gesetzgebungsmacht die Verfassung missachteten. Weitergehend noch: Sie hätten den Volkswillen, so wie er in der Verfassung Ausdruck gefunden habe, gegen „a momentary inclination" einer Mehrheit von Wählern zu schützen; denn nur durch förmliche Verfassungsänderung könne der Volkswille sich als neuer „Verfassungswille" artikulieren.

In beiden Varianten des Argumentes wird die Befugnis der Richter, Gesetze für nichtig zu erklären, damit gerechtfertigt, dass sie eben dadurch die Souveränität des Volkes zur Geltung brächten, sei es gegen die Repräsentanten, sei es gegen Stimmungen des Augenblicks im Volke selbst. Hamilton, so kann man seinen Text lesen, scheint sich der Überzeugungskraft seines Argumentes freilich selbst nicht ganz sicher gewesen zu sein. Warum sollte gerade ein unabhängiges Gericht als Anwalt und Stellvertreter des Volkssouveräns fungieren? Um das Argument stark zu machen, stärker, als es bei Hamilton ist, müsste man es wohl so formulieren: In einem demokratisch gegründeten Verfassungsstaat kann die Verfassung als Kodifizierung des aufs Prinzipielle, auf die Schaffung dauerhafter Fundamente des Gemeinwesens gerichteten Volkswillens verstan-

35 Diesen Versuch analysiert Alleweldt(1996.).

den werden.[36] Ihn von dem auf die politischen Entscheidungen des Tages, sie mögen von Repräsentanten oder von den Bürgern selbst getroffen werden, gerichteten Volkswillen zu unterscheiden und ihm eine höhere demokratische Dignität zuzusprechen, ist durchaus nicht unplausibel (was nicht heißt, dass damit das Paradox des Vorrangs der Vergangenheit vor der Gegenwart gänzlich aufgelöst ist).[37] Man kann dann in einem die Verfassung auslegenden Gericht den Agenten des „Verfassungswillens" des Volkes sehen. Die plausible Unterscheidung zwischen einem konstitutionellen und einem ephemeren, zwischen, wie gelegentlich nicht ganz glücklich auch formuliert wird, einem strategischen und einem taktischen Volkswillen, liefert aber noch keine schlüssige Verknüpfung der Verfassungsgerichtsbarkeit mit dem Demokratieprinzip. Denn das Problem besteht ja gerade darin, dass der „Verfassungswille" des Volkes der ständigen Konkretisierung durch Entscheidung bedarf. Und dass diese Entscheidungen dort, wo es Verfassungsgerichtsbarkeit gibt, einer Instanz anvertraut sind, die nicht an den Volkssouverän rückgebunden ist. Auch da, wo Parlamente bei der Bestellung von Verfassungsrichtern eine Schlüsselrolle spielen, gilt ja: Sind sie bestellt, so sind sie – durch ihren Status als Richter – gegen alle Einwirkungen von

36 Der Gedanke, dass in der Verfassung der aufs Prinzipielle, Dauerhafte gerichtete Volkswille seinen Ausdruck gefunden habe und das Volk die Geltendmachung dieses Willens sehr wohl einem Gericht anvertrauen könne, findet sich z.B. bei Dieter Grimm (1999).In der amerikanischen Literatur begegnet man der Unterscheidung zwischen den „Prinzipien", für deren Wahrung die Gerichte zuständig seien, und der „Politik", zwischen dem Grundsätzlichen und dem Aktuellen bei A.Bickel (1986). W. Steffani (1976) spricht von der Verfassungsgerichtsbarkeit als „Manifestation des strategischen Volkswillens" im Unterschied zur Artikulatioin des „taktischen" Volkswillens in der Gesetzgebung.

37 Das Problem, wie sich der Vorrang der Vergangenheit vor der Gegenwart demokratietheoretisch rechtfertigen lasse, wird in der Literatur erstaunlich selten aufgegriffen. D. Grimm (1999, S. 198f.) berührt es. Aber sein Hinweis auf die Möglichkeit der Verfassungsänderung als Lösung des Problems übersieht, dass nur bei der Gesetzgebung Symmetrie der Entscheidungsregeln zwischen Vergangenheit und Gegenwart gegeben ist. Bei der Verfassungsgesetzgebung hat die verfassungsgebende Gewalt das Privileg, die Bedingungen, unter denen ihre Entscheidungen geändert werden können, einseitig festsetzen und diese Entscheidungen dadurch absichern zu können. Wie sich diese Asymmetrie rechtfertigen lässt, das ist die Frage.

Parlamenten oder Wählern abgeschirmt. Verfassungsgerichte sind eben nicht einfach Exekutoren des „Verfassungswillens" des Volkes, sie sind selbst eine zweite, sekundäre Quelle des Verfassungsrechts. Das Argument endet da, wo es angesetzt hat.

Überzeugender ist der Vorschlag, Stimmigkeit zwischen Demokratieprinzip und Verfassungsgerichtsbarkeit dadurch herzustellen, dass Verfassungsgerichtsbarkeit konsequent in den Dienst des Demokratieprinzips gestellt wird.[38] Verfassungsgerichte haben nach dieser Konzeption nur noch eine Aufgabe: die Offenheit und Fairness des demokratischen Prozesses zu überwachen und zu sichern, nicht aber auf die Ergebnisse dieser Prozesse Einfluss zu nehmen. Sie legitimieren sich durch ihre Arbeit an dieser Aufgabe, sie delegitimieren sich, sobald sie die Grenzen ihres Auftrages überschreiten. Offenbar muss, wenn dieser Vorschlag greifen soll, ein schutzwürdiger von einem nicht schutzwürdigen Teil der Verfassung abgegrenzt werden. Nur wenn der schutzwürdige Teil eng definiert wird, ist etwas gewonnen. Denn wird er nicht eng definiert, ist es ohne große Mühe möglich, fast jede denkbare Norm einer demokratischen Verfassung, insbesondere auch noch die opulentesten Grundrechts- und Staatszielkataloge in all ihren Teilen auf Offenheit und Fairness des demokratischen Prozesses zu beziehen. Die Argumentationsstrategie liefe dann ins Leere. Durch eine enge Definition des Schutzbereiches aber wird die Verfassung auch in ihrem normativen Kern zweigeteilt. Es dürfte schwierig sein, die Schutzwürdigkeit bestimmter Normen im Unterschied zu anderen allein aus ihrem Bezug zum demokratischen Prozess herzuleiten. Jedenfalls aber wäre der Preis, der für diesen Versuch der Harmonisierung zu zahlen wäre, beträchtlich – von den praktischen Schwierigkeiten seiner Umsetzung ganz abgesehen.

Neben diesen anspruchsvollen Harmonisierungsversuchen gibt es auch noch ein ganz einfaches Argument, das Beachtung verdient.

38 Den einflussreichsten Vorschlag dieser Art hat J.Ely (1992) gemacht. Ähnlich hat auch R.Dahl (2001, S. 153) argumentiert. Er will die Zuständigkeit von Verfassungsgerichten – abgesehen von der Schlichtung bundesstaatlicher Kompetenzkonflikte – auf die Aufhebung von Gesetzen beschränken „that seriously impinge on any of the fundamental rigths that are necessary to the existence of a democratic political system.".

Verfassungsgerichtsbarkeit sei dadurch demokratisch legitimiert, dass sie akzeptiert werde, „Anerkennung“ finde. Natürlich gilt David Humes Maxime „It is therefore on opinion only that government is founded“[39] auch für Verfassungsgerichte. Sie müssen respektiert werden, um Wirksamkeit entfalten zu können. Und sie werden in erstaunlichem Maß respektiert – davon wird noch zu reden sein. Aber Akzeptanz ist zunächst einmal nur ein Faktum, kein Argument, das Verfassungsgerichtsbarkeit mit der Demokratienorm kompatibel macht. Die Demokratienorm schreibt legitimierende Wirkung nur einer Zustimmung, die nach anerkannten Regeln erteilt wird und wirksam entzogen werden kann, zu. Sonst wäre auch die Diktatur Hitlers zeitweilig Demokratie gewesen.

Die harmonisierenden Argumentationsstrategien führen also nicht zu überzeugenden Ergebnissen. Und die kontrastierenden? Sie weisen in verschiedenen Argumentationsvarianten darauf hin, dass in der axiomatischen Grundlegung des demokratischen Verfassungsstaates Komponenten zusammengeführt werden, die sich eben nicht spannungsfrei verschmelzen lassen. Spannungen im normativen Fundament sind – ganz im Gegenteil – konstitutiv für den demokratischen Verfassungsstaat: Spannungen zwischen dem Demokratieprinzip und dem Verfassungsprinzip, zwischen „Volkssouveränität“ und „Rechtssouveränität“ (René Marcic), zwischen herrschaftsbegründenden und herrschaftsbegrenzenden Normen, Spannungen zwischen dem Entscheidungsrecht der Mehrheit und Schutzrechten von Minderheiten. Spannung kann durchaus mit Komplementarität zusammenfallen, auch Komplementarität hat ja Nichtidentität zur Voraussetzung.

Eine eher formale, funktionale Beschreibung solcher spannungsreichen Komplementarität sieht so aus: Der demokratische politische Prozess ist im Kern ein institutionalisierter Konflikt. Damit der institutionalisierte, ritualisierte Konflikt zum Modus der Politik gemacht werden kann, müssen die Bedingungen der Möglichkeit kontinuierlichen gewaltfreien Streitens mindestens temporär streitfrei gestellt werden. Das ist evident für die Regeln, nach denen politische

39 Er findet sich in dem Essay „Of the First Principles of Government“. Hume (1987) S. 32.

Konflikte ausgetragen und durch Entscheidungen abgeschlossen werden. Aber die Notwendigkeit der Entlastung des demokratischen Modus der Politik reicht weiter. Durch Verfassungen wird der streitfreie Raum abgesteckt. Da Verfassungen aber nur durch Auslegung wirksam werden können, da, etwas anders formuliert, nicht ein für allemal verbalisiert werden kann, was streitfrei zu stellen ist, bedarf es einer Instanz, die den streitfreien Raum immer wieder neu – fallbezogen – definiert. Eben diese Aufgabe erfüllen Verfassungsgerichte. Ihre Funktion ist also, so gesehen, die, den demokratischen politischen Prozess zu entlasten und dadurch zu stabilisieren.[40]

Normativ aufgeladen wird aus der spannungsreichen Komplementarität eine Kompensationsaufgabe dcs Verfassungsgerichtes. Schwächen des demokratischen politischen Prozesses müssen ausgeglichen werden. Alexander von Brünneck hat diesen Gedanken zu einem geradezu enthusiastischen Plädoyer für eine starke Verfassungsgerichtsbarkeit entwickelt.[41] Weil Mehrheiten ihre Mehrheitsmacht prinzipiell im eigenen Interesse nutzen und weil sie sie vor allem zur Erhaltung ihrer Machtstellung nutzen, bedarf es einer starken kompensatorisch wirkenden Gegenmacht. Da Mehrheiten im Zeitalter des demokratischen Sozialstaates ein außerordentlich reiches, vielfältiges Macht-Instrumentarium in der Hand haben, wird diese Gegenmacht dringlicher als in früheren Entwicklungsphasen

40 Die Argumentation darf nicht so gelesen werden, als sei Verfassungsgerichtsbarkeit ein notwendiger Bestandteil einer funktionstüchtigen Demokratie.Es gibt funktionale Äquivalente für Verfassungsgerichtsbarkeit. Es gibt, der britische Fall zeigt es, sogar funktionale Äquivalente für eine Verfassung. Aber dass es Äquivalente gibt, bedeutet wiederum nicht, dass Verfassungsgerichtsbarkeit nicht auf die vorgeschlagene Weise demokratiekompatibel begründet werden kann.

41 Brünneck (1992). Er vertraut in seinem Plädoyer darauf, dass die Macht des Verfassungsgerichts in den Dienst ganz bestimmter – unverkennbar progressiv definierter – Werte gestellt werden könne. Wie das verlässlich geschehen soll, wird nicht ganz klar. Der Wortlaut des Verfassungstextes spielt für Brünneck keine große Rolle mehr. Arnims Gemeinwohlstudie (1971) hat eine andere Fragestellung. Aber auch sie schreibt dem Verfassungsgericht eine eigenständige Gemeinwohlverantwortung in kompensatorischer Funktion zu. Auch D.Grimm (1999, S. 214) spricht von einer kompensatorischen Funktion der Verfassungsgerichtsbarkeit, freilich sehr viel vorsichtiger.

der Demokratie gebraucht. Aus dieser Sicht ergibt sich ein weites Spektrum von Aufgaben für Verfassungsgerichte, vom Kampf gegen die Zukunftsvernachlässigung, die für demokratische Politik charakteristisch ist, bis hin zu Verteilungsentscheidungen zugunsten „notorisch vernachlässigter Minderheiten".[42] Verfassungsgerichte haben nicht nur verfassungswidriges Handeln zu unterbinden, sondern auch verfassungsgewolltes Handeln zu gebieten. Sie tragen eine umfassende kompensatorische Gemeinwohlverantwortung, und aus dieser Verantwortung wächst ihnen eine große Macht zu.

Es ist fraglich, ob diese Deutung der Aufgabe der Verfassungsgerichtsbarkeit die Balance zwischen der „Verfassungsgewalt" und den anderen Gewalten zu wahren vermag. Als aktiver Mitgestalter des Gemeinwohls wird ein Gericht, dessen Entscheidungen verfassungsrechtlichen Rang haben, sehr schnell zur Vormacht im politischen Prozess, zu einer Vormacht, die ihren kompensatorischen Auftrag weitgehend frei ausdeuten kann. Da nützt es auch nichts, das Gericht, wie Brünneck es tut, auf eine progressive Interpretationsprogrammatik festlegen zu wollen. Weder faktisch noch normativ wird einer so verstandenen Verfassungsgerichtsbarkeit die Befugnis abzusprechen sein, selbst zu entscheiden, wo die kompensationsbedürftigen Schwächen des demokratischen Mehrheitsprinzips liegen. In dieser starken Version beantwortet die kontrastierende Argumentationsstrategie die Legitimitätsfrage also nicht, sie verschärft sie.

Es empfiehlt sich offenbar, auf eine schwächere Version zurückzugehen, auf den ursprünglichen Sinn des Verfassungsprinzips. Es steht in der Begründung des demokratischen Verfassungsstaates dem Demokratieprinzip als Prinzip der Begrenzung des Handlungsspielraums der Politik gegenüber. Die Grenzen des Handlungsspielraumes der Politik, besagt dieses Prinzip, werden nicht im Prozess der Politik selbst definiert, sie sind der Politik als ein Rechtsrahmen vorgegeben. Der Rechtsrahmen, die Verfassung, kann sich aber gegenüber den politischen Akteuren, gegenüber dem Demokratieprinzip, um es noch einmal abstrakt zu formulieren, nicht selbst zur Wirksamkeit verhelfen. Das Demokratieprinzip ist seiner Natur nach

42 Brünneck (1992) S. 183.

das dynamischere. Es ist das Prinzip des Handelns, ist mit Akteuren, der Regierung, dem Parlament, den Parteien, dem Volk selbst auf dem Plan. Das Verfassungsprinzip hingegen muss erst durch einen Agenten handlungsfähig, reaktionsfähig gemacht werden.[43] Dieser Agent der Verfassung aber, das folgt aus der Logik von Prinzip und Gegenprinzip, darf nicht in den demokratischen Prozess eingebunden werden. Die verfassungsgebende Gewalt, darauf läuft es hinaus, wird um der Balance zwischen Demokratieprinzip und Verfassungsprinzip willen aufgeteilt – in eine primäre des Volkes, durch die das Prinzip der normativen Gebundenheit, der normativen Eingrenzung von Politik konstituiert wird, und eine sekundäre, in der dieses Prinzip handlungsfähig gemacht wird.

Das ist, bei Licht betrachtet, Montesquieu'sche Gewaltenteilung, die Montesquieu'sche Maxime, dass nur Macht Macht begrenzen könne. Es ist die Rechtfertigung der Verfassungsgerichtsbarkeit aus dem Geist Montesquieus – bei gleichzeitiger Preisgabe der Montesquieu'schen Dreiteilung. Eine zusätzliche Dimension der Macht, die verfassungsgebende Gewalt, ist in das Schema einbezogen und der Montesquieu'schen Maxime unterworfen.

Natürlich sind mit einer solchen argumentativen Operation die Balanceprobleme, von denen im Blick auf die These von der kompensatorischen Gemeinwohlverantwortung der Verfassungsgerichtsbarkeit die Rede war, nicht ein für allemal gelöst. Zwar entschärft sich die Gefahr einer Suprematie des Verfassungsgerichtes, wenn ihm nicht ein allgemeiner Auftrag der Mitgestaltung des Gemeinwohls, sondern nur der, die Grenzen des Handlungsspielraumes der Politik zu bewachen, zugesprochen wird. Aber sie verschwindet nicht. Man muss sich ihrer bewusst sein, bei der Ausgestaltung der Verfassungsgerichtsbarkeit wie in der Praxis der Verfassungsrechtsprechung. Davon, dass das Fehlen eines Initiativrechtes des Gerichtes für die Balance ganz entscheidend sei, war schon die Rede. Auch die Regelungen des Zugangs zum Gericht haben Bedeutung. Ebenso der Umstand, dass Verfassungsgerichte den Verfassungsge-

43 Auch bei Grimm (1999) spielt das Argument, das Verfassungsprinzip sei im Verhältnis zum Demokratieprinzip das schwächere, für die Rechtfertigung von Verfassungsgerichtsbarkeit eine Rolle. S. 212.

horsam, den sie einfordern, nicht mit eigenen Mitteln erzwingen können; weniger noch als Gerichte im Allgemeinen können sie ihren Rechtssprüchen selbst Geltung verschaffen. Sie sind auf den Respekt der politischen Akteure wie der Bürger angewiesen, müssen folglich immer die Gefahr im Auge behalten, ihn zu verspielen. Aber aller dieser Wirkungsschranken ungeachtet: Es hat sich gezeigt, dass es ohne Selbstbeschränkung der „Verfassungsgewalt", auf welche Doktrinen und Usancen auch immer sie gegründet sein mag, keine einigermaßen stabile Balance gibt.

IV.

Es bleibt im Rahmen unseres Vorhabens eine letzte Frage zu beantworten: Wie lässt es sich erklären, dass Demokratien sich auf die Ausübung verfassungsgebender Gewalt durch ein Gericht einlassen? Und wie, dass sie es immer bereitwilliger und in immer größerer Zahl tun? Es wäre ein Irrtum anzunehmen, die Antwort sei im vorangegangenen Abschnitt schon gegeben. Argumente, die Verfassungsgerichtsbarkeit schlüssig im normativen Fundament des demokratischen Verfassungsstaates zu verankern vermögen, sind für die faktische Akzeptanz von Verfassungsgerichtsbarkeit sicher nicht bedeutungslos. Aber man tut vermutlich gut daran, ihre Bedeutung nicht zu überschätzen. Der Sachverhalt bleibt erklärungsbedürftig, auch wenn die argumentative Arbeit getan ist.

Die Fakten sprechen eine eindeutige Sprache. Verfassungsgerichtsbarkeit wird da, wo sie etabliert ist, nicht nur nicht in Frage gestellt, allenfalls respektiert – sie genießt bei den Eliten wie in der breiten Öffentlichkeit hohes Ansehen. Demoskopische Daten belegen das da, wo sie vorliegen, eindrucksvoll. In Deutschland wie in den USA schneiden die Verfassungsgerichte bei der Frage nach dem Vertrauen in Institutionen weitaus am besten ab.[44] Sie behaupten einen stabilen ersten Platz, mit deutlichem Vorsprung vor den aus Wahlen hervorgehenden Verfassungsorganen. Auch Krisen des Vertrauens in das politische System überstehen sie besser als andere In-

44 Zu den USA E.Smith (1995) S. 378. Zu Deutschland K. v. Beyme (2004) S. 69.

stitutionen. Noch bemerkenswerter sind die Daten für Frankreich. Ungeachtet des traditionellen französischen Misstrauens gegen das *gouvernement des juges* ist der *Conseil constitutionnel* inzwischen die populärste Verfassungsinstitution der Fünften Republik. Vier von fünf Bürgern stimmen der Verfassungsgerichtsbarkeit in ihrem Lande zu.[45] Noch einmal also: Wie lässt sich das bemerkenswert hohe und bemerkenswert stabile Niveau der Zustimmung, die Verfassungsgerichtsbarkeit in vielen Demokratien findet, erklären?

Wir wissen darüber so gut wie nichts. Allenfalls Vermutungen lassen sich formulieren. Und es ist unwahrscheinlich, dass diese Vermutungen empirisch überprüfbar sind. Nur über ihre Plausibilität lässt sich diskutieren. Meine Hypothese lautet: Das auffallend starke Vertrauen in die Verfassungsgerichtsbarkeit ist zumindest auch als Ausdruck eines latenten Misstrauens gegen die Demokratie, genauer: gegen den demokratischen Modus der Entscheidung zu interpretieren. Warum ist, pointiert formuliert, der Demokratie ein Misstrauen gegen sich selbst immanent?

Eine mögliche Antwort ergibt sich, wenn wir die beiden Entscheidungsmodi, die hier in Rede stehen, einander gegenüberstellen. Idealtypisch lässt sich der demokratische Modus der Entscheidung für unsere Zwecke so beschreiben: Er ist als Konflikt von Interessen organisiert. Dieser Konflikt wird entschieden von Autoritäten, die selbst in ihn eingebunden sind, an ihm teilnehmen, die interessengebunden entscheiden, wobei das dominierende Interesse der politischen Akteure immer das der Behauptung oder Gewinnung der Regierungsmacht ist. Nicht-argumentative Machtressourcen sind letztlich ausschlaggebend, auch wenn Argumente in den Willensbildungsprozessen eine Rolle spielen (können). In der Entscheidungsregel ist das Recht des Stärkeren, wenn auch in sublimierter Form, nämlich gebunden an die normative Prämisse des gleichen Stimmrechtes aller Bürger, festgeschrieben.

Antithetisch ist der gerichtliche Modus der Entscheidung, wiederum idealtypisch, so zu kennzeichnen: Das Verfahren unterscheidet prinzipiell zwischen interessierten Petenten und interesseloser

45 Vogel (2001) S. 290.

Entscheidungsautorität. Die Entscheidungsinstanz, heißt das, ist nicht selbst in den Konflikt involviert. Das Verfahren lässt nur ein Mittel der Einflussnahme auf die Entscheidung zu, das Argument; es ist ganz und gar auf argumentative Klärung einer Streitfrage hin angelegt. Die Entscheidungsregel bringt nicht das, wie auch immer sublimierte, Recht des Stärkeren zur Geltung, sondern orientiert sich an der Idee des Rechts des Richtigen.

Offenbar gibt es in Demokratien so etwas wie ein gegen sich selbst gekehrtes Bedürfnis nach diesem zweiten, nicht-demokratischen Modus der Konfliktschlichtung, nach Beteiligung einer Autorität, die die Demokratie mit den ihr eigentümlichen Verfahren gleichsam von sich selbst entlastet, am Prozess der Bestimmung dessen, was für alle gelten soll. Die Form der justiziellen Konfliktentscheidung ist wahrscheinlich die einzige, in der diesem Bedürfnis demokratiekompatibel entsprochen werden kann. Durch gerichtsförmig verfasste Autorität und nur durch gerichtsförmig verfasste Autorität vermag die Demokratie ihrem geheimen Verlangen nach Selbstkorrektur zu entsprechen.

Tocqueville hat diesen Gedanken bei Gelegenheit seiner Analyse der amerikanischen Demokratie in den 1830er Jahren in erstaunlicher Weise vorgedacht. Das 8. Kapitel im 2. Abschnitt des ersten Bandes seines zweibändigen Werkes „Über die Demokratie in Amerika“ trägt die Überschrift „Was zur Milderung der Mehrheitstyrannei beiträgt“. Tocqueville stellt in diesem Kapitel die Frage, wie es zu erklären sei, dass die amerikanische Demokratie nicht zur Mehrheitstyrannei entarte. Kern seiner Antwort ist die These, dass der politisch außerordentlich einflussreiche Juristenstand eine Art von aristokratischem Gegengewicht zur Herrschaft der Mehrheit, der großen Zahl darstelle. Und er fügt dieser These die Bemerkung an: „Der Stand der Rechtskundigen bildet die einzige aristokratische Gruppe, die sich mühelos mit den natürlichen Kräften der Demokratie mischen und mit ihr glücklich und dauerhaft zusammenarbeiten kann.“[46] Die Rechtskundigen, die Richter als die einzige demokratiekompatible Erscheinungsform der Aristokratie – das liegt ganz

46 Tocqueville (1976) S. 307.

nahe bei meiner These vom justiziellen Verfahren als dem einzigen, durch das nicht-demokratisch legitimierte Autorität sich in der Demokratie an der verbindlichen Bestimmung des Gemeinwohls beteiligen kann.

Zugleich weist die Begrifflichkeit Tocquevilles aber auch über meine These hinaus. Tocqueville spricht in einem durchaus handfesten Sinn von Aristokratie, einer Aristokratie in der Demokratie. In der Formel „Aristokratie in der Demokratie" ist in aller Deutlichkeit die alt-ehrwürdige Figur der gemischten Verfassung angesprochen, die im europäischen politischen Denken seit Aristoteles eine so wichtige Rolle gespielt hat. Tocqueville selbst hat sich bei seiner Deutung der amerikanischen Demokratie trotz seines Verweises auf das aristokratische Ingredienz, als das er den Juristenstand begriff, dieser Figur nicht explizit bedient. Am Ende unseres Argumentationsganges drängt sie sich aber geradezu auf. Demokratien mit Verfassungsgerichtsbarkeit lassen sich in der Tradition des europäischen politischen Denkens als Ordnungen des Typs „gemischte Verfassung" verstehen.[47] Zwei Ordnungsprinzipien unterschiedlicher, ja gegensätzlicher Provenienz werden miteinander verknüpft, um sich wechselseitig auszubalancieren, vor den Gefahren der Einseitigkeit, vor den Exzessen konsequentialistischer Logik zu bewahren und eben dadurch dem Gemeinwesen Stabilität zu sichern, die Stabilität des mittleren Weges – das ist das klassische Verständnis der gemischten Verfassung. Wenn dieser Gedanke im Zeitalter der Demokratie überhaupt noch fortlebt, dann doch wohl in der erstaunlichen Bereitschaft vieler – nicht aller – Demokratien, eine sekundäre verfassungsgebende Gewalt einem Gericht anzuvertrauen.

47 Soweit ich sehe, hat bisher nur R.Marcic die Verfassungsgerichtsbarkeit in Verbindung mit der Idee der gemischten Verfassung gebracht, allerdings ohne den Begriff zu gebrauchen. Mehr und mehr, heißt es bei ihm, übernehme das Verfassungsgericht die typisch „aristokratisch-elementaren" Aufgaben der Zweiten Kammer. Marcic (1976) S. 323.

Literatur:

Alleweldt, Ralf (1996): Die Idee der gerichtlichen Überprüfung von Gesetzen in den Federalist Papers. In: Zeitschrift für ausländisches öffentliches Recht und Völkerrecht 56 S. 205-239.

Arnim, Hans Herbert v. (1971): Gemeinwohl und Gruppeninteressen. Frankfurt a.M.

Baker, Richard A. (1995): The United States Congress Responds to Judicial Review. The Twentieth Century Experience. In: Smith (1995) S. 51-79.

Beyme, Klaus v. (2004): Das politische System der Bundesrepublik Deutschland. 10. Aufl. Wiesbaden.

Bickel, Alexander M. (1986): The Least Dangerous Branch. The Supreme Court at the Bar of Politics. 2. Aufl. New Haven.

Böckenförde, Ernst-Wolfgang (1991): Die Methoden der Verfassungsinterpretation. In: Ders.: Staat, Verfassung, Demokratie. Frankfurt a.M.

Brugger, Winfried (1989): Recht und Rasse in der amerikanischen Verfassungsrechtsprechung. In: Juristenzeitung 44 S. 809-817.

Brünneck, Alexander v. (1992): Verfassungsgerichtsbarkeit in den westlichen Demokratien. Ein systematischer Verfassungsvergleich. Baden-Baden.

Dahl, Robert A. (2001): How Democratic is the American Constitution? New Haven/London.

Depenheuer, Otto (1997): Auf dem Weg in die Unfehlbarkeit? Das Verfassungsbewusstsein der Bürger als Schranke der Verfassungsgerichtsbarkeit. In: Staatsphilosophie und Rechtspolitik. Festschrift für Martin Kriele. München. S. 485-505.

Dolzer, Rudolf (1982): Verfassungskonkretisierung durch das Bundesverfassungsgericht und politische Verfassungsorgane. Heidelberg.

Ebsen, Ingwer (1985): Das Bundesverfassungsgericht als Element gesellschaftlicher Selbstregulierung. Eine pluralistische Theorie der Verfassungsgerichtsbarkeit im demokratischen Verfassungsstaat. Berlin/München.

Elster, John (1995): Limiting Majority Rule. Alternatives to Judicial Review in the Revolutionary Epoch. In: Smith (1995) S. 3-21.

Ely, John H.(1992). Democracy and Distrust. A Theory of Judicial Review. 2. Aufl. Cambridge/Mass.

Enzmann, Birgit (2009): Der demokratische Verfassungsstaat. Zwischen Legitimationskonflikt und Deutungsoffenheit. Wiesbaden.

Ermacora, Felix (1960): Verfassungsrecht durch Richterspruch. Weiterbildung des Verfassungsrechts durch die Rechtsprechung der Verfassungsgerichte.Karlsruhe.

The Federalist. With the Letters of Brutus. Ed by T. Ball. Cambridge 2003. Eine deutsche Ausgabe: Die Federalist-Artikel. Hrsg. von Angela und Willi Paul Adams. Paderborn 1994.

Franck, Matthew J. (1996): Against the Imperial Judiciary. The Supreme Court vs. The Sovereignty of the People.Lawrence.

Grimm, Dieter (1999): Constitutional Adjudication and Democracy. In: Israel Law Review 33 S. 193-215.

Guggenberger, Bernd/Würtenberger, Thomas (Hrsg.) (1998): Hüter der Verfassung oder Lenker der Politik? Das Bundesverfassungsgericht im Widerstreit. Baden-Baden.

Gusy, Christoph (1985): Richterliches Prüfungsrecht Eine verfassungsgeschichtliche Untersuchung. Berlin/München.

Häberle, Peter (Hrsg.) (1976): Verfassungsgerichtsbarkeit. Darmstadt.

Häberle, Peter (1978): Verfassungsinterpretation und Verfassungsgebung. In. Zeitschrift für Schweizerisches Recht NF 97 S. 1-47.

Hitzel-Cassagnes, Tanja (2000): Der Europäische Gerichtshof: Ein europäisches 'Verfassungsgericht'? In: Aus Politik und Zeitgeschichte. B 52-53/2000 S. 22-30.

Huber, Ernst-Rudolf (1968): Nationalstaat und Verfassungsstaat. Studien zur Geschichte der modernen Staatsidee. Stuttgart.

Hume, David (1987): Essays Moral, Political and Literary. Edited by Eugene F. Miller. Indianapolis.

Irons, Peter H. (1999): A People's History of the Supreme Court. New York u.a.

Isensee, Josef (1996): Bundesverfassungsgericht – quo vadis? In: Juristenzeitung 51 S. 1085-1093.

Isensee, Josef (2000): Verfassungsgerichtsbarkeit in Deutschland. In: Wieser, Bernd/Stolz, Armin (Hrsg.): Verfassungsrecht und Verfassungsgerichtsbarkeit. Wien. S. 15-40.

Isensee, Josef: Arbeiter am Text. Philologen und Juristen. Hommage an Willi Herdt. In : Grenzüberschreitende Wissenschaft. Bonner Akademische Reden. Bonn o.J.

Kahn, Paul W. (2001): Verfassungsgerichtsbarkeit und demokratische Legitimation. In: Jahrbuch des öffentlichen Rechts 49 S. 571-585.

Kielmansegg, Peter Graf (1988): Das Verfassungsparadox. In: Politik, Philosophie, Praxis. Festschrift für Wilhelm Hennis. Stuttgart. S. 397-411.

Marcic, René: Die Deutung der Natur des Verfassungsgerichts. In: Häberle (1976) S. 314-328.

Marcus, Maeva (1995): The Founding Fathers, Marbury vs. Madison – And so What? In: Smith (1995) S. 523-550.

McWhinney, Edward (1996): Supreme Courts and Judicial Law Making. Constitutional Tribunals and Constitutional Review. Dordrecht u.a.

Post, Robert (1998): Democracy, Popular Sovereignty, and Judicial Review. In: California Law Review S. 429-443.

Smith, Eivind (Hrsg.) (1995): Constitutional Justice under Old Constitutions. Amsterdam.

Starck, Christian (1992). Die Verfassungsauslegung. In: Josef Isensee/Paul Kirchhof (Hrsg.): Handbuch des Staatsrechts. Bd. VII. Heidelberg. S. 189-229.

Starck, Christian/Weber, Albrecht (Hrsg.) (1986): Verfassungsgerichtsbarkeit in Westeuropa. 2 Bde. Baden-Baden.

Steffani, Winfried (1976): Verfassungsgerichtsbarkeit und demokratischer Entscheidungsprozess. In: Häberle (1976) S. 374-397.

Stone, Alec S. (1992): The Birth of Judicial Politics in France. The Constitutional Court in Perspective. New York.

Stone, Alec S. (2000): Governing with Judges. Constitutional Politics in Europe. Oxford.

Stone, Alec S. (2002): Constitutional Courts and Parliamentary Democracy. In: West European Politics 25 S. 77-100.

Stourzh, Gerald (1974): Vom Widerstandsrecht zur Verfassungswidrigkeit. Zum Problem der Verfassungswidrigkeit im18. Jahrhundert. Graz.

Stourzh, Gerald (1979): The Declaration of Rights, Popular Sovereignty and the Supremacy of the Constitution. Divergences between the American and the French Revolution. In: La révolution américaine et l`Europe. Paris.

Tocqueville, Alexis de (1976): Über die Demokratie in Amerika. München.

Vogel, Wolfram (2001): Demokratie und Verfassung in der V. Republik. Frankreichs Weg zur Verfassungsstaatlichkeit. Opladen.

Wahl, Rainer (2001): Das Bundesverfassungsgericht im europäischen und internationalen Umfeld. In: Aus Politik und Zeitgeschichte B 37-38/2001 S. 45-54.

Wolfe, Christopher (1986): The Rise of Modern Judicial Review. From Constitutional Interpretation to Judge-Made Law. New York.

Würtenberger, Thomas (1998): Zur Legitimität des Verfassungsrichterrechtes. In: Guggenberger/Würtenberger (1998).

Sechster Versuch. Demokratie und Marktwirtschaft – eine schwierige Ehe.

Ob Demokratie mit einer auf privates Eigentum an den Produktionsmitteln und das Prinzip der Marktsteuerung der wirtschaftlichen Abläufe gegründeten Wirtschaftsordnung vereinbar sei, ob diese beiden Ordnungen zueinander gehörten oder gerade nicht – das ist eine der großen Kontroversen in der Geschichte der modernen Demokratie gewesen. Solange der Marxismus diese Debatte bestimmte, war vom Kapitalismus die Rede. Und wer vom Kapitalismus spricht, hat eher die Spannungen zwischen Demokratie und einer privatwirtschaftlichen Ordnung im Visier. Inzwischen haben wir es – spätestens seit 1989 – mit einer neuen Diskussionskonstellation zu tun. Das spiegelt sich auch in der Begrifflichkeit. Das Thema ist nicht mehr Demokratie und Kapitalismus sondern Demokratie und Marktwirtschaft. Wer von Marktwirtschaft spricht, sieht das Verhältnis eher als ein wenn auch nicht spannungsloses so doch im Kern komplementäres. Das ist, auch unsere Überlegungen werden es zeigen, die analytisch fruchtbarere Perspektive.

Aber gibt es denn überhaupt noch eine Kontroverse? Hat sich mit dem Ende des kommunistischen Experimentes nicht die Überzeugung allgemein durchgesetzt, dass die verfassungsstaatliche Demokratie und eine marktwirtschaftlich verfasste Ökonomie zusammengehören? Die Europäische Union hat es in ihre Verfassung hineingeschrieben. Und selbst der größere Kreis der G 20, der 20 wirtschaftlich führenden Staaten weltweit, hat sich inzwischen einmütig zur Marktwirtschaft bekannt.[1] Wer wollte, was immer dieser Konsens bedeuten mag, da noch Zweifel an der Vereinbarkeit von Demokratie und Marktwirtschaft haben?

Und doch: Es gibt sie, diese Zweifel, die alten und neue. Die neuen haben vor allem mit den Globalisierungsprozessen des späten 20. und des beginnenden 21. Jahrhunderts zu tun, der rapiden Entwick-

1 *Frankfurter Allgemeine Zeitung* 4. April 2009 S. 12.

lung der globalen Finanzmärkte im Besonderen, die sich die Politik und das heißt eben auch die Demokratie zu unterwerfen scheinen. Die wütenden Demonstrationen, zu denen es immer wieder kommt, wenn irgendwo die zusammentreffen, die als Repräsentanten der globalisierten Ökonomie wahrgenommen werden, können gelegentlich den Eindruck erwecken, als herrsche geradezu eine Art von Kriegszustand zwischen gewiss nicht *der* Demokratie und *der* Marktwirtschaft, aber doch zwischen politischen Bewegungen, Gruppen, Initiativen, die sich als Verteidiger des demokratischen Prinzips verstehen, und denen, die die globalisierte Markwirtschaft gleichsam verkörpern. Das Empfinden, darauf weisen die erstaunlichen Mobilisierungserfolge jener Protestgruppen hin, scheint weit verbreitet zu sein, dass die Marktkräfte weltumspannend immer bestimmender werden; dass die Politik Mühe hat, sich gegen sie zu behaupten; dass die Demokratie dabei unter die Räder kommen könnte; jedenfalls aber, um es vorsichtiger zu formulieren, dass die Balance zwischen Demokratie und Marktwirtschaft gestört sei. Das Thema, von dem man vorübergehend meinte, die Geschichte habe es zu den Akten gelegt, ist noch oder wieder da.

I.

Was ist, im Rückblick auf das 20. Jahrhundert, der historische Befund? Er lässt sich knapp formulieren: Es gibt bisher kein Beispiel für eine erfolgreiche Verknüpfung von demokratischer politischer Ordnung und sozialistischer Wirtschaftsordnung, wenn wir unter sozialistisch eine auf gesamtgesellschaftliches Eigentum an den Produktionsmitteln gegründete und plangesteuerte Ökonomie verstehen. Gewiss, das Spektrum von Marktwirtschaften, mit denen sich die Demokratie zusammengetan hat, von Schweden bis zu den USA, ist weit und vielgestaltig. Aber es sind doch ausnahmslos Marktwirtschaften in dem Sinn, dass die Produktionsmittel zu einem wesentlichen Teil in privater Hand sind und der Markt der primäre Steuerungs- und Koordinationsmechanismus ist. Es ist unwahrscheinlich, dass es sich hier um einen historischen Zufall handelt.

Andererseits begegnet uns Marktwirtschaft durchaus nicht nur in Verbindung mit Demokratie. An Beispielen für die Kombination

Diktatur – Marktwirtschaft hat es das ganze 20. Jahrhundert hindurch nicht gefehlt, darunter auch solche, die dafür sprechen, dass diese Kombination verhältnismäßig stabil sein kann. Und wenn diese Beispiele auch zunehmend in die Welt von gestern gehören mögen, die Welt von heute konfrontiert uns mit der Frage, ob sich nicht im asiatischen Raum, unter ganz bestimmten kulturellen Bedingungen, eine zumindest zeitweilig sehr erfolgreiche Synthese von autoritärer politischer Herrschaft und Marktwirtschaft entwickelt hat. Mehr noch, ob China es nicht sogar fertigbringt, totalitäre Herrschaft jedenfalls in einigen wesentlichen Elementen mit Marktwirtschaft zu verschmelzen.

Offenbar ist das Verhältnis Demokratie – Marktwirtschaft ein asymmetrisches. Demokratie ist auf Marktwirtschaft angewiesen, Marktwirtschaft aber nicht auf Demokratie. Das ist, um es noch einmal zu sagen, das, was uns die Erfahrung lehrt. Zumindest die erste dieser beiden Thesen – mit der zweiten verhält es sich schwieriger – lässt sich aber auch durch theoretische Überlegungen gut abstützen. Demokratie braucht Marktwirtschaft aus mindestens drei Gründen. Der erste: Das private Eigentum an Produktionsmitteln, das private Verfügungsrecht über Produktionsmittel ist ein wesentliches Stück Gewaltenteilung, Gewaltenteilung in einem weiteren Sinn.[2] Die für die verfassungsstaatliche Demokratie grundlegende Einhegung staatlicher Macht ist ohne eine Begrenzung der Sphäre der Politik, ohne die Anerkennung von Räumen relativer Autonomie nicht zu haben. Die relative Autonomie der Ökonomie gehört wesentlich dazu. Man braucht sich, beispielsweise, nur vor Augen zu führen, wie übermächtig ein Staat ist, der seinen Bürgern, wie er es im real existierenden Sozialismus tat, nicht nur mit dem „Monopol legitimen physischen Zwanges" gegenübertritt,[3] sondern auch als einziger Ar-

2 Vanhanen (1997 und 2003) hat in seinen Forschungen mit Hilfe bestimmter quantitativer Indikatoren ein Maß für die Verteilung der Ressourcen in einer Gesellschaft entwickelt und gezeigt, dass Demokratie umso wahrscheinlicher wird, je breiter gestreut die Ressourcen sind. In diesen theoretischen Ansatz lässt sich die These, die Machtteilung zwischen politischem System und Markt sei für die Demokratie konstitutiv, gut einordnen.

3 Das ist bekanntlich Max Webers Definition des Staates (Wirtschaft und Gesellschaft. Erster Teil. Erstes Kapitel. § 17).

beitgeber. Die Unterscheidung zwischen der Sphäre der Politik und der Sphäre der Ökonomie ist im Übrigen für ein freiheitliches Gemeinwesen auch deshalb unverzichtbar, weil anders die beiden Modi der Freiheit – individuelle Selbstbestimmung und kollektive Selbstregierung – nicht in ein Gleichgewicht gebracht werden können.

Demokratie ist, zweitens, auf eine leistungsfähige Wirtschaftsordnung angewiesen, weil sie das Regieren ausdrücklich von periodisch zu erneuernder, im Wettbewerb zu erringender Zustimmung abhängig macht.[4] Ohne leistungsfähige Wirtschaft lässt sich in der modernen Welt Zustimmungsbereitschaft nicht auf dem Niveau dauerhaft stabilisieren, auf dem der demokratische Politikmechanismus sie voraussetzt. Es spricht denn auch viel dafür, dass der Legitimitätstriumph, den die verfassungsstaatliche Demokratie am Ende des 20. Jahrhunderts schließlich doch noch gefeiert hat, ohne ihr Bündnis mit der Marktwirtschaft nicht denkbar gewesen wäre.

Demokratie bedarf, drittens, der Entlastung durch den Markt. Der Markt entlastet die Politik vor allem, indem er die Verantwortung für die Primärverteilung des Einkommens und die Preisbildung übernimmt. Der kanadische Ökonom Dan Usher hat schon vor Jahrzehnten mit einem einfachen Gedankenexperiment elegant demonstriert, dass sich mit Hilfe der Entscheidungsregel der Demokratie, der Mehrheitsregel, keine stabile Einkommensverteilung erreichen lässt.[5] Einkommensverteilung qua Mehrheitsregel führt, so Usher, zu einem Kreislauf einander aufhebender Verteilungsentscheidungen, die ständig wechselnde Mehrheitskoalitionen zu ihren Gunsten treffen.; führt möglicherweise sogar zur Aufkündigung der Mehrheitsregel durch Minderheiten, die sich ausgebeutet sehen; jedenfalls aber zu einer dramatischen Verschärfung der politischen Konflikte. Daraus folgt, dass die Demokratie auf eine komplementäre Wirt-

4 In seiner ursprünglichen Fassung hat das Argument nur den statistischen Zusammenhang zwischen der Höhe des Pro-Kopf-Einkommens und dem Vorkommen von Demokratie herausgearbeitet (Lipset 1959 und 1994). Aber es waren eben ausschließlich Marktwirtschaften, die ein demokratiebegünstigendes hohes Pro-Kopf-Einkommen hervorbrachten. Inzwischen ist der Sonderfall des allein auf Rohstoffreichtum gegründeten Wohlstandes mitzubedenken.

5 Usher (1983).

schaftsordnung angewiesen ist, die aus sich heraus durch einen prinzipiell akzeptierten politikunabhängigen Mechanismus eine primäre Verteilung des Einkommens bewirkt. Unter den Wirtschaftsordnungen, die wir kennen, leistet das nur die Marktwirtschaft. Allerdings: Demokratische Politik kann den Markt als Mechanismus der primären Einkommensdistribution, den sie braucht, nur deshalb akzeptieren, weil sie das Ergebnis der Primärverteilung in gewissen, von Usher näher spezifizierten Grenzen korrigieren darf und korrigieren kann. Eine begrenzte korrigierende politische Sekundärverteilung gehört zum Verbund von Demokratie und Marktwirtschaft.

Was die Preisbildung angeht, so genügt es, an die Erfahrungen zu erinnern, die die Systeme des real existierenden Sozialismus mit politisch festgelegten Preisen, zumal bei existentiell wichtigen Gütern – Brot etwa und Fleisch –, gemacht haben. Für die Einkommensverteilung wie für die Preisbildung gilt gleichermaßen: Hat die Politik die Verantwortung zu tragen, so führt das zu einem demokratiegefährdenden Dauerverschleiß von Legitimität. Der – anonyme – Markt entlastet die Politik, weil er, eigentümlicherweise, Ungleichheiten zu legitimieren vermag, die man der Politik niemals abnehmen würde.

Ergänzend kann man darauf verweisen, dass Demokratie und Markt normativ gleichgerichtete Ordnungen sind, insofern sie beide Chancen einer prinzipiell jedermann offenstehenden selbstbestimmten Teilhabe institutionalisieren. Strukturell gesprochen: Demokratie und Markt sind verwandt, weil sie bei all ihrer Unterschiedlichkeit als zwei Dimensionen einer Verfassung der Offenheit verstanden werden können; und eben deshalb, darf man vermuten, das Potenzial haben, sich wechselseitig zu stützen. Hinzuzufügen ist freilich: Zwischen Marktsubjekten ist jene Grundgleichheit nicht gegeben, die zumindest in den elementaren Beteiligungsrechten im politischen Raum gilt. Das ist natürlich ein wesentlicher Unterschied. Aber dieser Unterschied hebt die Verwandtschaft zwischen den beiden Ordnungskonzeptionen nicht einfach auf.

Natürlich gibt es, bei aller Eindeutigkeit der Erfahrungsbilanz, auch sehr prinzipielle theoretische Gegenargumente, Argumente, die Zweifel an der Zusammengehörigkeit von Demokratie und Marktwirtschaft begründen, ja, ihre Unvereinbarkeit postulieren. In ihrer dogmatisch marxistischen Version sind sie nicht mehr sonderlich interessant. Aber aus dieser Dogmatik herausgelöst haben sie durchaus ihr Gewicht. Charles Lindblom hat sie in den achtziger Jahren, kurz vor der Epochenzäsur von 1989 also, im Rahmen seines Versuchs, ein theoretisches Tableau der politisch-ökonomischen Ordnungsmodelle zu entwerfen, eindringlich aktualisiert.[6]

Für Lindblom ist die Beziehung zwischen Demokratie und Markt so heikel, dass er es vorzieht, ihr Zusammengehen – entgegen allem Augenschein – als historisch kontingent aufzufassen. Der mit der privaten Verfügungsmacht über die Produktionsmittel kombinierte Markt, so Lindblom, begrenzt den Handlungsspielraum demokratischer Politik auf bedenkliche Weise, insofern er die Politik zwingt – ohne dass irgendjemand einen wahrnehmbaren Druck ausüben müsste –, den Interessen der Investoren prinzipiell Vorrang vor anderen Interessen einzuräumen. Das sei so, weil der für die Demokratie konstitutive Wettbewerb um Zustimmung die Politik in hohem Maße von ökonomischen Konjunkturen abhängig mache; genauer: davon, dass ausreichend Arbeitsplätze zu zufriedenstellenden Bedingungen angeboten werden. Wer über Arbeitsplätze verfüge, aktuelle und potenzielle, auf den müsse zustimmungsabhängige Politik vor allem hören; der habe, um es härter zu sagen, ein hohes Druck- ja Erpressungspotenzial gegenüber der Politik. Drastisch hat Lindblom gelegentlich vom „Markt als Gefängnis" gesprochen; er lege die Politik in Fesseln.[7]

Die Verknüpfung von Demokratie und Marktwirtschaft hat, so lässt sich die Lindblom'sche Argumentation zusammenfassen, notwendig, das heißt aus strukturellen Gründen, die Privilegierung ganz bestimmter Interessen zu Lasten anderer zur Folge, und zwar der Interessen einer kleinen Minderheit. Wirklich mit Demokratie vereinbar wird Marktwirtschaft für Lindblom folglich erst und nur dann, wenn sie sich aus ihrer historischen Verbindung mit dem privaten Unternehmertum löst. Er hält das grundsätzlich für möglich.[8]

6 Lindblom (1980). Siehe vor allem Teil V.
7 Lindblom (1982).
8 Lindblom (1980). Siehe dazu vor allem Teil III.

Wie sieht eine erste Bilanz der Argumente aus? Setzt Lindbloms Befund vom strukturellen Ungleichgewicht der Interessen in einem demokratisch-marktwirtschaftlichen System die Argumente außer Kraft, die der Marktwirtschaft wesentliche Bedeutung für den Bestand der demokratischen politischen Ordnung zuschreiben? Oder widerlegen umgekehrt diese Argumente Lindbloms Thesen? Offenbar nicht. Offenbar gilt das eine, und es gilt auch das andere. Dass die Politik in der Demokratie in starkem Maße auf die Rücksicht nehmen muss, die Investitionsentscheidungen treffen, liegt auf der Hand. Demokratie ist auf die Effizienz des ökonomischen Systems angewiesen. Und die Bedingungen dieser Effizienz werden im ökonomischen System formuliert. Dies bedeutet aber keineswegs, dass die Argumente, die die These von der Komplementarität der beiden Ordnungen, von der Angewiesenheit der Demokratie auf die Marktwirtschaft tragen, unrichtig wären. Selbst die Behauptung von der „normativen Gleichgerichtetheit" von Demokratie und Marktwirtschaft ist nicht etwa widerlegt. Das Gegeneinander von Argumenten, die sich wechselseitig nicht aufheben, besagt nicht mehr und nicht weniger als dies: Die Ordnung der Freiheit ist keine Ordnung der Harmonie; sie ist es nicht einmal in ihren konstitutiven Prinzipien. Demokratie ist auf Marktwirtschaft angewiesen, aber sie zahlt für das, was die Marktwirtschaft für sie leistet, einen Preis. Er lässt sich am deutlichsten in der Währung Gleichheit beziffern – für die Demokratie eine Grundnorm, während der Markt als ein Mechanismus der Erzeugung von zunächst einmal faktischer, dann aber auch, im Geltungsraum der Marktregeln, legitimer Ungleichheit verstanden werden kann. Konsonanz und Dissonanz in einem, das ist die Natur der Beziehungen zwischen Demokratie und Marktwirtschaft. Weniger komplex, weniger spannungsreich könnte die Ordnung der Freiheit nur sein, wenn die marktwirtschaftliche Ordnung sich so gestalten ließe, dass in ihrem Verhältnis zur Demokratie die Dissonanzen zum Verschwinden gebracht werden könnten, ohne dass zugleich auch die für die Demokratie lebenswichtigen Konsonanzen verloren gingen. Lindblom hat sich darüber den Kopf zerbrochen, wie eine solche Marktwirtschaft aussehen könnte; aber etwas anderes als interessante Luftschlösser ist dabei nicht herausgekommen.[9]

Im Übrigen ist die Komplexität der Beziehungen zwischen den beiden Ordnungen mit diesen Hinweisen noch keineswegs vollständig beschrieben. Es gibt ja nicht nur die Frage: Ist Marktwirtschaft mit Demokratie kompatibel? Es gibt auch die Gegenfrage: Ist Demokratie mit Marktwirtschaft kompatibel? Drastischer: Sind Demokratien tendenziell marktfeindlich? Hat, etwas anders und präziser gefragt, der demokratische politische Prozess nicht die Tendenz, immer tiefer in die Marktprozesse zu intervenieren, bis hin zu dem Punkt, an dem die Märkte als Märkte nicht mehr funktionsfähig sind und dann auch nicht mehr leisten können, worauf die Demokratie eigentlich angewiesen ist? Arbeitsmärkte sind in vielen Demokratien ein augenfälliges Beispiel für diese Tendenz.[10] Die Marktwirtschaft, heißt das, muss sich immer auch *gegen* die Demokratie behaupten – ein weiterer Grund dafür, dass von einem schlichten harmonischen Miteinander keine Rede sein kann. Aber so komplex die Beziehungen auch sein mögen – am Ende bleibt es dabei: Es gibt kein valides empirisches und kein valides theoretisches Argument für die Annahme, dass die verfassungsstaatliche Demokratie mit einer anderen Wirtschaftsordnung als der privatwirtschaftlich verfassten Marktwirtschaft eine lebensfähige Synthese eingehen könnte.

Der Vollständigkeit halber muss schließlich auch noch, im Vorübergehen sozusagen, daran erinnert werden, dass, wer über das Verhältnis von Marktwirtschaft und Demokratie nachdenkt, auch das Verhältnis von Marktwirtschaft und Nicht-Demokratie zu bedenken hat. Demokratie braucht Marktwirtschaft, aber Marktwirtschaft braucht Demokratie nicht, so lautete die erste Auskunft des empirischen Befundes. Diese erste Auskunft ist zu präzisieren: Markwirtschaft ist auf funktionierende Staatlichkeit, aber nicht notwendig auf Demokratie angewiesen. Funktionierende Staatlichkeit heißt hier im Kern: Marktwirtschaft setzt als Bedingung ihrer Mög-

9 Lindblom (1980) Teil VII.

10 Dazu Olson (1985). Exemplarisch analysiert Blankart (2009) die „Marktunfreundlichkeit“ der Demokratie am Beispiel des deutschen Gesundheitssystems.

lichkeit eine Rechtsordnung voraus, die das Eigentum schützt; die das rechtliche Instrumentarium bereitstellt, das man für Marktransaktionen braucht; eine Rechtsordnung vor allem, die tatsächlich gilt; will sagen, die zuverlässig und berechenbar von einer unbestechlichen, an ihren Aufgaben orientierten Verwaltung und Rechtsprechung durchgesetzt wird. Wir haben inzwischen wieder gelernt, dass funktionierende Staatlichkeit alles andere als eine Selbstverständlichkeit ist. Wo es sie nicht gibt, kann auch Marktwirtschaft nicht funktionieren.

Die Rechtsordnung, die Marktwirtschaft möglich macht, ist – das haben schon die wenigen Andeutungen hier deutlich gemacht – in wesentlichen Hinsichten die des Rechtsstaates. Damit stellt sich nun doch noch einmal die Frage, ob die Aussage, Marktwirtschaft sei auf Demokratie nicht angewiesen, nicht etwas differenzierter ausfallen muss. Immerhin ist der dauerhafte Bestand von Rechtstaatlichkeit jedenfalls im 20. Jahrhundert nur in Demokratien zuverlässig gewährleistet gewesen. Auch waren Demokratien für die sozialstaatliche Weiterentwicklung von Marktwirtschaften wesentlich verantwortlich und haben damit die Überlebensfähigkeit auch der Marktwirtschaft gestärkt. Die Schlussfolgerung liegt nahe, dass die Verbindung mit der Demokratie der Marktwirtschaft, alles in allem, mindestens auf die Dauer besser bekommt als andere Verbindungen. Im Übrigen spricht ja auch viel dafür, dass Marktwirtschaft über das Erfordernis der Rechtssicherheit hinaus mit einigen ihrer konstitutiven Charakterzüge – sie lebt von freier Information, freier Kommunikation, Mobilität, Weltoffenheit – zu einer schleichenden Erosion von autoritärer Herrschaft, zumindest auf lange Frist, beitragen kann. Auch was diese Seite des Tableaus angeht, haben wir es also mit eher komplexen Beziehungen zu tun.

II.

Mit der Skizze der systemischen Beziehungen zwischen Demokratie und Marktwirtschaft ist ein Zwischenergebnis gewonnen, mehr nicht. Sie führt uns zu der Frage, wie die Gewichte zwischen demokratisch verfasster Politik und marktwirtschaftlich verfasster Ökonomie tatsächlich verteilt sind und wie sie verteilt sein sollten. Gibt es so etwas wie eine beiden Seiten bekömmliche Balance? Und lässt die sich bestimmen?

Fasst man historische Zeiträume ins Auge, so werden erhebliche Schwankungen erkennbar. Das Zeitalter der Industrialisierung lässt sich, alles in allem, als eine Epoche der Marktdominanz beschreiben. Die Politik ebnete den Marktprozessen den Weg, aber sie unternahm keine sehr großen Anstrengungen, sie zu regulieren. In dem Maße, in dem die Ausweitung des Wahlrechts die von den Marktprozessen Betroffenen ins politische Spiel brachte, übernahm allmählich die Politik die Führung. An die Stelle der Marktdominanz trat, sehr schematisch gesprochen, schließlich eine Politikdominanz. Der moderne Sozialstaat ist das Produkt dieser Politikdominanz. Die große Weltwirtschaftskrise der Zeit zwischen den beiden Weltkriegen, eines der schwersten Traumata des Jahrhunderts, gab dem Paradigmenwechsel von der Marktdominanz zur Politikdominanz eine nachdrückliche Rechtfertigung. Sie zwang auch die Länder auf diesen Weg, in denen das Marktvertrauen am stärksten ausgeprägt war und ist, die angelsächsischen Demokratien. Die Phase der Politikdominanz im Verhältnis von demokratischer Politik und marktwirtschaftlicher Ökonomie, die Phase, in der die demokratische Revolution die industrielle Revolution überlagert und bis zu einem gewissen Grad unter Kontrolle gebracht hat, scheint nun aber wieder zu Ende zu gehen. Der Markt emanzipiert sich im Zeichen der Globalisierung aufs Neue.

Natürlich ist das nur ein sehr grobes Verlaufsschema. Immerhin ist mit dem Stichwort „angelsächsische Demokratien“ angedeutet, dass für den skizzierten Trend von der Marktdominanz zur Politikdominanz und wieder zurück zur Marktdominanz beträchtliche Varianzen von Land zu Land in Rechnung zu stellen sind; Varianzen, die mit kulturellen Prägungen und geschichtlichen Erfahrungen zu tun haben. In den Vereinigten Staaten hat das Marktprinzip in allen Phasen der Entwicklung, die uns hier beschäftigt, einen anderen Rang gehabt als beispielsweise in Ländern mit einer etatistischen Tradition wie Frankreich oder Ländern mit einer egalitären politischen Kultur wie Schweden. Aber diese Unterschiede, so wichtig sie sind, ändern nichts daran, dass sich eine große Linie von der Marktdominanz der Industrialisierungsphase über die Politikdominanz im Zeichen der Demokratie und des allgemeinen Wahlrechts zu einer neuen Marktdominanz, die sich in dem mit dramatischer Geschwindigkeit ablaufenden ökonomischen Globalisierungsprozessen der Gegenwart abzeichnet, ziehen lässt.

Das allgegenwärtige Schlüsselwort der derzeit geführten Debatten ist nun schon mehrfach gefallen: Globalisierung. Die These, der Prozess der Globalisierung der Ökonomie habe in einem qualitativen Sprung die Gewichte zwischen Politik und Ökonomie wesentlich zugunsten der Ökonomie verschoben, ist inzwischen Allgemeingut. Die These ist zunächst einmal plausibel. Qualitativer Sprung will sagen: Gewiss – Märkte waren nie durch staatliche Grenzen strikt eingezäunt. Dass politische Grenzen überschritten werden, gehört zum Wesen wirtschaftlicher Märkte. Und auch globale Märkte gibt es seit langem. Aber in den letzten zwei oder drei Jahrzehnten haben die globalen Märkte in atemberaubendem Tempo eine ganz neuartige Qualität angenommen. Von neuartiger Qualität ist die weltweite Mobilität des Kapitals. Von neuartiger Qualität ist auch die Verselbständigung der Finanzmärkte. Beides hat wesentlich mit der Revolution in den Kommunikationstechniken zu tun. Aber auch mit weniger offensichtlichen Ursachen, der Professionalisierung der Vermögensverwaltung etwa, die die Suche nach den lukrativsten Anlagemöglichkeiten rund um den Globus für die riesigen Fondsvermögen außerordentlich intensiviert hat. Auch die von politischer Seite programmatisch betriebene Liberalisierung der Märkte ist zu nennen.

Die Politik kann den Globalisierungssprung nicht einfach mittun. Sie bleibt mit ihren Handlungsmöglichkeiten prinzipiell an den Staat gebunden. Sobald sie die Grenzen staatlich organisierter Räume überschreiten will oder überschreiten muss, ist ihre Potenz entscheidend reduziert. Die Fähigkeit der Politik, die Wirtschaft ihren Vorgaben in erheblichem Umfang zu unterwerfen, wie sie vor allem in der sozialstaatlichen Umformung der Marktwirtschaft im 20. Jahrhundert wirksam wurde, hing daran, dass Staatsgrenzen auch Grenzen von Wirtschaftsräumen, Ökonomien tatsächlich Nationalökonomien waren. Natürlich waren sie es, das ist eben schon gesagt worden, nie ganz, und natürlich werden sie es bis zu einem gewissen Grade bleiben. Aber dass die Kapitaldispositionen sich mit einer hohen Dynamik aus allen territorialen Bindungen lösen, hat die Politik in eine ganz neue Lage gebracht. Knapp und zugespitzt formuliert: Der Handlungsspielraum, den der Investor gewonnen hat, ist der Politik verloren gegangen.

Näherhin bedeutet das: Das mobil gewordene Kapital, dem die ganz Welt offensteht, kann sich prinzipiell den Regulierungsversuchen jedes einzelnen Staates entziehen. Und weil es so ist, müssen alle Staaten in einen Wettbewerb um Kapital eintreten. Sie können die Wohlstandserwartungen der Bevölkerung nur erfüllen, wenn sie in diesem Wettbewerb erfolgreich sind. Das aber heißt, dass das weltweit mobile Kapital der Politik prinzipiell die Bedingungen diktieren kann, unter denen es zu haben ist. Dabei ist die Macht der globalen Märkte nicht mehr bestimmten Akteuren zurechenbar, es ist die Macht sich kumulierender Effekte.

Was die Bedingungen angeht, unter denen das Kapital zu haben ist, so ist es keineswegs an möglichst wenig Staat, möglichst wenig Politik interessiert. Es ist durchaus an einem leistungsfähigen Staat interessiert, einem Staat, der genau die Regulierungs- und Infrastrukturleistungen verlässlich erbringt, die ein erfolgreiches Wirtschaften möglich machen. Er soll freilich auch alles unterlassen, was Investoren abschrecken könnte. Man hat gelegentlich bildhaft von der „goldenen Zwangsjacke“ gesprochen, in der der Staat im Zeitalter globaler Märkte stecke. Er muss sich Spielregeln unterwerfen, die andere ihm vorgeben – deshalb trägt er eine Zwangsjacke. Golden ist sie, weil Fügsamkeit mit Kapitalzufluss honoriert wird.

Der ganze Wirkungsmechanismus setzt keineswegs voraus, dass das Kapital von seinen Exit-Optionen unablässig Gebrauch macht. Er setzt voraus, dass das Kapital diese Optionen prinzipiell hat. Die Möglichkeit schafft eine neue Wirklichkeit. Natürlich sind nicht alle Demokratien – und um Demokratien geht es uns, auch wenn die neue Marktdominanz grundsätzlich jeden Staat trifft – gleich betroffen. Aber keine Demokratie, auch die Vereinigten Staaten nicht, kann diese neue Wirklichkeit ignorieren.

Heißt das, dass die Marktkräfte im Zeitalter der Globalisierung einfach wie eine Naturgewalt über die Politik hinweggehen? Der Eindruck mag entstehen, aber er bedarf – in Grenzen – der Korrektur. Das Stichwort „programmatische Liberalisierung" ist schon gefallen. Aber dieses Stichwort erfasst nur einen Aspekt der Tendenz der Politik, zur Verschiebung der Gewichte zwischen marktwirtschaftlich organisierter Ökonomie und demokratisch organisierter Politik selbst aktiv beizutragen. Es gibt andere. Für den Raum der europäischen Union gilt: Diese Verschiebung ist auch eine Konsequenz der von den beteiligten Staaten bewusst gewählten Integrationskonzeption. Die europäische Integration war und ist primär Marktintegration und erst im Gefolge und im Dienst der Marktintegration auch politische Integration. Das hat seinen guten Sinn. Aber es bedeutet, dass die europäische Union das Marktprinzip zum primären Verfassungsgrundsatz erhoben hat. Und das ist nicht zuletzt deshalb folgenreich, weil der Europäische Gerichtshof als eine Art von Verfassungsgericht für die europäische Union dieser Verfassungsentscheidung für den Primat des Marktprinzips in extensiver Auslegung konsequent Geltung verschafft. Er stärkt damit die den Primat administrierende Union. Die Mitgliedsstaaten, so könnte man etwas vereinfachend sagen, haben sich, jedenfalls im Blick auf das integrierte Europa, für Marktdominanz entschieden. Sie ist nicht einfach über sie gekommen.

Weltweit haben die Demokratien schließlich auch noch auf ganz andere Weise aktiv an jener Verschiebung der Gewichte mitgewirkt, die uns hier beschäftigt; dadurch nämlich, dass sie sich immer höher verschuldet haben und auf eben diesem Weg in eine wachsende, schließlich prekäre Abgängigkeit von jenen globalen Finanzmärkten geraten sind, die nun im Zentrum de Kritik stehen, eben weil sie die Politik „vor sich her treiben". Die Konstellation, in der das möglich wurde, hat die Politik geschaffen. Darauf wird noch einmal zurückzukommen sein.

III.

Man kann den Befund mehr oder weniger prononciert formulieren, kann ihn eher nüchtern oder eher dramatisch präsentieren – aus der

Welt schaffen lässt er sich nicht: Die Ökonomie in Gestalt des auf dem Weltmarkt agierenden Investors hat ihren Handlungsspielraum erheblich erweitert, die staatlich verfasste, an territoriale Grenzen gebundene Politik hat korrespondierend Handlungsspielraum verloren. Ist das eine gute oder eine schlechte Botschaft? Die Frage mag überraschen. Denn es scheint, mit der amerikanischen Unabhängigkeitserklärung gesprochen, eine „self-evident truth" zu sein, dass der Politik der Primat gebühre, jedenfalls der demokratisch verfassten und also demokratisch legitimierten Politik. Die Verteidigung oder Wiederherstellung ihres Primats hat die Politik, zumal eine auf linken Traditionen fußende Politik denn auch oft mit der größten Selbstverständlichkeit und ohne großen Begründungsaufwand zu ihrer Kernaufgabe im Zeitalter der Globalisierung erklärt.

Gerade weil es so ist, lohnt es sich zur Kenntnis zu nehmen, dass es auch andere Stimmen gibt; Stimmen, die dem Druck, den die globalen Märkte auf die Politik ausüben, den Zwängen, denen sie die Politik unterwerfen, eine heilsame Wirkung zuschreiben.[11] Es sind – natürlich – Stimmen von Ökonomen. In der deutschen Diskussion hat Carl-Christian von Weizsäcker mit besonderer Entschiedenheit, ohne Scheu vor provozierenden Zuspitzungen diese Position vertreten.[12] Der Demokratie, so Weizsäckers Diagnose, ist ein Politikversagen inhärent. Demokratische Politik sei infolge der Wahlabhängigkeit der Politiker kurzfristig orientiert. Sie habe immer die nächsten Wahlen im Blick und suche deshalb rasche Effekte, nicht dauerhafte Lösungen. Demokratische Politik sei zudem status-quo-orientiert, weil jedenfalls in einem entwickelten Sozialstaat die Kräfte, die den Status quo, ihre Besitzstände, um es genauer zu sagen, verteidigen, am besten organisiert seien. Außerdem nehme die Fähigkeit

11 Man kann dem globalen Wirtschaften sogar ethische Qualitäten zuschreiben, die dem territorial gebundenen politischen Handeln abgehen. Demokratische Legitimation ist immer eine partikulare, weil jeder Staat, natürlich auch der demokratisch verfasste, nur ein Segment der Weltgesellschaft darstellt. Entsprechend handelt der Staat. Für die global agierende Wirtschaft hingegen ist das globale Gemeinwohl zwar nicht das Motiv des Handelns, wohl aber kann es das Ergebnis sein – etwa wenn sie Arbeitsplätze in die dritte Welt verlagert, was der partikular orientierten Politik nie in den Sinn kommen kann.

12 v. Weizsäcker (1998).

der Politik zur Veränderung mit zunehmender Regulierungsdichte von selbst ab. Politik fessle im Lauf der Zeit sozusagen sich selbst. Die Politik, auch und vielleicht gerade die demokratisch verfasste Politik, das ist die Quintessenz der Analyse, ist eine Kraft der Beharrung.

Die wettbewerbliche Wirtschaft hingegen sei die Kraft der Bewegung, der Veränderung. Marktwirtschaft sei nicht status-quo- sondern veränderungsorientiert. Das liegt nahe bei Hayeks Deutung des Marktes als eines höchst effizienten Suchverfahrens. Der Druck, den Marktprozesse auf die Politik ausüben, ist deshalb aus Weizsäckers Sicht prinzipiell nützlich. Nützlich, weil es ein Druck der Kräfte der Veränderung auf die Kräfte der Beharrung ist und weil es ein Druck längerfristiger Kalküle auf kurzfristige Kalküle ist.

Als Standardbeispiel kann die Staatsverschuldung dienen und hat die Staatsverschuldung oft gedient. Demokratische Politik wird mit der für alle Demokratien charakteristischen Tendenz des Staates, sich immer höher zu verschulden, aus eigener Kraft kaum fertig. Denn der politische Wettbewerb hat notorisch zur Folge, dass die Regierenden den Wählern mehr an Leistungen versprechen, als sie ihnen an Steuern abzufordern wagen. Es ist, anders formuliert, im demokratischen Wettbewerb nützlich, an die nächste Wahl und nicht an die nächste Generation zu denken; es ist nützlich, heißt das, um Wählerstimmen nicht mit steuerfinanzierten, sondern mit kreditfinanzierten Leistungen zu werben. Wer sich über Kredite finanziert, braucht die Wähler, jedenfalls in den meisten Demokratien, nicht zu fragen und nicht zu fürchten. Es ist der Wettbewerb um Kapital, wie er für die neuen Verhältnisse der Marktdominanz charakteristisch ist, der die Staaten zwingt umzudenken. Er bringt eine langfristige Perspektive in die Politik, weil er Kurzfristdenken bestraft. Hochverschuldete Staaten sind für die Kapitalgeber weniger attraktiv als Staaten, die sich durch Ausgaben- und Finanzierungsdisziplin auszeichnen.

Und noch ein Argument fügt Weizsäcker hinzu: Die europäische Integration belegt für ihn, dass auch und gerade bei der Weiterentwicklung komplexer Systeme der Wirtschaft, dem Markt die Führungsrolle überlassen werden sollte. Es sei die Marktlogik gewesen, der die Überwindung der nationalstaatlichen Souveränität durch die Schaffung einer europäischen Föderation – eine der großen politischen Innovationen des 20. Jahrhunderts – zu verdanken sei. Überhaupt ist für Weizsäcker die wettbewerbliche Wirtschaft, nicht die Politik die Kraft, die in der Staatenwelt den Fortschritt vorantreibt. „Die Weltprobleme werden dadurch gelöst, dass man der Wirtschaft die Führungsrolle vor der Politik überlässt" lautet die Quintessenz des Kapitels, das die programmatische Überschrift „Freihandel als Nucleus einer Weltfriedensordnung" trägt. Und weiter: „Wenn unter dem Primat der Politik eine weitgehende Politisierung der Wirtschaft verstanden sein soll, dann kann dies nur in Stagnation, also letztlich in der Katastrophe enden."[13]

Weizsäckers Plädoyer für den Primat des Marktes fordert, wie sollte es anders sein, zum Widerspruch heraus. Denkt der Markt wirklich verlässlich langfristig? Sind nicht gerade die immer mächtiger werdenden Finanzmärkte Märkte, auf denen eher die nächste Stunde zählt als das nächste Jahr, vom nächsten Jahrzehnt zu schweigen? Was sind die Kosten des Primats der Märkte, des Primats, präziser formuliert, der Gewinnkalküle der Investoren? Ist nicht der historische Prozess zur europäischen Integration eindeutig durch politische Entscheidungen in Gang gesetzt und fortgeführt worden, auch wenn die Politik, anfänglich eher aushilfsweise, auf Marktintegration gesetzt hat? Aber mit kritischen Anfragen an die These, der Primat des Marktes sei heilsam, deren es mehr gäbe, ist die Gegenthese, der Primat gebühre der Politik, noch nicht begründet. Die globalisierungskritischen Plädoyers für den Primat der Politik machen es sich da oft zu leicht.

Auf welche guten Argumente also kann sich der Anspruch der Politik auf den Primat gegenüber dem Markt gründen? Demokratie heißt: Selbststeuerung der Gesellschaft durch das Medium der Politik. An dieser Selbststeuerung sind nach den Regeln der Demokratie alle Bürger durch das allgemeine Wahlrecht mit einem gleichen letztinstanzlichen Mitentscheidungsrecht beteiligt. Eben daraus resultiert, wenn denn die normativen Prämissen der Demokratie aner-

13 Beide Zitate v. Weizsäcker (1998) S. 123.

kannt werden, in allen allgemeinen Angelegenheiten ein Legitimitätsvorrang der politisch getroffenen Entscheidungen.

Der Markt ist zwar eine Arena der freien Entfaltung, die jedem offen steht und die jeder auch mit den gleichen Rechten ausgestattet betritt. Aber das Zugangsrecht zum Markt ist nicht mit Marktmacht gleichzusetzen. Marktmacht ergibt sich aus zwei Kernkomponenten: der Ausstattung mit Nachfragemacht und der Ausstattung mit Verfügungsrechten über Kapital. Anders als die Grundrechte der politischen Teilhabe ist Marktmacht immer ungleich verteilt. Der Marktprozess selbst verstetigt die von Anfang an gegebene Ungleichheit in der Verteilung der marktbedeutsamen Ressourcen. Für die Ergebnisse des Marktprozesses kann deshalb nicht der gleiche Verbindlichkeitsanspruch erhoben werden wie für die Ergebnisse des demokratischen Politikprozesses. Wann immer das Gemeinwesen als Ganzes betroffen ist, hat Politik, wenn sie denn demokratisch legitimiert ist, nicht der Markt Anspruch auf das letzte Wort, weil ihr Anspruch sich normativ begründen lässt, der faktische Primat der Ökonomie nicht.

IV.

Die beiden skizzierten konträren Positionen haben zumindest dies gemeinsam, dass sie von der Vorstellung bestimmt sind, die Frage nach dem Verhältnis zwischen demokratisch verfasster Politik und marktwirtschaftlich verfasster Ökonomie müsse im Sinn des Primats entweder der Politik oder der Ökonomie beantwortet werden. Muss sie das wirklich? Lässt sich der Vorstellung vom „Primat“ in dieser Relation überhaupt eine einigermaßen präzise Bedeutung zuschreiben? Offenbar kann nicht gemeint sein, dass die Politik sich gegenüber dem Markt immer durchsetzen können müsse. Denn dann würde der Markt aufhören, als Markt zu funktionieren. Und es kann auch nicht gemeint sein, dass der Markt mit jedem Druck, den er auf die Politik ausübt, im Recht sei. Denn dann würde die Politik ihre Eigenbedeutung vollständig verlieren. In beiden Fällen wäre preisgegeben, was das Wesen einer freiheitlichen Ordnung ausmacht, ihre Mehrdimensionalität. Was also ist gemeint? Was heißt hier Primat?

Je beharrlicher man fragt, desto mehr drängt sich der Schluss auf: Der demokratische Verfassungsstaat und die Marktwirtschaft stehen als Komponenten einer freiheitlichen Gesellschaftsordnung in einem Verhältnis der Komplementarität zueinander, das nicht angemessen als Über- oder Unterordnung beschrieben werden kann. Es ist die nicht als Rangordnung zu fassende Verbindung von Demokratie und Marktwirtschaft, die sich als ein sehr erfolgreiches, freilich auch sehr vorraussetzungsreiches Ordnungsmodell erwiesen hat. In einer Optimierung dieser Verbindung liegen offenbar die besten Chancen, Freiheit und Wohlstand für alle zu maximieren. Wenn man eine Metapher sucht: Es ist eine Ehe, eine alles andere als einfache Ehe, aber wenn sie denn gelingt, eine beiden Partnern sehr bekömmliche Ehe. Auch für eine Ehe ist die Frage nach dem Primat nicht hilfreich.

Was Komplementarität näherhin heißt, dazu ist eingangs schon einiges gesagt worden. Demokratie und Marktwirtschaft sind aufeinander bezogen, voneinander abhängig, aber in relativer Autonomie des Politischen wie des Ökonomischen aufeinander bezogen und voneinander abhängig. Nur in relativer Autonomie können die beiden Komplementärordnungen leisten, was sie leisten sollen. Diese Autonomien sind freilich nicht in gleichsam geschlossenen Räumen gegeneinander abgegrenzt, sondern wirken aufeinander ein.

Um das zu präzisieren: Da Demokratie nicht nur beiläufig sondern elementar auf Leistungen der Marktwirtschaft angewiesen ist, muss sie in ihrem eigenen Interesse die Bedingungen der Funktionsfähigkeit von Marktwirtschaft respektieren. Was aus dieser Maxime im Einzelnen folgt, darüber kann man diskutieren. Aber bevor diese Diskussion sinnvoll geführt werden kann, muss die Maxime als solche anerkannt sein.

Marktwirtschaft auf der anderen Seite ist nicht nur ihrer eigenen Erfolgslogik verpflichtet, sondern trägt Mitverantwortung für den Bestand und für das Gedeihen der Doppelordnung der Freiheit insgesamt. Sie muss, heißt das, demokratiekompatibel praktiziert werden. Auch hier gilt: Was aus dieser Maxime im Einzelnen folgt, etwa welcher Gebrauch wirtschaftlicher Macht noch als demokratiekompatibel gelten darf, muss wieder und wieder diskutiert werden. Aber diese Diskussion setzt die Anerkennung der Maxime voraus. Dass das Recht zu respektieren ist, versteht sich von selbst. Aber auch aller Gebrauch wirtschaftlicher Macht, der die Legitimitätsressourcen des demokratischen Verfassungsstaates mutwillig, fahrlässig, gedankenlos gefährdet, ohne rechtswidrig zu sein, ist mit der im Komplementaritätsverhältnis wurzelnden Mitverantwortung für die Ordnung der Freiheit unvereinbar; einer Verantwortung, die im aufgeklärten Eigeninteresse der Akteure der Marktwirtschaft durchaus eine Stütze finden kann. Denn dieses aufgeklärte Eigeninteresse ist sich darüber im Klaren, dass der demokratische Verfassungsstaat die für die Marktwirtschaft konstitutiven Individualrechte wie die für die Markttransaktionen unentbehrliche Rechtsicherheit mit einer Verlässlichkeit gewährleistet, die kein anderes System bieten kann.

Man könnte von einem „Gebot der Rücksichtnahme" der beiden komplementären Ordnungen aufeinander sprechen. Was das bedeutet, lässt sich an ihrem komplexen Zusammenspiel bei der Einkommensverteilung gut deutlich machen. Legitimität kann die Doppelordnung von Demokratie und Marktwirtschaft nur durch ein gewisses Maß an politischer Korrektur der Marktergebnisse gewinnen. Die Produktivität der Markwirtschaft muss diese Korrektur möglich machen. Die politische Korrektur der Marktergebnisse wiederum darf die Bedingungen der sie ermöglichenden Produktivität nicht in Frage stellen. Genau um diesen dialektischen Zusammenhang geht es in der als „sozial" apostrophierten Markwirtschaft, die die Bundesrepublik von ihren Anfängen an als ihre Wirtschaftsordnung proklamiert hat.

Dabei hat die politische Korrektur der Marktergebnisse der Einkommensverteilung nicht nur einen Nützlichkeits- sondern auch einen Gerechtigkeitsaspekt. Davon, dass Marktergebnisse, gemessen an den Grundnormen eines freiheitlichen Gemeinwesens, ein Legitimitätsdefizit haben, war schon die Rede. Am Markt herrscht niemals Chancengleichheit, weil die für das Markthandeln wesentlichen Ressourcen zu jedem beliebigen Zeitpunkt ungleich verteilt sind. Etwas anders formuliert: Die Legitimitätsbedingung einer gleichen Teilhabechance für jedermann, die für die Politik in dem alle Regierungsautorität begründenden Wahlakt durch das Recht hergestellt wird, ist auf dem Markt niemals gegeben. Die Gleichverteilung der politischen Ressource Stimmrecht ist deshalb eine Bedingung der Akzeptierbarkeit der aus ungleicher Marktmacht resultierenden Marktergebnisse in einer freiheitlichen Ordnung. Die Marktergebnisse nach Gerechtigkeits- und Nützlichkeitserwägungen zu korrigieren und dabei doch den Marktmechanismen ihre Wirksamkeit nicht zu nehmen – das ist der Balanceakt, den die Komplementarität von Demokratie und Marktwirtschaft der Politik abverlangt.

Für die Zukunft der „Ehe" von Demokratie und Marktwirtschaft hat die Frage eine Schlüsselbedeutung: Wird die Phase der Marktdominanz, in die wir sichtbar und spürbar eingetreten sind, von langer Dauer sein? Anhaltende Asymmetrien gefährden diese Ehe. Dem gegenwärtigen Ungleichgewicht liegen, das hat uns schon beschäftigt, zwei Entwicklungen zugrunde. Zum einen die Globalisierung der wirtschaftlichen Prozesse, mit der Schritt zu halten die Politik Mühe hat. Zum anderen der dramatische Anstieg der Staatsverschuldung in den letzten Jahrzehnten, der ja gerade auch ein Demokratiephänomen ist. Er bringt zumal die hochverschuldeten Demokratien – und über die dichten Interdependenzen dann auch die anderen[14] – in eine starke Abhängigkeit von den Finanzmärkten, den aktuellen Inhabern wie den potenziellen Käufern von Staatsanleihen, mit all ihren Unberechenbarkeiten.[15]

Was diese Abhängigkeit angeht, so gibt es einen einfachen Weg, sich aus ihr schrittweise zu befreien, die verlorengegangene Balance zwischen Politik und Ökonomie zurückzugewinnen: die Reduktion der Verschuldung. Einfach ist der Weg freilich nur in dem Sinn, dass man die Antwort nicht lange suchen muss. Ob Demokratien ihn zu gehen in der Lage sind, ist eine andere Frage. Ist es so etwas wie ein Lebensgesetz der Demokratie, dass sie mehr ausgibt als sie über Steuern einnimmt? Die Debatte über „Schuldenbremsen" zeigt, dass die Demokratien zumindest beginnen, sich dem Problem zu stellen.

14 Das gilt, wie sich in der Europäischen Union gezeigt hat, für Staaten, die in eine Währungsunion eingebunden sind, in dramatischer Zuspitzung.

15 Die Märkte selbst sind in ihren Reaktionen krude. Sie fordern in Krisensituationen hohe, steigende Zinsen. Und lassen einen Staat, wenn sie seine Zahlungsunfähigkeit antizipieren, fallen. Es ist die Politik (der IWF, die Gremien der EU), die den Druck des Marktes in spezifische Forderungen und Auflagen übersetzt.

Auch was die Emanzipation der Ökonomie im Globalisierungsprozess betrifft, ist die fällige Antwort der Politik ziemlich einfach zu formulieren. Wenn die Schwäche der Politik wesentlich in der territorialen Begrenztheit der Handlungsspielräume begründet liegt, dann kommt es darauf an, durch Staatenkooperation, durch zwischenstaatliche Vereinbarungen, durch internationale Regimes, durch internationale Organisationen neue, staatenübergreifende Handlungsfähigkeit aufzubauen. Und dann internationale Regelsysteme zu schaffen, die die globalen Märkte jedenfalls ein Stück weit unter Kontrolle bringen können.

Aber auch für diese Antwort gilt wie für die erste: Es ist schwierig, sie in die Tat umzusetzen. Es ist schwierig, weil eine große Zahl von Akteuren mit sehr unterschiedlichen Interessen zusammenwirken muss. Und diese Akteure sind Staaten, denen nichts schwerer fällt, als auf Souveränitätsrechte zu verzichten. Doppelt schwierig wird es, wenn für diese staatenübergreifende Handlungsfähigkeit der Rückbezug auf die Quellen demokratischer Legitimität nicht völlig aufgegeben werden soll.[16] Zudem gibt es auf die Frage, wie denn eine politische Komplementärordnung zum Weltmarkt in ihren verschiedenen Dimensionen aussehen könnte, aussehen müsste, noch keineswegs eine klare Antwort. Der allgemeine Satz, dass alle Märkte, auch die globalen, der rechtlichen Regulierung bedürfen, die wiederum einen Gesetzgeber, auch exekutive und richterliche Autoritäten als politische Instanzen voraussetzt, mag ohne weiteres einleuchten. Aber er gibt keine Auskunft darüber, welche Art von politischer Ordnung der Weltökonomie an die Seite zu stelle wäre, damit jene Balance, die zwischen demokratisch verfasstem Staat und marktwirtschaftlich verfasster „Nationalökonomie" jedenfalls mög-

16 Rodrick (2011) diagnostiziert ein „ politisches Trilemma der Weltwirtschaft". Eine konsequent globalisierte Wirtschaft verlange nach einer Art von Weltregierung. Die aber sei weder mit dem Postulat demokratischer Legitimierung des Regierungshandelns noch mit nationalstaatlicher Selbstbestimmung vereinbar. Es sei nicht möglich, sowohl eine konsequent globalisierte Wirtschaft als auch Demokratie und nationalstaatliche Selbstbestimmung zu haben. Man müsse da oder dort substantielle Abstriche machen. Ob es sich nach den Regeln der Logik wirklich um ein Trilemma handelt, ist unerheblich – Rodricks Unvereinbarkeitsthesen sind grundsätzlich zutreffend.

lich ist, auch im Weltmaßstab zu einer Möglichkeit wird. Nur so viel ist sicher: Ein Weltstaat wird es nicht sein.

Schon diese wenigen Andeutungen zeigen, dass der Weg zu einer politischen Komplementärordnung für die Weltmärkte weit und steinig sein wird; dass Marktdominanz als globales Phänomen uns also noch für einige Zeit erhalten bleiben könnte. Liberale Ökonomen beunruhigt das durchaus nicht. Aus ihrer Sicht, davon war die Rede, hat der Markt eine wichtige Korrekturfunktion gegenüber Fehlentwicklungen, die der Demokratie immanent sind; ihrer Tendenz, den Spielraum, in dem die Marktkräfte sich entfalten können, stetig einzuengen; ihrer Neigung, einerseits das Netz der Regulierungen immer dichter zu flechten und andererseits den Wohlfahrtsstaat von jedem erreichten Status quo aus immer noch ein Stück weiter auszubauen. Ohne Korrekturen, so das Argument, die in der Regel nur vom Markt erzwungen werden können – in Phasen, die den Markt begünstigen, geht die Balance zwischen den beiden Komplementärordnungen verloren. Phasen, in denen dieses Korrekturpotential zur Geltung kommt, sind deshalb willkommen. Und es ist durchaus kein Schaden, wenn sie länger dauern.

Es mag zutreffen, dass die erwünschte Balance weniger als stabiles Gleichgewicht denn als Wechsel zwischen Phasen der Politikdominanz und solchen der Marktdominanz zu denken ist. Das bedeutet aber nicht, dass man auf so etwas wie einen automatischen Pendelschlag vertrauen kann. Viel spricht dafür, dass die Politik den Vorsprung, den die Ökonomie zurzeit vor ihr hat, nicht rasch aufholen wird. Zwar ändert das neuartige Ungleichgewicht zwischen globalem Marktgeschehen und der in territorialen Grenzen organisierten Fähigkeit zu politischen Handeln nicht das Geringste an dem elementaren Sachverhalt, von dem wir ausgegangen sind: Die politische Ordnung Demokratie ist auf ein marktwirtschaftliches Fundament angewiesen. Wohl aber könnten, wenn der Eindruck sich verfestigt, der Markt entmündige die Demokratie, die Legitimitätszweifel an der Marktwirtschaft so virulent werden, dass die ganze komplexe Symbiose in eine Krise gerät. Auch Druck, den die Ökonomen für heilsam erklären, wird als Druck wahrgenommen. Eine dauerhafte, einseitige Unterwerfung der Politik unter die Imperative des Marktes, eine dauerhafte Ohnmacht der Politik würde die zeitweilig so erfolgreiche Kombination von Demokratie und Marktwirtschaft in eine Legimitätsaporie treiben. Es gibt Themen, Steuergerechtigkeit ist eines, bei denen die Gefahren der Delegitimierung der Politik durch die Ökonomie mit Händen zu greifen sind.

Die Wirtschaft wird lernen müssen, in einer Phase globaler Marktdominanz mit dem ihr zugewachsenen Druck- und Drohpotenzial verantwortlich umzugehen – in ihrem eigenen Interesse. Aber wer ist die Wirtschaft? Auf den globalen Finanzmärkten herrscht fast vollkommene Anonymität. Die Vorstellung, auf diesen Märkten könne sich noch jemand für irgendetwas verantwortlich fühlen, wie das auf überschaubaren Märkten mit benennbaren Akteuren durchaus möglich war, ist illusionär. Die Politik wird sich die Handlungsmöglichkeiten, die sie braucht, selbst sichern müssen; darauf, dass die Ökonomie die ihren nicht ausreizt, kann sie nicht zählen.

Die Zukunft, das ist das Fazit, wird für den historisch so erfolgreichen Verbund von demokratisch verfasster Politik und marktwirtschaftlich verfasster Ökonomie alles andere als einfach. Als aufgeklärte Menschen am Beginn des 21. Jahrhunderts können wir zwar wissen: Es gibt zu diesem Verbund für entwickelte Gesellschaften keine vernünftige Alternative mehr, ganz gewiss keine freiheitliche. Aber es wäre fatal zu vergessen, dass auch die Legitimität faktisch alternativloser Ordnungen erodieren kann.

Literatur:

Berger, Johannes (2009): Der diskrete Charme des Marktes. Wiesbaden.

Blankart, Charles u.a. (2009): Das deutsche Gesundheitssystem zukunftsfähig gestalten. Berlin.

Bofinger, Peter (2009): Ist der Markt noch zu retten? Berlin.

Crouch, Colin (2008): Postdemokratie. Frankfurt a.M.

Ders. (2011): Das befremdliche Überleben des Neoliberalismus. Berlin.

Lindblom, Charles E. (1980): Jenseits von Staat und Markt. Eine Kritik der politischen und ökonomischen Systeme. Stuttgart. (Der Originaltitel „Politics and Markets. The World`s Political-Economic Systems" trifft den Inhalt des Buches sehr viel besser).

Ders. (1983): The Market as Prison. In: Journal of Politics 44 S. 324-336.

Lipset, Seymour M. (1959): Some Social Requisites of Democracy: Economic Development and Legitimacy. In: American Political Science Review 53 S. 69-105.

Ders. (1993): Reflections on Capitalism, Socialism and Democracy. In: Journal of Democracy 4 Nr. 2 S. 43-55.

Ders. (1994): The Social Requisites of Democracy Revisited. In: American Sociological Review 53 S. 1-22.

Olson, Mancur (1985): Aufstieg und Niedergang von Nationen. Tübingen.

Przeworski, Adam (1991): Democracy and the Market. Political and Economic Reform in Eastern Europe and Latin America. Cambridge u.a.

Rodrick, Dani (2011): Das Globalisierungsparadox. München.

Schirm, Stefan (Hrsg.) (2002): Public and Private Governance in the World Economy. Houndsmill u.a.

Stiglitz, Joseph (2011): Im freien Fall. Vom Versagen der Märkte zur Neuordnung der Weltwirtschaft. München.

Usher, Dan (1983): Die ökonomischen Grundlagen der Demokratie. Frankfurt a.M.

Vanhanen, Tatu (1997): Prospects of Democracy. London/New York.

Ders. (2003): Democratization. London/New York.

v. Weizsäcker, Carl-Christian (1999): Logik der Globalisierung. Göttingen.

Siebenter Versuch. Die Lektionen des 20. Jahrhunderts.

1989 – ein Epochendatum in der Geschichte der modernen Demokratie?

I.

Das Jahr 1989 hat seinen Platz in den Geschichtsbüchern sicher. Der Zusammenbruch der Sowjetunion, der Einsturz ihres Imperiums und – daraus folgend – das Ende des Ost-West-Antagonismus, eines globalen Jahrhundertkonfliktes, haben die Welt verändert. Aber ist dieses Jahr auch in der Geschichte der modernen Demokratie ein Epochendatum? Das ist ein ganz anderes Thema. Um dieses Thema, näherhin um die Frage, was das Jahr 1989, was die Ereignisse, für die die Jahreszahl 1989 steht, in der Demokratiegeschichte der Moderne bedeuten, soll es im Folgenden gehen.

Epochendaten bestimmen sich immer aus einer zweifachen Relation: Sie haben eine Vorgeschichte und eine Nachgeschichte, und beide weisen ihnen ihren historischen Rang zu. Die Geschichte diesseits der Zäsur von 1989, zumal die Demokratiegeschichte, hat gerade erst begonnen. Deshalb wird sich jeder Versuch, die Bedeutung dieser Zäsur vom 21. Jahrhundert her zu bestimmen, im Spekulativen verlieren. Die Zukunft der Demokratie ist offen. Festeren Boden hat unter den Füßen, wer sich dem Epochendatum über die gut zwei Jahrhunderte moderner Demokratiegeschichte, die wir kennen, nähert. Am Ende mag dann auch etwas für die Spekulationen über die Zukunft der Demokratie, über die „Nachgeschichte" des Jahres 1989 gewonnen sein.

Die Zäsur von 1989, diese These soll den Ausgangspunkt unserer Überlegungen bilden, lässt sich als Ende einer demokratiegeschichtlichen Epoche verstehen. Sie kann, etwas anders formuliert, als Antwort auf Fragen gedeutet werden, die die Demokratie durch die ersten 200 Jahre ihrer Geschichte in der modernen Welt begleitet haben. Welche Fragen sind das, und wie lauten die Antworten? Oder auch:

Welche demokratiegeschichtlichen Klärungen hat das 20. Jahrhundert gebracht, das ebenso das Jahrhundert des Durchbruchs der modernen Demokratie wie ein Jahrhundert existentieller Herausforderungen der modernen Demokratie war? Was waren, um den Titel des letzten Buches von Hans-Georg Gadamer aufzunehmen,[1] die „Lektionen des Jahrhunderts“, die demokratiegeschichtlichen Lektionen in unserem Fall, während es Gadamer natürlich um die philosophischen ging? Der Versuch einer Antwort muss weit ausholen.

Die Jahreszahl 1989, die uns gleichsam als Symbol für die demokratiegeschichtlichen Lektionen des 20. Jahrhunderts dient, verweist zunächst einmal auf die russische Revolution von 1917, näherhin auf die Oktoberrevolution. Denn sie steht ja für das Ende jenes weltgeschichtlichen Experimentes, das im Jahr 1917 mit dem Staatsstreich der Bolschewiki begann. Dass einige außereuropäische marxistisch-leninistische Parteidiktaturen bis heute überlebt haben, obschon nicht eigentlich als marxistisch-leninistische Parteidiktaturen, ändert nichts daran, dass die Oktoberrevolution, die das 20. Jahrhundert wesentlich mitbestimmt hat, mit der Zäsur, für die das Jahr 1989 steht, ihre Geschichtsmächtigkeit verloren hat, vermutlich endgültig. Aber – dieser Einwand gegen eine demokratiegeschichtliche Verknüpfung der beiden Jahreszahlen 1989 und 1917 drängt sich sofort auf – gehört die Oktoberrevolution denn überhaupt in die Demokratiegeschichte? Die Frage ist so berechtigt wie schwierig zu beantworten. Wer über die demokratiegeschichtliche Bedeutung des Epochenjahres 1989 nachdenkt, kommt nicht an ihr vorbei. Sie wird uns denn auch noch beschäftigen.

Zunächst einmal aber ist von 1989 aus noch ein ganz anderer Bogen zu schlagen. Ein frappierender Zufall verweist in merkwürdiger Direktheit über das Jahr 1917 hinweg auf die Urrevolution der europäischen Neuzeit, die Französische Revolution von 1789. Das revolutionäre Jahrzehnt 1789 – 1799 ist ganz zu Recht immer als ein gewaltiges historisches Laboratorium wahrgenommen worden, in dem in hektischer, phasenweise blutiger Eile die Möglichkeiten durchgespielt wurden, die in den Proklamationen von 1789 angelegt

1 Gadamer (2002).

waren. Es ist deshalb durchaus sinnvoll, hier nach Fragen zu suchen, mit denen sich die anschließenden 200 Jahre Demokratiegeschichte abgemüht haben; Fragen, die durch die „Lektionen des 20. Jahrhunderts“ möglicherweise beantwortet sind.

Zumindest drei solcher großen Fragen, die der revolutionäre Vulkanausbruch in die Welt geschleudert hat und die von diesem ersten Augenblick an die moderne Demokratie auf ihrem Weg durch die Geschichte begleitet haben, lassen sich ausmachen.

Die erste: Welche Ordnung des Politischen ergibt sich aus dem Legitimitätsprinzip der Volkssouveränität? Wie lässt sich die Gewalt, die vom Volke ausgeht, verfassen? Die Übertragung der Souveränität vom absoluten Monarchen auf das Volk, wie sie die Doktrin der Volkssouveränität vornimmt, ist ja nur ein metaphorischer Akt. Es geht bei dieser Übertragung der Kern der Sache eigentlich verloren. Denn während im Prinzip der monarchischen Souveränität eine Verfassung in ihren Grundzügen schon angelegt ist, muss das metaphorische Prinzip der Volkssouveränität in eine Institutionenordnung erst noch übersetzt werden.

Die zweite Frage: Die Revolution proklamiert Freiheit und Gleichheit als politische Leitwerte (von der Brüderlichkeit wird gleich zu reden sein). Die Proklamation fingiert Harmonie. Aber sie kann, wie im Verlauf der Revolution dramatisch sichtbar werden sollte, diese Harmonie nicht stiften. Damit ist von nun an jede moderne Demokratie, indem sie an die revolutionären Proklamationen anknüpft, vor die Frage gestellt, bis zu welchem Grad Freiheit und Gleichheit miteinander kompatibel seien. Und wie Kollisionen entschieden werden sollten.

Die dritte Frage hat es mit dem dritten Leitwert, der *fraternité*, zu tun. Man muss fraternité mit Solidarität übersetzen, um den Begriff so zu fassen, wie er geschichtsmächtig geworden ist. Die Frage nach einer solidarischen, demokratiegemäßen Gesellschaftsordnung ist – wenn noch nicht explizit in der Französischen Revolution selbst – jedenfalls vom 19. Jahrhundert an vor allem als Frage nach der demokratiegemäßen Wirtschaftsordnung oder, genauer, nach dem angemessenen Verhältnis von Politik und Ökonomie zueinander diskutiert worden. Es ist vermutlich keine Übertreibung festzustellen, dass kein anderes Thema die Demokratiediskussion des 19. und 20. Jahrhunderts so beherrscht hat wie dieses. Und es gibt gute Gründe dafür, die große Debatte jedenfalls in ihren ersten Anfängen bis ins Jahrzehnt der Revolution zurückzuverfolgen.

Es wäre sehr reizvoll, das hektische Experimentieren der Revolution mit möglichen Antworten auf unsere drei Fragen aus einer demokratietheoretischen Perspektive genauer zu betrachten. Aber das würde zu tief in die Revolutionsgeschichte hineinführen. Immerhin sind einige Andeutungen nötig. Die nervöse Dynamik der Versuche, die Prinzipien von 1789 in eine dauerhafte Institutionenordnung zu überführen, lässt sich naturgemäß am konzisesten an den drei Verfassungen ablesen, die die Revolution sich in rascher Folge gegeben hat – 1791, 1793 und 1795, so wie das Scheitern dieser Versuche im schnellen Ende aller drei Verfassungsexperimente am deutlichsten zu Tage tritt.[2] Während die erste der drei Verfassungen das neue Legitimitätsprinzip – die Monarchie bewahrend – in Institutionen der Gewaltenteilung und der Repräsentation übersetzt, versucht die zweite, Frankreich in eine Art von gigantischem Athen zu verwandeln; oder jedenfalls, da das in einem Flächenstaat wie Frankreich nicht wirklich möglich ist, dem Repräsentativprinzip ein umfassendes und ausgeklügeltes Vetorecht des Volkssouveräns entgegenzusetzen (Art. 56 – 60 der Verfassung von 1793),[3] wohingegen die dritte zu Repräsentation und Gewaltenteilung zurückkehrt, freilich in einer ganz anderen institutionellen Ausformung als 1791 und in republikanischer Gestalt.

Natürlich spiegeln sich in den Verfassungen Interessenlagen, es spiegelt sich in der kaleidoskopischen Abfolge von Ordnungsmodellen der rasche, revolutionäre Wechsel von Konfliktkonstellationen. Das schließt aber nicht aus, das Schwanken auch als ein Suchen zu deuten – die Revolution ist auf der Suche nach der dem neuen Legitimitätsprinzip gemäßen Ordnungsform, die eben nicht „self-evident" ist, um es mit dem kaum übersetzbaren Schlüsselwort der

2 Die Verfassungstexte sind abgedruckt in der Dokumentation Grab (1973) unter dem 3.9.1791, dem 24.6.1793 und dem 22.8.1795.

3 Grab (1973) S. 157f.

amerikanischen Unabhängigkeitserklärung zu sagen.[4] In dieser Suche ringen der Zweifel, ob dem Souverän überhaupt Regeln auferlegt werden dürfen, und die Einsicht, dass sich „das Volk“ als politische Einheit erst durch Repräsentation, also durch Regeln konstituiert, miteinander.

Zentrale Texte der Revolution machen das sehr deutlich sichtbar – etwa Sieyès’ berühmte Schrift „Was ist der Dritte Stand?“.[5] Sie legt einerseits bekanntlich den theoretischen Grund für das repräsentative Selbstverständnis der modernen Demokratie. Und sagt doch gleichzeitig in einer Wendung, in der Rousseau zu sprechen scheint: „Eine Nation ist von jeder Form unabhängig; und auf welche Art sie auch will, die bloße Äußerung ihres Willens genügt, um [...] alles positive Recht außer Kraft zu setzen.“[6] Robespierre hält den Girondisten, die auf die Rechte des Konvents pochen, entgegen: „Sobald sich das Volk versammelt, erlischt die politische Repräsentation, die Vollmacht des Konvents“,[7] ohne freilich die Frage zu beantworten, ob denn jedes Zusammenströmen einer hauptstädtischen Masse eine Versammlung „des Volkes“ sei.

Auch die definitiven Antworten auf die Frage, wie Demokratie und Rechtsstaat zueinander ins Verhältnis zu setzen seien, müssen erst noch gefunden werden. Um die Vorläufigkeit revolutionären Experimentierens an einem Detail sichtbar zu machen: In allen drei Verfassungen findet sich die Regel, dass Richter in allgemeinen Wahlen gewählt werden, und zwar für eher kurze Amtszeiten. Die moderne Demokratie ist dem in ihrer weiteren Entwicklung überwiegend nicht gefolgt.

Was das zweite große Thema der modernen Demokratiegeschichte angeht, das Verhältnis von Freiheit und Gleichheit, so findet sich in den Dokumenten der Französischen Revolution einerseits ein charakteristisches Oszillieren der beiden Leitwerte in ihrem Bezug aufeinander, andererseits aber auch eine bemerkenswerte Konstanz

4 Sie beginnt, nach dem einleitenden Absatz, bekanntlich mit den Worten „We hold these truths to be self-evident“.
5 Abgedruckt in der Sammlung von Schmitt/Reichardt (1981).
6 Zitiert nach Reichardt (1998) S. 116.
7 Zitiert nach Reichhardt (1998) S. 153.

in der Bestimmung dessen, was *égalité* als Verfassungsprinzip bedeutet. Die Erklärung der Menschen- und Bürgerrechte vom August 1789 beginnt mit dem Satz: „Die Menschen sind und bleiben von Geburt an frei und gleich an Rechten".[8] „Gleich an Rechten" – modern formuliert: gleich vor dem Gesetz - das ist, vom ersten Tag an, gleichsam die Kernantwort der Revolution auf die Frage, wie Freiheit und Gleichheit in der Demokratie miteinander kompatibel gemacht werden können. Es ist die Antwort einer Gesellschaft, die aus ständischen Strukturen erst einmal ausbrechen muss. Und um eben diesen Ausbruch handelt es sich auch beim zweiten, dem ersten eng verwandten zentralen Gleichheitspostulat der Revolution: gleicher Zugang zu allen öffentlichen Ämtern. Die Revolution denkt Gleichheit zuerst und vor allem als Negation der Ständegesellschaft. An der Verfassung von 1791 ist die konstitutive Bedeutung dieser Negation für die Revolution besonders deutlich abzulesen. Ihre Präambel macht die Negation der Ständegesellschaft zum Ausgangspunkt für alles Weitere.[9] Gleichheit vor dem Gesetz und gleicher Zugang zu allen öffentlichen Ämtern – das sind von nun an die Konstanten im Gleichheitsprogramm der Revolution, von Verfassung zu Verfassung. Aber diese Konstanz ist nur die eine Seite der Sache

Auf der anderen Seite steht, dass in der symbolischen wie der faktischen Rangordnung der Prinzipien durchaus ein Schwanken der Revolution zu beobachten ist. Während in der Erklärung der Menschen- und Bürgerrechte von 1789 und in der Verfassung von 1791 Gleichheit im Unterschied zur Freiheit nur adjektivisch, nicht als Substantiv vorkommt, tritt sie in der Verfassung von 1793 als Substantiv an die Spitze der Menschenrechte (Art. 2), ein Platz, den sie 1795 wieder an die Freiheit verliert. Dieses Oszillieren der Symbolik – und nicht nur der Symbolik – deutet an, dass die moderne Demokratie keineswegs mit einer fertigen, einer definitiven Antwort auf die Gleichheitsfrage die Bühne der Geschichte betreten hat, mag auch das Aufbegehren gegen die Ständegesellschaft einen ersten praktischen Konsens darüber, was Gleichheit bedeute, gestiftet haben.

8 Die Erklärung ist abgedruckt bei Grab (1973) unter dem 26.8.1789.
9 Grab (1973) S. 60f.

Das Wetterleuchten der Babeuf'schen Verschwörung von 1796 macht das nur noch deutlicher. Im „Manifest der Gleichen",[10] einem programmatischen Text aus der Umgebung von Babeuf, verfasst von Sylvain Maréchal, heißt es prophetisch: „Die französische Revolution ist nur die Vorläuferin einer anderen, weit größeren, weit ernsteren Revolution, die die letzte sein wird." Das große Thema dieser letzten Revolution wird die Gleichheit sein: „Gleichheit! Erste Sehnsucht der Nation, erstes Bedürfnis des Menschen, wichtigstes Band einer jeden rechtmäßigen Verbindung." Und etwas weiter: „So verlangen wir, von nun an ebenso gleich zu leben und zu sterben, wie wir geboren sind; wir wollen die wirkliche Gleichheit". Gewiss, die Babeuf'sche Verschwörung war nur ein Randgeschehen der Revolution. Aber in ihr kündigte sich doch an, dass die moderne Demokratie existentielle Fragen erst noch zu beantworten haben würde.

Die Frage nach einer demokratiegemäßen Ordnung der Wirtschaft hat sich die Französische Revolution in ihrem Hauptstrom explizit noch nicht gestellt. Sie kommt erst im 19. Jahrhundert auf und ist dann, vornehmlich unter dem Einfluss von Karl Marx, meistens als Machtfrage formuliert worden: Wie muss eine Wirtschaftsordnung beschaffen sein, die den demokratischen politischen Prozess als Modus gesellschaftlicher Selbstregierung nicht nur nicht aushebelt, sondern auch verlässlich trägt? Das ist die Frage, um die die Kapitalismus-Sozialismus-Debatte kreist, jedenfalls soweit sie die Demokratiethematik im Visier hat.[11] Die Kompatibilitätsfrage lässt sich aber auch anders, nämlich als Frage gerechter, demokratiegemäßer Verteilung stellen. Und hinter der Verteilungsfrage verbirgt sich schließlich noch die Frage der Leistungskraft, der Effizienz der Wirtschaftsordnung. Welche Wirtschaftsordnung gewährleistet

10 Abgedruckt bei Grab (1973) unter dem Datum Januar 1796; die zitierten Sätze finden sich auf S. 285.

11 Joseph A. Schumpeters „Capitalism, Socialism and Democracy", zuerst erschienen 1942, ist wahrscheinlich die am häufigsten genannte Studie zum Verhältnis zwischen Demokratie und Wirtschaftsordnung. Ihr Ruhm gründet sich vor allem auf ihre Demokratieanalyse. Die Prognose, der Kapitalismus könne nicht überleben, und die These, Sozialismus sei eine funktionsfähige, demokratiekompatible Wirtschaftsordnung, die eigentlich im Zentrum des Buches stehen, warten noch auf ihre Bestätigung durch die Geschichte.

am ehesten ein Niveau der Produktivität, das es möglich macht, jedenfalls die elementaren Lebensbedürfnisse der Wähler verlässlich zu befriedigen? Ohne diese Gewährleistung können Demokratien vermutlich nicht überleben.

Einzig die extreme Linke um Babeuf hat die Frage der demokratiegemäßen Wirtschaftsordnung bereits als solche thematisiert, in dem Sinne nämlich, dass Demokratie erst durch Verteilungsgerechtigkeit Wirklichkeit werde; dass Verteilungsgerechtigkeit gleiche Befriedigung der Grundbedürfnisse aller Bürger bedeute; und dass dieses Ziel nur bei vollkommener staatlicher Kontrolle über den Produktions- wie den Verteilungsprozess erreichbar sei. Das alles, muss man hinzufügen, war eher vormodern, in den engen Produktivitätsgrenzen einer noch nicht industrialisierten Gesellschaft gedacht.[12] Tatsächlich hat die Unfähigkeit der jeweiligen Autoritäten, die hauptstädtischen Massen verlässlich mit Brot zu bezahlbaren Preisen zu versorgen, eine Schlüsselrolle in der Radikalisierungsdynamik der Revolution gespielt. Es war der Hunger, der immer wieder zu jenen Eruptionen führte, in denen die Pariser *plebs* die Revolution weiter trieb. Die elementare Bedeutung von Versorgungsfragen für die Funktionsfähigkeit von Demokratie – und damit die Dringlichkeit der Frage nach dem Verhältnis von Demokratie und Wirtschaftsordnung zueinander – zeichnet sich also im Gang der Revolution bereits sehr wirkungsmächtig ab, mag das Thema auch nur für eine Randgruppe, Babeuf und seine Mitstreiter, damals schon zentrale Bedeutung gewonnen haben.

Es liegt nahe, zumindest einen Seitenblick auch auf den zweiten Schauplatz der Geburt der modernen Demokratie zu werfen, Nordamerika. Hannah Arendt hat in ihrer Studie „Über die Revolution“ bekanntlich die Gründung der Vereinigten Staaten von Amerika als Modell einer erfolgreichen Revolution den fast gleichzeitigen revolutionären Ereignissen in Frankreich als Modell einer gescheiterten Revolution gegenübergestellt, gescheitert, weil in Frankreich die Gründung eines stabilen republikanischen Gemeinwesens nicht gelang. Und sie hat dieses Scheitern damit erklärt, dass die Französi-

12 Dazu Gracchus Babeuf „Manifest der Plebejer“ abgedruckt bei Grab (1973) unter dem 30.11.1795.

sche Revolution die Last einer ungelösten sozialen Frage zu tragen gehabt habe, die Last des Hungers, wie man es auch sehr einfach sagen könnte.[13] Kann man nicht noch einen Schritt weitergehen und feststellen, dass die evolutionäre amerikanische Demokratiegründung anders als die versuchte revolutionäre in Frankreich auf alle drei unserer demokratiegeschichtlichen Schlüsselfragen von Anfang an klare, definitive Antworten zu geben in der Lage gewesen sei? War nicht die Form der Institutionalisierung des Volkssouveränitätsprinzips durch die angelsächsische Tradition vorgegeben, zu der das Repräsentativprinzip ebenso selbstverständlich gehörte wie das Prinzip der rechtlichen Domestizierung der Staatsgewalt? War nicht auch der Primat der Freiheit vor der Gleichheit unstreitig? Und ebenso die Zusammengehörigkeit von marktgesteuerter Eigentümerwirtschaft und Demokratie?

Ganz so eindeutig, wie diese Suggestivfragen es nahelegen, ist die Sache nicht. Gewiss: Die angelsächsische Entwicklung lief in ihrer geschichtlichen Logik auf die Synthese von modernem Demokratieprinzip und älterem Verfassungsprinzip hinaus. Und die Variante einer sozialistischen Demokratie ist in Nordamerika in der Tat nur von Außenseitern zur Diskussion gestellt worden. Die Zusammengehörigkeit von Demokratie und Marktwirtschaft, heißt das, stand ebenso wenig je zur Debatte wie die Zusammengehörigkeit von Demokratie und Verfassungsstaat. Der liberale Gründungskonsens ist, so gesehen, durchgehend erhalten geblieben. Aber zumindest in der Freiheits-Gleichheits-Frage ist die Konstellation komplexer. Es muss zu denken geben, dass Tocquevilles berühmte Diagnose der frühen amerikanischen Demokratie die Gleichheit, nicht die Freiheit als den zentralen Leitwert dieser Demokratie wahrnimmt.[14] Vor allem aber: Selbst wenn es zutrifft, dass die Gründung der amerikanischen Republik viel unzweideutigere Antworten gegeben hat als die Französische Revolution, so ist diese Eindeutigkeit für die Demo-

13 Arendt (1963).

14 Das wird besonders im zweiten, 1840 veröffentlichten Band deutlich, dessen Teile durchgehend die Überschrift tragen „Der Einfluss der Demokratie auf …“. Behandelt wird stets der Einfluss der Gleichheit auf das geistige Leben, die Sitten etc.

kratiegeschichte des 19. und 20. Jahrhunderts insgesamt doch nicht maßgeblich geworden.

Diese Feststellung bringt die russische Revolution von 1917 in den Blick. Mit ihr steht es anders als mit den Gründungsrevolutionen des späten 18.Jahrhunderts und viel komplizierter. Für die Frage nach den Lektionen des Jahrhunderts hat sie Schlüsselbedeutung. Freilich, der Zweifel ist schon angemeldet: Gehört sie überhaupt in die Demokratiegeschichte hinein? Er ist vorab zu bedenken. Man kann argumentieren, Lenin, seine Mitstreiter und seine Erben hätten mit der Berufung auf demokratische Ideale nur eine Fassade aus Worten errichtet, hinter der planmäßig eine totalitäre Diktatur aufgebaut worden sei. Sie hätten das legitimatorische Potential einer politischen Tradition, mit der sie tatsächlich vollkommen gebrochen hätten, bewusst missbraucht. Zumal der Blick auf die mörderische Tyrannis Stalins und auf die gesamte Phase des in der Selbstverteidigung der Autokratie erstarrten Spätkommunismus macht dieses Argument höchst plausibel. Möglich ist aber auch eine Deutung der Oktoberrevolution nicht von ihren totalitären Folgen, sondern von ihren tief in die Demokratiegeschichte hineinreichenden Wurzeln, von ihrem Selbstverständnis und Anspruch her. Man darf die Oktoberrevolution, anders formuliert, auch beim Wort nehmen. Beide Sichtweisen schließen sich keineswegs aus. Sie ergänzen sich in gewissem Sinne. Die Ambivalenz der modernen Demokratietradition lässt sich ja, wie Talmon gezeigt hat, bis tief ins 18. Jahrhundert zurückverfolgen.[15] Und sie tritt schon in der Französischen Revolution dramatisch in Erscheinung.

Die Oktoberrevolution als ein demokratiegeschichtlich bedeutsames Datum zu verstehen, heißt zunächst einmal, die Frage für legitim zu halten, ob Demokratie möglich sei, wenn das Recht auf Eigentum in der Tradition der großen Deklarationen des 18. Jahrhunderts ohne Einschränkung als ein jeder politischen Ordnung, auch der demokratischen, vorgegebenes Menschenrecht aufgefasst werde – die Frage! Es war insbesondere die Erfahrung der Frühphase der Industrialisierung, die diese Frage unabweisbar machte – in ihr stießen die

15 Talmon (1952).

demokratische und die industrielle Revolution gleichsam aufeinander, und zwar hart. Der Sozialismus beantwortete sie bekanntlich mit „nein“, jedenfalls was das Eigentum an Produktionsmitteln angeht. Karl Marx machte aus diesem Nein eine sich als Wissenschaft ausgebende umfängliche Geschichtsdogmatik, eine unumstößliche Gewissheit. Und die Partei Lenins, die mit der Oktoberrevolution die Macht in Russland ergriff, verstand sich, sie handelte als Exekutor dieser Gewissheit.

So betrachtet, d.h. von seinen Ursprüngen in den Erfahrungen und im Denken des 19. Jahrhunderts her, stellt sich das kommunistische System, so wie es aus der Oktoberrevolution hervorging, als ein gewaltiges Demokratieexperiment, besser wohl: emanzipatorisches Experiment dar, ein Experiment, das sich auf eine neue Lesart der Menschenrechte gründete; ein, wie man sogleich hinzufügen muss, schon in seinen Anfängen scheiterndes, notwendig scheiterndes, wie wir heute wohl sagen würden, Experiment, aber eben doch in seinem Ansatz ein emanzipatorisch gedachtes Experiment.[16] Und so gibt die Oktoberrevolution denn auch, als emanzipatorisches Experiment gelesen, ihre eigenen Antworten auf die drei Fragen, um die unsere Überlegungen kreisen. Freilich kehrt sich in den Antworten der Revolution die Sequenz der Fragen um. An erster Stelle, davon war eben schon die Rede, steht die nach der demokratiekompatiblen Wirtschaftsordnung. Die sozialistische Spur der Demokratiegeschichte wird markiert durch die sozialistische Antwort auf eben diese Frage. Die lautet bekanntlich: Demokratie ist nur möglich, wenn die Produktionsmittel gesamtgesellschaftlicher, staatlicher Verfügungsmacht unterstellt werden. Und: Demokratie verlangt, dass Produktion und Verteilung nach einem das gesamte wirtschaftliche Geschehen erfassenden, die Bedürfnisse der Gesellschaft aufnehmenden Plan gelenkt werden. Diese Doppelantwort ist in der Oktoberrevolution zum ersten Mal geschichtsmächtig geworden.

16 Geyer (1974) spricht in seinem grundlegenden Artikel „Oktoberrevolution“ vom emanzipatorischen Gehalt, welcher der bolschewistischen Revolution nicht abzusprechen sei (S. 263). Und in einem nach 1989 geschriebenen Beitrag von den gut 70 Jahren kommunistischer Herrschaft in Russland als „monströsem Modernisierungsprojekt“. Geyer (1996) S. 20. Zum Gesamtkomplex Sozialismus und Demokratie vgl. Jahn (2004).

An zweiter Stelle steht die Frage nach der demokratiegemäßen Auflösung des Freiheits-Gleichheits-Dilemmas. Die Oktoberrevolution beantwortet die Frage so, wie sie der scheiternde Außenseiter Babeuf 120 Jahre zuvor in der Französischen Revolution beantwortet hatte. Sie postuliert den Primat der Gleichheit – und sie praktiziert ihn in gewissem Sinn auch.

Am wenigsten deutlich ist – auf der Ebene der Theorie – die Antwort auf die Frage, die ich eingangs als erste gestellt habe: Welche Ordnung des Politischen ergibt sich aus dem Legitimitätsprinzip der Volkssouveränität? Die Undeutlichkeit, die Beiläufigkeit der Antwort hat sicher damit zu tun, dass der Frage im Marxismus keine eigenständige Bedeutung zukommt. Mit der Vergesellschaftung der Produktionsmittel und der planmäßigen Verteilung des Erwirtschafteten gemäß den Prinzipien zunächst der sozialistischen, dann der kommunistischen Gerechtigkeit ist die klassenlose Gesellschaft verwirklicht. Und in der klassenlosen Gesellschaft verliert Politik, mithin auch die Ordnung des Politischen ihre Vordringlichkeit. Die Formel vom Absterben des Staates meint auch die Demokratie als eine Form politischer Verfasstheit der Gesellschaft. Es bedarf dessen nicht mehr.

Trotz dieser Zukunftserwartung haben weder Marx noch Lenin das Thema einfach beiseite geschoben. Karl Marx hat bekanntlich in seiner Schrift „Der Bürgerkrieg in Frankreich“ die Pariser Kommune von 1871 mit Emphase zum Verfassungsmodell für die sozialistische Zukunftsgesellschaft erklärt. Sie sei die endlich entdeckte politische Form, unter der „die ökonomische Befreiung der Arbeit sich vollziehen konnte“[17] und, wie man ergänzen darf, in Zukunft auch wieder vollziehen würde. Friedrich Engels hat die Botschaft in der berühmt gewordenen Schlusspassage seiner Einleitung zur dritten Auflage des Textes im Jahr 1891 drohend zugespitzt: „Der deutsche Philister ist neuerdings wieder in heilsamen Schrecken geraten bei dem Wort: Diktatur des Proletariats. Nun gut, ihr Herren, wollt ihr wissen, wie diese Diktatur aussieht? Seht euch die Pariser Kommune an. Das war die Diktatur des Proletariats.“[18] Dies waren die wesent-

17 Marx (1975) 2. Band S. 927.
18 Marx (1975) 2.Band S. 1132 f.

lichen Merkmale der Kommuneverfassung in der Wahrnehmung von Marx und Engels:

- Die Gewaltenteilung zwischen Legislative und Exekutive ist aufgehoben.
- Jeder Amtsträger, ob mit legislativen oder exekutiven Aufgaben betraut, ist jederzeit abberufbar; auch die Richter sind es, und die Abgeordneten zudem an Instruktionen ihrer Wähler gebunden.
- Schließlich (an diesem Punkt mussten Marx und Engels über das Pariser Experiment, das ja nur für wenige Monate Bestand hatte, hinausdenken): An die Stelle des zentralistischen Staates tritt ein föderativer Verbund von Kommunen.[19]

Lenin hat, wie man weiß, 1917 die Kommune-Schrift aufgegriffen, hat die Räteverfassung mit eben jenen Charakteristika, die Marx und Engels der Pariser Kommune zugeschrieben hatten, als die politische Form der neuen, von den Bolschewiki zu schaffenden Gesellschaft verkündet.[20] Und die Verfassung der Russischen Sozialistischen Föderativen Sowjetrepublik vom Juli 1918 hat diese Form dann ja auch, jedenfalls auf dem Papier, festgeschrieben.[21] Sie ist eindeutig als Gegenentwurf zur gewaltenteilenden Repräsentativverfassung der westlichen Demokratietradition konzipiert. Bis ans Ende ihrer Tage hat die Sowjetunion sich als Räterepublik bezeichnet, also den Anspruch erhoben, Demokratie in einer alternativen, überlegenen Verfassungsform zu verwirklichen. Faktisch hat Lenin das von Marx übernommene Verfassungsmodell, kaum dass es ernst wurde damit, freilich mit der größten Skrupellosigkeit wieder beiseite geschoben. Es ist unstreitig, dass ihn dabei vor allem sein unbedingter Wille zur Macht trieb. Aber dieser Wille zur Macht war doch wohl nicht nur schierer Machtwille. Er hatte seine Wurzeln in der Überzeugung,

19 Die beiden maßgeblichen Texte, die von Marx verfasste „Adresse des Generalrates der Internationale“ vom 30. Mai 1871 (Marx [1975] 2. Band S. 897ff.) und Engels' Einleitung zur deutschen Ausgabe dieser Schrift von 1891 (Marx [1975] 2. Band S. 1118ff.) beschäftigen sich vor allem mit den historischen Vorgängen. Die Kommune als Organisationsmodell für eine zukünftige Gesellschaft wird beschrieben in den Passagen auf S. 922ff. und 1130ff.

20 In seiner Schrift „Staat und Revolution“.

21 Die Verfassung findet sich in der Dokumentensammlung Altrichter (1986). Siehe ferner Hildermeier (1989) S. 262f.

sicheres Wissen über den Gang, das Ziel, den Sinn der Geschichte zu haben. Und das heißt: Lenin tauschte, indem er die proklamierte Räteverfassung durch die Diktatur der Partei ersetzte, das Legitimitätsprinzip der Volkssouveränität gegen das Legitimitätsprinzip des Herrschaftsrechts und der Herrschaftspflicht der als Partei organisierten Minderheit der Wissenden aus.[22]

Führt unser Versuch, der Oktoberrevolution mit ihren Antworten auf unsere drei Fragen einen Platz in der Demokratiegeschichte des 20. Jahrhunderts zuzuweisen, also doch nur wieder zum Ausgangspunkt zurück, zum Zweifel daran, dass sie in diese Geschichte gehöre? Ja und nein. Die Oktoberevolution hat ohne Umwege in den Totalitarismus hineingeführt – das ist die eine Seite. Sie ist aber auch Ausgangspunkt oder Anknüpfungspunkt einer das Jahrhundert bestimmenden schismatischen Demokratiediskussion gewesen – das ist die andere Seite. Die Fragen, ob Demokratie mit privater Verfügungsmacht über Produktionsmittel vereinbar sei; ob sie möglich sei, solange am Primat der Freiheit vor der Gleichheit festgehalten werde; und ob die Selbstregierung des Volkes sich in der gewaltenteilenden Repräsentativverfassung verwirklichen könne – diese Fragen haben sich das vergangene Jahrhundert hindurch in unterschiedlichen Fassungen mit einer Beharrlichkeit immer wieder neu gestellt, die nur aus der Präsenz kommunistischer Regime mit ihrem Anspruch, die weltgeschichtliche Vorhut eines anderen, überlegenen Typus von Demokratie zu sein, zu erklären ist. Es gibt also gute Gründe dafür, das 20. Jahrhundert nicht nur als Jahrhundert des Konflikts zwischen Demokratie und Totalitarismus zu deuten, sondern diesen Konflikt, soweit es um den Kommunismus geht, zugleich als ein – um den eben eingeführten Begriff aufzunehmen – Demokratieschisma zu interpretieren, das in der Oktoberrevolution seinen Ursprung hat. Der atlantischen Demokratiekonzeption und Demokratiepraxis, in der die Impulse der Französischen Revolution mit der angelsächsischen Freiheitstradition eine Verbindung eingingen, steht der prinzipielle Zweifel daran gegenüber, dass dieser Demokratietypus das Demokratieversprechen einlösen könne. Auch

22 Zu den historischen Vorgängen vgl. Hildermeier (1989) Abschnitt V.

wenn die Oktoberrevolution entgegen ihrem Anspruch keine Alternative hervorgebracht hat, so hat sie doch den prinzipiellen Zweifel an der atlantischen Demokratie in eigentümlicher Weise auf Dauer gestellt.

Ein eindringliches Dokument dieses „Schismas“ ist der Band „Democracy in a World of Tensions“, den die UNESCO 1951 herausgab.[23] Die UNESCO legte mit dem Band die Ergebnisse eines Symposions vor, in dem sie mittels eines an mehr als 500 Wissenschaftler in aller Welt versandten Fragebogens herauszufinden versucht hatte, ob sich in den unterschiedlichen, einander befehdenden Demokratieverständnissen von Ost und West nicht eine gemeinsame Kernsubstanz identifizieren lasse – ein Unternehmen, das von der etwas naiven Hoffnung getragen wurde, es werde sich auf diese Weise vielleicht eine Art geistig-politischer Brücke zwischen Ost und West schlagen lassen. Es waren die frühen Jahre des Kalten Krieges, noch glaubte die UNESCO an ihre Chance wie an ihre Pflicht, zur Schaffung der einen friedlichen Welt einen intellektuellen Beitrag zu leisten.

In der wissenschaftlichen Auswertung der Antworten wird betont, dass es in der Tat eine Grundübereinstimmung gebe. “The committee was struck by the fact that there were no replies adverse to democracy.”[24] Und weiter: “The acceptance of democracy as the highest form of political or social organization is the sign of a basic agreement in the ultimate aims of modern social and political institutions.”[25] Auch darüber bestehe Übereinstimmung unter den Befragten, “that participation of the people is an essential part of the definition of democracy.”[26] Hinter dieser Übereinstimmung im Elementar-Abstrakten aber tat sich eine weite Zone grundsätzlicher Dissense auf.[27] Sie betrafen zum einen das Verhältnis der politischen Verfassungsform Demokratie zur Wirtschafts- und Gesellschaftsordnung. Setzt die Demokratie die Vergesellschaftung der oder je-

23 McKeon (1951).
24 McKeon (1951) S. 526.
25 McKeon (1951) S. 522.
26 McKeon. (1951) S. 522.
27 Zum Folgenden siehe den Abschnitt „Analytical Survey“ bei McKeon (1951).

denfalls gewisser Produktionsmittel voraus, verlangt sie die weitgehende Gleichverteilung aller Güter oder gerade nicht? Und sie betrafen zum andern die Frage, wie offen der demokratische politische Prozess zu sein habe. Etwas anders und grundsätzlicher formuliert: Sie betrafen die Frage, ob in der Demokratie die Form oder der Inhalt den Primat habe. Haben demokratische Entscheidungsregeln nur insoweit Anspruch auf Beachtung, als die Entscheidungen auch inhaltlich als demokratiegemäß, demokratiedienlich gelten können, oder sind gerade sie die Quintessenz von Demokratie?

Die Antworten, die die befragen Wissenschaftler auf diese Fragen geben, lassen sich im Wesentlichen in zwei Gruppen zusammenfassen. Und im Gegeneinander dieser beiden Positionen bildet sich recht genau ab, was wir das Demokratieschisma des 20. Jahrhunderts genannt haben. Mit anderen Worten: Das offenkundige Scheitern des emanzipatorischen Experimentes, als das die Oktoberrevolution einmal verstanden werden wollte und verstanden werden konnte, die bruchlose Überführung der Revolution in eine totalitäre Gewaltherrschaft hatte jedenfalls bis zur Mitte des vergangenen Jahrhunderts die Überzeugung noch keineswegs erschüttert, dass es zum „atlantischen" Entwicklungsweg der Demokratie eine überlegene Alternative gebe; eine Alternative, die die demokratische Wahrheit in der Marx'schen Kapitalismuskritik, in der Babeuf'schen Gleichheitsunbedingtheit und in einer die Bindung an das Verfassungsprinzip aufkündigenden radikalen Idee der Volkssouveränität zu finden meint.

II.

Was ist davon nach der Epochenzäsur von 1989 geblieben? Gibt es, um noch einmal zu unserer Ausgangsformulierung zurückzukehren, Erfahrungslektionen der Demokratiegeschichte des 20. Jahrhunderts, für die das Jahr 1989 als Symbol steht? Lektionen, die sich als Antwort auf unsere drei Fragen formulieren lassen? Was die erste angeht - welche Ordnung des Politischen folgt aus dem Legitimitätsprinzip der Volkssouveränität? – so lässt sich der empirische Befund, den uns das Jahrhundert präsentiert, in die knappe Aussage fassen: Eine lebensfähige Alternative zur repräsentativen und verfassungsstaatlichen Form der Demokratie hat sich bis heute nicht herausgebildet. Alles spricht dafür, dass dies kein historischer Zufall ist. Es gibt in der Familie der Demokratien zwar eine beträchtliche Varianz, die typologisch zu ordnen eine der Hauptbeschäftigungen der empirischen Demokratieforschung der letzten Jahrzehnte gewesen ist.[28] Aber diese Varianz sprengt nicht das Gehäuse des einen hier als „atlantisch" etikettierten Grundtypus. Konstitutiv für den atlantischen Typus der Demokratie ist die Symbiose von Demokratie und Verfassungsstaat. Die Lektion des Jahrhunderts ist in diesem Punkt eindeutig: Demokratie ist als Demokratie nur lebensfähig in verfassungsstaatlicher Gestalt. Und der Verfassungsstaat ist, jedenfalls auf dem erreichten Plateau der Modernität, als Verfassungsstaat nur lebensfähig in demokratischer Gestalt. Für die normative Grundlegung der Demokratie bedeutet das, dass „Volkssouveränität", anders als die traditionelle Demokratiesprache es suggeriert, kein autarkes Legitimitätsprinzip ist. [29] Demokratie basiert auf einem herrschaftsbegründenden und einem herrschaftsbegrenzenden legitimierenden Prinzip; beide können nur wirksam werden, wenn sie sich in der Balance halten.

Neuerdings ist von einem immer häufiger in Erscheinung tretenden hybriden Demokratietypus die Rede: der illiberalen oder unfreien Demokratie, in paradoxaler Zuspitzung: der demokratisch legitimierten Tyrannis.[30] Gemeint sind politische Systeme, die Elemente demokratischer Regierungsweise in eine wesentlich autokratische Herrschaftspraxis einbeziehen; Zwittergebilde, in denen die Machthaber, um vor der Weltöffentlichkeit den Anschein demokratischer Legitimität zu gewinnen, Wahlen veranstalten, die keine reinen Scheinwahlen sind, sich aber den Risiken eines offenen und fairen politischen Wettbewerbs nicht wirklich aussetzen und sich schon gar nicht auf die verfassungsstaatliche Einhegung politischer Macht einlassen. Es ist der Versuch, Demokratie mit einer gewissen Glaubwürdigkeit zu inszenieren, ohne dabei die Bindungen und Diszipli-

28 Den einflussreichsten typologischen Entwurf der letzten Jahrzehnte hat Arend Lijphart vorgelegt. Lijphart (1999). Einen Überblick über die einschlägige empirische Demokratieforschung gibt Schmidt (2008) Teil III.
29 Dazu Kielmansegg (1977) 5.Kapitel.
30 Fred Zakaria hat das Etikett „illiberal democracy" geprägt. Zakaria (2003).

nierungen der Macht zu akzeptiern, die für den demokratischen Verfassungsastaat konstitutiv sind. Russland ist derzeit unzweifelhaft der gewichtigste Fall in dieser Kategorie von Staaten.

Stellt der Typus die These vom wechselseitig symbiotischen Verhältnis, in dem Demokratie und Verfassungsstaat zueinander stehen, in Frage? Darüber wäre ernsthaft nachzudenken, wenn zwei Voraussetzungen erfüllt wären. Illiberale Demokratien müssten tatsächlich als Demokratien, wenn auch nicht verfassungsstaatliche Demokratien, durchgehen können. Und die Hybridform müsste sich als einigermaßen stabil erweisen. Tatsächlich ist weder die eine noch die andere Voraussetzung gegeben. Von praktizierter Volkssouveränität, von Wahlen, die demokratische Legitimität vermitteln können, kann nur die Rede sein, wenn die Machthaber nicht manipulativ auf die Entscheidung der Wählerschaft einwirken. Für die sogenannten illiberalen Demokratien ist aber genau diese manipulative Einwirkung charakteristisch; sie ist ein Schlüsselmechanismus des Systems. Die Opposition ist in aller Regel massiven, gezielten Benachteiligungen im politischen Wettbewerb ausgesetzt. Und den Bürgern wird ihr Recht auf freie Information verkürzt – um nur die beiden häufigsten Verletzungen der für den demokratischen politischen Prozess konstitutiven Regeln zu nennen. Das Russland Putins und das Venezuela des Hugo Chavez sind beredte Beispiele. Auch spricht wenig für die Stabilität des hybriden Charakters dieser Ordnungen. Es gibt gute Gründe für die Annahme, dass die Logik der Autokratie hier und die Logik der Demokratie da die Entwicklung notwendig in die eine oder die andere Richtung treiben. Auch die kupierte Demokratie fordert die Autokratie immer wieder heraus, stellt sie in Frage, zwingt sie zu stärkerer Repression, wenn sie denn die Kontrolle über den politischen Prozess behalten will, oder zum Rückzug. Eine stabile Balance ist kaum vorstellbar. Auch das zeigen die beiden genannten Fälle deutlich. Die Hybridregime relativieren die erste Lektion also nicht, sie bestätigen sie eher.

Noch eine zweite Aussage gehört zu dieser ersten Lektion: Es ist keine prinzipielle Alternative zur repräsentativen Verfasstheit der Demokratie und zur Organisation des politischen Konfliktes als Parteienwettbewerb sichtbar geworden. Die von der Oktoberrevolution proklamierte Räteverfassung, die beides überwinden sollte – Repräsentation im herkömmlichen Verständnis und Parteienwettbewerb – hat sich nirgendwo als funktionstüchtige demokratische Verfassung bewähren können, weder in Russland noch sonst. Und das nicht nur deshalb nicht, weil ihr die siegreichen kommunistischen Parteien keine Chance gaben. Räte sind nie Verfassungsorgane einer auf Dauer angelegten demokratischen Alltagspraxis geworden, weil sie ihrer Natur nach Organe revolutionären Handelns sind, geschaffen in und für Ausnahmesituationen. Aber gerade weil sie den revolutionären Augenblick nie überlebt haben, konnten sie als Mythos fortleben. Die Faszination, die vom Rätemythos ausging, machen die einschlägigen Texte von Hannah Arendt, die ihm geradezu verfallen war, eindringlich deutlich.[31] So vernichtend ihr Urteil über die moderne Parteiendemokratie ausfiel, so unkritisch verklärte sie „Räte" zur einzigen aussichtsreichen Organisationsform republikanischer politischer Praxis. Aber auch Hannah Arendt hat mit keinem Satz die Erwartung plausibel machen können, dass die Räteverfassung, hätte die Geschichte ihr eine Chance gegeben, ihre Tauglichkeit als Verfassung der modernen Demokratie hätte nachweisen können. Ganz im Gegenteil: Organisationslogische Überlegungen zeigen mit großer Eindeutigkeit, dass es nicht den geringsten Anlass für diese Erwartung gibt.[32]

Die Feststellung, in der Demokratiegeschichte des 20. Jahrhunderts sei keine prinzipielle Alternative zur repräsentativen Verfasstheit der modernen Demokratie, auch keine Alternative zum Parteienwettbewerb als demokratischem Konfliktmodus sichtbar geworden, ignoriert natürlich nicht, dass auch in der Demokratie der Moderne, nach der Entwicklung der letzten Jahrzehnte kann man sogar sagen, in den meisten Demokratien der Gegenwart, direkt-demokratische Entscheidungsverfahren eine Rolle spielen. Sie besagt nur: Direkt-demokratische Entscheidungsverfahren sind in der neuzeitlichen Demokratie immer nur, in sehr unterschiedlicher Ausprägung und in sehr unterschiedlichem Maße, als sekundäre Komponenten

31 Insbesondere in ihrer Studie „Über die Revolution" (Anm. 13) singt Hannah Arendt das hohe Lied der Räte.
32 Als Beispiel Kevenhörster (1974).

einer repräsentativen Grundstruktur beigegeben – davon war im vierten Versuch ausführlich die Rede. Genauso wenig will diese Feststellung leugnen, dass die repräsentative Demokratie angefochten ist. Sie sagt nicht mehr und nicht weniger als dies: Es gibt keine guten Gründe für die Annahme – oder auch Hoffnung, die moderne Demokratie könne in der Hauptsache etwas anderes sein als repräsentative Parteiendemokratie.

Unsere zweite Ausgangsfrage lautete: Bis zu welchem Grade sind die beiden demokratischen Leitwerte Freiheit und Gleichheit kompatibel? Und wie ist in Kollisionsfällen zu entscheiden? Auch auf diese Frage hat das emanzipatorische Menschheitsexperiment von 1917 ff., dessen ursprünglicher Leitwert ja Gleichheit war, eine Antwort gegeben. Ungleichheit hat offensichtlich so tiefe anthropologische wie gesellschaftsstrukturelle Wurzeln, dass der Versuch, sie mit politischen Mitteln nicht nur abzuschwächen, sondern abzuschaffen, notwendig mit der vollständigen Negation von Freiheit endet. Gleichheit vor dem Gesetz und Gleichheit der politischen Teilnahmerechte bilden das Gleichheitsminimum, durch das Freiheit sich als demokratische Freiheit definiert. Alle Antworten, die in den Möglichkeitsraum zwischen diesem Minimum auf der einen und der Schwelle zum totalitären Experiment auf der anderen Seite fallen, stehen zur Disposition des demokratischen politischen Prozesses und müssen im demokratischen politischen Prozess immer wieder neu ausgehandelt werden.[33]

Die dritte Frage war das ganze 20. Jahrhundert hindurch die am heftigsten diskutierte, die kontroverseste, die am stärksten polarisierende. Und nun, da es zu Ende gegangen ist, scheint die Antwort besonders eindeutig zu sein. Demokratie, so lautet die Lektion des Jahrhunderts, ist auf ein marktwirtschaftliches Fundament angewiesen. Der sechste Versuch hat die – komplexen und doch eindeitigen – Zusammenhänge genauer ins Auge gefasst. Ohne eine einzige

33 In Demokratien mit expliziter oder impliziter verfassungsrechtlicher Festschreibung einer allgemeinen Gleichheitsnorm und Verfassungsgerichtsbarkeit ist es, genau genommen, das Verfassungsgericht, das letztinstanzlich entscheidet, wieviel Gleichheit sein soll. Ein guter Zugang zu den konkreten Entscheidungsfragen, die sich hier stellen, ist deshalb die Lektüre der Anmerkungen jedes beliebigen Grundgesetzkommentars zu Art. 3.

Ausnahme, so der Befund, treten Demokratien in Verbindung mit marktgesteuerten, auf privates Eigentum an Produktionsmitteln gegründeten Ökonomien auf. Zwar gilt auch hier, dass die Varianz – die Vielfalt unterschiedlicher Marktwirtschaften nämlich, die in dieser Symbiose begegnen – beträchtlich ist; „Varieties of capitalism" ist das Etikett, unter dem die einschlägige Forschung dieses Phänomen untersucht. Aber dominant marktwirtschaftlich verfasst sind alle demokratiekompatiblen Varianten. Dass Demokratie den Markt braucht und der Markt privates Verfügungsrecht über Produktionsmittel voraussetzt, hat alle Evidenz für sich. Das Epochendatum 1989 steht gerade für diese Evidenz.

Freilich, auch das hat uns im sechsten Versuch beschäftigt, stellt sich die Beziehung einstweilen als nicht-reziprok dar. Der Markt scheint die Demokratie nicht in der gleichen Weise zu brauchen wie die Demokratie den Markt. Jedenfalls gibt es zahlreiche Beispiele der Koexistenz von Marktwirtschaft und nicht-demokratischen politischen Strukturen. Ob diese Koexistenz dauerhaft möglich ist, muss man aber wohl immer noch als eine offene Frage ansehen. Manches spricht dafür, dass die Funktionsbedingungen ökonomischer Märkte und die Funktionsbedingungen autokratischer politischer Herrschaft auf längere Frist nicht kompatibel sind. Klar ist das noch nicht. Es ist – man denke an China – eine der großen offenen Fragen, mit denen wir ins 21. Jahrhundert hineingehen.

III.

Der empirische Befund, so eindeutig er auch sein mag, ist eines. Die Frage, ob er sich durch ein theoretisches Argument absichern lasse, ist das andere. Erst wenn Erfahrungsbefund und theoretisches Argument zusammenkommen, kann von verlässlich gesicherter Erkenntnis die Rede sein. Tatsächlich lässt sich, was hier zunächst als „Lektionen des Jahrhunderts", als Schlussfolgerungen aus der Demokratiegeschichte vor allem des 20. Jahrhunderts präsentiert wurde, auch mit theoretischen Überlegungen abstützen, freilich nicht durchgehend mit gleicher Stringenz.

Dass Demokratie und Verfassungsstaat in einem symbiotischen Verhältnis zueinander stehen, dass sie aufeinander angewiesen sind, lässt sich sowohl aus einer normativen wie aus einer systemischen Logik heraus begründen. Das normative Argument kann – zwingend ist das, wie gleich noch auszuführen sein wird, nicht – von einer strikt individualistischen Prämisse ausgehen, wie es konsequent der Kontraktualismus tut. Für den Kontraktualismus hängt die Legitimität einer Verfassung bekanntlich daran, dass die Verfassung, wenn sie sich schon nicht auf einen tatsächlichen Vertragsschluss gründet, doch jedenfalls als auf einem Vertragsschluss, also als auf der Zustimmung eines jeden einzelnen Bürgers beruhend gedacht werden kann. Die Frage, die sich aus dieser Prämisse ergibt, lautet: Wie sieht der Verfassungskonsens aus, der aus dem individuellen, rationalen, d.h. am Eigeninteresse orientierten Kalkül aller Vertragsschließenden hervorgeht? James Buchanan und Gordon Tullock haben diese Frage schon vor 40 Jahren in ihrem Buch „The Calculus of Consent" in aller Gründlichkeit gedankenexperimentell beantwortet.[34] Ihre Antwort ist eindeutig: Zustimmung zu einem Verfassungsvertrag ist nur denkbar, wenn dieser Vertrag sowohl Beteiligungs- als auch Schutzrechte gewährt. Keine Entscheidungsregel, die den Einzelnen potenziell der Fremdbestimmung unterwirft – und das tun alle kollektiven Entscheidungsregeln – ist für den Betroffenen annehmbar, wenn nicht durch eine komplementäre Regel der Raum legitimer Fremdbestimmung verlässlich begrenzt wird. In unsere Sprache übersetzt heißt das: Nur eine – wie immer im Einzelnen gestaltete – Verknüpfung von Verfassungsprinzip und Demokratieprinzip kann aus kontraktualistischer Sicht eine Verfassung ergeben, der jeder zustimmen kann und die deshalb legitim ist.

Die Autonomie des nur sich selbst verpflichteten Individuums ist aber nicht die einzige denkbare normative Demokratieprämisse. Größere anthropologische Plausibilität hat die Annahme, dass der Mensch von vorneherein als ein Wesen des Miteinanders gedacht werden muss, ein Wesen, das durch seinen Bezug zum anderen definiert ist. Ins Zentrum der normativen Logik rückt dann ein Argument, das sich grundlegend von dem kontraktualistischen unterscheidet. Die Legitimität einer politischen Ordnung beruht dann

34 Buchanan/Tullock (1963). Dazu ferner Buchanan (1977).

nicht auf der – unterstellten – Zustimmung eines jeden. Legitimität kommt einer politischen Ordnung vielmehr zu, weil und insoweit sie die Ansprüche einerseits und die Pflichten andererseits institutionalisiert, die angesichts des anthropologischen Imperativs zum Miteinander, jeder gegen jeden hat.[35] Jeder hat ein Recht auf die Achtung der Bedingungen der Möglichkeit seiner Freiheit durch die anderen und die Pflicht zur Achtung der Bedingungen der Möglichkeit der Freiheit der anderen im Rahmen einer Verfassung. Es lässt sich leicht zeigen, dass auch diese Prämisse in ihrer normativen Logik zwingend zur Verknüpfung von Demokratieprinzip und Verfassungsprinzip führt, zur Verknüpfung des Rechtes auf Mitwirkung an den für alle verbindlichen Kollektiventscheidungen mit dem Recht auf Schutz vor der Entscheidungsmacht des Kollektivs oder auch: der im Namen des Kollektivs ausgeübten Entscheidungsmacht.

Systemtheoretische Demokratiebegründungen wählen nicht den Einzelnen – der Begriff impliziert es – sondern das System als Ausgangspunkt.[36] Eine Demokratie ist aus dieser Sicht vor allem als ein offenes System zu definieren, als ein System näherhin, das Politik als nicht abschließbaren Prozess der Suche nach immer wieder neuen Lösungen für jene Probleme, die es herausfordern, durch Gewährleistung möglichst vieler Teilnahmechancen organisiert. Noch etwas anders formuliert: Demokratie ist ein politisches System, das im Interesse seiner Problemlösungsfähigkeit die dauerhafte Verfestigung von Machtlagen zu verhindern sucht. Der demokratische Wettbewerb, der prinzipiell die Offenheit des Systems sichern soll, kann das allein nicht leisten. Auch demokratischer Wettbewerb ist seiner Natur nach Kampf um Macht, und Machtkampf tendiert immer zur Exklusion. Nur strenge Regulierung, Limitierung, Domestizierung des Machtwettbewerbs kann – in Verbindung mit der Vielfalt der Teilnahmechancen – den politischen Prozess auf Dauer offen halten. Das aber heißt, wiederum in unsere Sprache rückübersetzt, nichts anderes als: Demokratieprinzip und Verfassungsprinzip müssen zusammen-

35 Im Kern ist dies natürlich ein Kantisches Argument, hier nur auf die Verfassung ausgerichtet.

36 In knapper Skizze findet sich die systemtheoretische Demokratiebegründung bei Luhmann (1969).

gefügt werden. Die Lektion des Jahrhunderts, die Lektion der Geschichte und das theoretische Argument – das ist das eindeutige Fazit – konvergieren: Demokratie kann nur als Verfassungsstaat Demokratie sein.

Als viel schwieriger erweist sich die theoretische Beantwortung unserer zweiten Ausgangsfrage, der Frage, ob und wie sich das Freiheits-Gleichheits-Dilemma auflösen lasse, oder richtiger: wie sich mit ihm leben lasse. Schon der historische Befund ließ bei aller Eindeutigkeit im Elementaren vieles offen. Das gilt ebenso für die theoretische Bemühung um eine klare Bestimmung der demokratiegemäßen Relation zwischen Freiheit und Gleichheit.[37] Die Grenzen des Raumes, in dem demokratiekompatible Lösungen gesucht und gefunden werden müssen, sind bestimmbar. Von ihnen war ja auch schon im historischen Kontext die Rede. Für die theoretische Betrachtung ergeben sie sich aus der Tatsache, dass Demokratie nicht durch einen ihrer beiden Leitwerte allein definierbar ist. Sie ist es nicht, weil keiner der beiden Leitwerte ganz und gar zur Disposition des anderen gestellt werden kann, ohne dass die Demokratie als eine auf die Menschenrechte verpflichtete Ordnung zur Disposition gestellt wird. Jeder unbedingte Versuch, eine Gesellschaft der Gleichen mit politischen Mitteln zu schaffen, muss die Freiheit notwendigerweise vollständig zur Disposition des Gleichheitszieles stellen. Umgekehrt gilt: Eine Freiheitsordnung ist nur dann eine auf die Menschenrechte verpflichtete Ordnung;, wenn sie Gleichheit zumindest als Gleichheit der politischen Beteiligungsrechte und als Gleichheit vor dem Gesetz garantiert. Damit sind die Grenzen nach beiden Seiten hin bezeichnet.

37 Tocqueville gilt noch immer als der Klassiker für dieses Thema. Der einflussreichste und anspruchsvollste neuere Beitrag ist zweifellos der von John Rawls (1971). Aber die Intensität der Debatte, die dieses Buch ausgelöst hat, sollte nicht darüber hinwegtäuschen, dass in die empirische Ungleichheitsforschung, für die Ungleichheit fast immer, ausgesprochen oder unausgesprochen, unter apriorischem Illegitimitätsverdacht steht, unendlich viel mehr Arbeit investiert worden ist als in die Klärung der theoretischen Frage, in welches Verhältnis die Demokratie, ihren eigenen Prämissen zufolge, Freiheit und Gleichheit zueinander setzen sollte. Siehe zum Thema auch Kersting (2011).

Die Frage, wo innerhalb der Grenzen, die den Raum demokratiekompatibler Lösungen umschreiben, ein Optimum liegt, ja ob es dieses Optimum überhaupt gibt, ist vermutlich theoretisch nicht beantwortbar. Das wiederum bedeutet, dass die Antworten, die faktisch gegeben werden, ihre Legitimität durch das demokratische Verfahren, in dem sie gefunden werden, gewinnen müssen. Und dass jede so gefundene Antwort immer nur als eine von vielen möglichen gelten kann. In den einschlägigen politischen Debatten wird immer wieder mit großer Selbstverständlichkeit die Ansicht artikuliert, Chancengleichheit sei *die* Antwort. Aber auch diese Antwort kann – das soll mindestens angemerkt werden – nicht halten, was sie verspricht. Die Frage nämlich, wie viel Gleichheit gegeben sein muss, damit Chancengleichheit gegeben ist; anders: auf welchem Niveau und in welchen Gleichheitsdimensionen Ausgangsgleichheit hergestellt werden muss, damit Ungleichheit im Übrigen als legitim gelten kann, lässt das Konzept „Chancengleichheit" unbeantwortet. Das Problem wird also nur verschoben, nicht gelöst. Es ist ohne weiteres möglich, Chancengleichheit so anspruchsvoll zu bestimmen, dass jeder Versuch, sie herzustellen, wiederum uneingeschränkte Verfügungsgewalt über die Gesellschaft voraussetzt. Auch das Postulat „Chancengleichheit", heißt das, kann Freiheit schlechthin zur Disposition stellen.

Schließlich die Frage nach der demokratiekompatiblen Wirtschaftsordnung. Sie hat, davon war ausführlich die Rede, das 20. Jahrhundert immer wieder beschäftigt: Sind Demokratie und Kapitalismus vereinbar oder unvereinbar? Die Antworten der Geschichte auf diese Frage sind, die einschlägigen Diskurse weisen es aus, eher zögernd zur Kenntnis genommen worden. Noch um die Mitte des Jahrhunderts hat Josef Schumpeter in aufwendiger wissenschaftlicher Beweisführung das Ende der Symbiose von Kapitalismus und Demokratie verkündet und prophezeit, der Verbindung von Sozialismus und Demokratie werde die Zukunft gehören.[38] So haben sich nicht-marxistische Wissenschaftler unter dem Eindruck des Niedergangs der Ökonomie der kommunistischen Welt in der zweiten Jahr-

38 Vgl. Schumpeter (Anm. 11).

hunderthälfte nicht mehr geäußert. Aber erst nach 1989 hat auch in der theoretischen Debatte die Einsicht, dass Demokratie und Marktwirtschaft Komplementärordnungen sind, klar die Oberhand gewonnen. Die noch immer komplexe Argumentationslage ist im sechsten Versuch ausführlich behandelt worden. Deshalb genügen hier wiederholende Andeutungen. Dafür, dass es sich bei dem empirischen Befund nicht nur um einen historisch kontingenten sondern um einen systemischen Zusammenhang handelt, habe ich im Wesentlichen drei Gründe genannt: Demokratie braucht eine verlässlich leistungsstarke Ökonomie; Demokratie bedarf der Entlastung durch den Markt; Demokratie setzt die Gewaltenteilung zwischen Politik und Ökonomie voraus. Das Miteinander ist, wie es nicht anders sein kann, wenn eine Gleichheitsordnung und eine Ungleichheitsordnung eine symbiotische Verbindung eingehen, spannungsreich. Aber es ist ein Miteinander ohne Alternative. Dass die Globalisierung des marktwirtschaftlichen Geschehens neue, starke Ungleichgewichte geschaffen hat, wirft neue Fragen auf. Es wird einmal mehr deutlich, dass das Verhältnis zwischen Demokratie und marktgesteuerter Ökonomie keineswegs ein Verhältnis reiner Harmonie ist. Die Lektion des Jahrhunderts bleibt gleichwohl eindeutig.

Am Ende lässt es sich – das gescheiterte Emanzipationsprojekt von 1917 im Visier – sehr einfach sagen: keine Demokratie ohne Verfassungsstaat; keine Demokratie ohne Parteienwettbewerb; keine Demokratie ohne die Unterscheidung der für die Demokratie konstitutiven Grundgleichheiten und dem Raum legitimer Ungleichheit; keine Demokratie ohne auf Privateigentum gegründete Marktwirtschaft. Hätte man das nicht immer schon wissen können? Offenbar nicht. Dass die moderne Demokratie 200 Jahre dazu gebraucht hat, Klarheit zu gewinnen, zeigt doch wohl: Es bedurfte eines Lernprozesses, der nicht ganz rasch zu absolvieren war. Die einfachen Sätze beschreiben und verbergen eine komplexe Konfiguration.

Man mag fragen, ob sich die komplexe Konfiguration Demokratie-Verfassungsstaat-Marktwirtschaft, wenn sie einmal als solche erfasst ist, nicht doch mit einem handlichen Begriff, etwa dem des liberalen Systems, kennzeichnen lasse. Tatsächlich fängt Talmons Konzept der liberalen Demokratie, dem der totalitären Demokratie gegenübergestellt, viel von dem ein, was hier unter der Überschrift „Lektionen des Jahrhunderts“ abgehandelt wird.[39] Aber der Begriff liberal hat in einer langen Geschichte eben doch eine Prägung erfahren, die Komplexität reduziert. Er steht für eine Unterschätzung der Ambivalenzen in den Beziehungen zwischen Demokratie und Marktwirtschaft; er steht für eine etwas vorschnelle Gleichsetzung von Markt und Freiheit; er steht für eine zu schlichte Auflösung der Freiheits-Gleichheits-Spannung. Wer die Lektionen des Jahrhunderts als Triumph des liberalen Systems etikettiert, macht keinen Fehler. Aber eine aufwendigere, differenziertere Beschreibung ist angemessener.

IV.

Wie würde ein zweites UNESCO-Symposion zum Thema „Democracy in a World of Tensions“ heute, nach der Zäsur von 1989 ausgehen? Würde es die Lektionen des Jahrhunderts, so wie sie hier interpretiert worden sind, widerspiegeln? So viel darf man jedenfalls, ohne zu spekulieren, sagen: Es gehörte eine ganz erhebliche Lernresistenz dazu, wenn man meinte, die Demokratiediskussion so weiterführen zu können und zu müssen, wie sie, schematisch umschrieben, zwischen 1789 und 1989 oder, enger, zwischen 1917 und 1989 geführt worden ist. Aber selbst wenn ein neues UNESCO-Symposion die alten Fragen noch nicht für beantwortet hielte, es würde vor allem neue zur Sprache bringen wollen und müssen. Die werden uns im letzten Versuch beschäftigen. Dass die verfassunsstaatliche Demokratie nach einer wechselhaften Geschichte eine Art von Legitimitätsmonopol errungen zu haben scheint, gibt ihnen eine besondere Dringlichkeit.

Legitimitätsmonopol heißt natürlich nicht, dass es keine nichtdemokratischen politischen Ordnungen mehr gäbe. Es gibt sie, und es gibt darunter auch solche, die durchaus Zukunftsaussichten haben. So wäre denkbar, dass sich zumindest auf mittlere Frist die Verbindung von autoritärer Herrschaft und marktwirtschaftlicher Ökonomie, vor allem in bestimmten Regionen Asiens, als erfolgreich er-

39 Talmon (1952).

weist. Aber diese Verbindung lebt ganz pragmatisch von ihrem Erfolg, sie hat kein zukunftsfähiges normatives Fundament. Zwar findet sich auch in der Welt des frühen 21. Jahrhunderts noch mindestens eine normative Gegenposition zur Demokratie: Ein letztlich theokratisches Konzept politischer Herrschaft hat in der islamischen Welt noch einmal eine erstaunliche Virulenz gewonnen. Aber schon wegen ihrer Bindung an eine bestimmte Religion hat diese Legitimitätsidee keine weltweite Ausstrahlungskraft, sie ist nicht einmal im islamischen Raum selbst unangefochten, ihre Zukunftsaussichten sind zweifelhaft. So bleibt es bei der Feststellung: Seit 1989 hat nur noch die Demokratie in ihrer durch die Lektionen des Jahrhunderts geprägten Gestalt als Legitimitätsmodell Weltgeltung. Deshalb kommt allen die Zukunftschancen, Zukunftspotenziale der Demokratie betreffenden Fragen „Weltrelevanz“ zu.

So wichtig die Lektionen des vergangenen Jahrhunderts sind, ob sie der Demokratie helfen werden, die existentiellen Herausforderungen des neuen Jahrhunderts zu bewältigen, steht dahin. In der Formel vom Legitimitätsmonopol, mit dem die Demokratie aus den Konflikten des 20. Jahrhunderts hervorgegangen sei, steckt keineswegs die These, dass es so etwas wie eine Erfolgsgarantie für die Demokratie gebe. Das 21. Jahrhundert könnte die Menschheit mit dem Paradox konfrontieren, dass die politische Ordnung, die am Ende des 20. Jahrhunderts über alle Alternativen triumphiert zu haben schien, an dem scheitert, was das 21. Jahrhundert ihr abverlangt. Wer dem Jahr 1989 seinen Platz in der Demokratiegeschichte zuzuweisen versucht, sollte das nicht vergessen. Thriumphalismus ist unangebracht. Die Botschaft des Epochenjahres 1989 heißt nicht: Der Demokratie gehört die Zukunft. Sie heißt eher: Die verfassungsstaatliche Demokratie trägt die Hauptverantwortung für die Zukunft der Menschheit.

Literatur:

Altrichter, Helmut (Hrsg.) (1986): Die Sowjetunion. Von der Oktoberrevolution bis zum Tod Stalins. Band I: Staat und Partei. München.

Arendt, Hannah (1963). Über die Revolution. München.

Buchanan, James (1977): Freedom and Constitutional Contract. College Station/London.

Buchanan, James/Tullock, Gordon (1963): The Calculus of Consent. Logical Foundations of Democracy. Ann Arbor.

Gadamer, Hans-Georg (2002): Die Lektion des Jahrhunderts. Münster u.a.

Geyer, Dietrich (1974). Oktoberrevolution. In: Marxismus im Systemvergleich. Hrsg. von Claus-Dieter Kernig. Geschichte 3. Frankfurt a.M./New York.

Ders. (1996): Osteuropäische Geschichte und das Ende der kommunistischen Zeit. Heidelberg. (Sitzungsberichte der Heidelberger Akademie der Wissenschaften).

Grab, Walter (Hrsg.) (1973): Die Französische Revolution. München.

Hildermeier, Manfred (1989): Die russische Revolution 1905–1917. Frankfurt a.M.

Jahn, Edgar (2004): Demokratievorstellungen in der Geschichte des Sozialismus und Kommunismus. In: Demokratietheorie und Demokratieentwicklung. Festschrift für Peter Graf Kielmansegg. Hrsg. von Andrè Kaiser und Thomas Zittel. Wiesbaden.

Kersting, Wolfgang (2011): Kritik der Gleicheit. Über die Grenzen der Gerechtigkeit und der Moral. Weilerswist. 3.Aufl.

Kevenhörster, Paul (1974): Das Rätesystem als Instrument zur Kontrolle politischer und wirtschaftlicher Macht. Opladen.

Kielmansegg, Peter Graf (1977): Volkssouveränität. Eine Untersuchung der Bedingungen demokratischer Legitimität. Stuttgart.

Lijphart, Arend (1999): Patterns of Democracy. New Haven/London.

Luhmann, Niklas (1969): Komplexität und Demokratie. In: Politische Vierteljahresschrift 10 S. 314-325.

Marx, Karl (1975): Politische Schriften. Hrsg.von Hans Joachim Lieber. 2 Bände. Darmstadt

McKeon, Richard (Hrsg.) (1951): Democracy in a World of Tensions. A Symposium prepared by Unesco. Chicago.

Rawls, John (1971): A Theory of Justice. Cambridge. Deutsch: Eine Theorie der Gerechtigkeit. Frankfurt a.M. 1975.

Reichhardt, Rolf (1998): Das Blut der Freiheit. Französische Revolution und demokratische Kultur. Frankfurt a.M.

Schmidt, Manfred (2008): Demokratietheorien. Wiesbaden. 4.Aufl.

Schmitt, Eberhard/Reichhardt, Rolf (Hrsg.) (1981): Emmanuel Joseph Sieyès. Politische Schriften 1788 – 1790. München/Wien.

Schumpeter, Joseph (1942): Capitalism, Socialism and Democracy. New York. Deutsch: Kapitalismus, Sozialismus und Demokratie. Bern 1950.

Talmon, Jacob L. (1952): The Origins of Totalitarian Democracy. London. Deutsch: Die Ursprünge der totalitären Demokratie. Köln/Opladen 1961.

Zakaria, Fred (2003): The Future of Freedom. Illiberal Democracy at Home and Abroad. New York. Deutsch: Das Ende der Freiheit? Frankfurt a.M. 2005.

Achter Versuch. Das dritte Jahrhundert.

Überlegungen zur Zukunft des demokratischen Verfassungsstaates.

Man macht nie einen Fehler, wenn man mit dem Nachdenken über Demokratie bei Tocqueville ansetzt. Gerade wenn das Thema „Die Zukunft der Demokratie“ heißt, liegt das nahe. Nicht weil Tocqueville sich in jeder Hinsicht als ein besonders hellsichtiger Prophet erwiesen hätte. Sondern weil er der erste war, der sich die Frage nach der Zukunft der Demokratie gestellt hat. Sein großes Werk „Über die Demokratie in Amerika“ kreist um diese Frage. Die Vereinigten Staaten von Amerika sind für ihn nicht für sich genommen von besonderem Interesse; sie sind es, weil sie das erste demokratisch verfasste moderne Gemeinwesen sind und weil sich an dieser ersten Demokratie ablesen lässt, wie es wahrscheinlich weitergehen wird mit der Demokratie. Die Kernaussage Tocquevilles ist, dass der Demokratie die Zukunft gehören werde. 1848, im Jahr der europäischen Revolutionen und im Blick auf diese Revolutionen, notierte er im Vorwort zur zwölften Auflage seines Demokratiebuches, es sei vor 15 Jahren im Bann eines einzigen Gedankens geschrieben worden, der Überzeugung vom „nahen, unaufhaltsamen, allgemeinen Aufstieg der Demokratie in der Welt“.[1]

Hat sich Tocquevilles Vorhersage in den mehr als anderthalb Jahrhunderten, die seither verstrichen sind, erfüllt? Oder zeichnet sich ihre Erfüllung zumindest deutlich ab? Dass der Triumph der Demokratie damals, 1848, nicht nahe war, wissen wir inzwischen. Ob und in welchem Sinn er unaufhaltsam und allgemein ist, ist noch immer die Frage. Auch nach der Zeitenwende von 1989/90 noch. Als die revolutionäre Woge jener Jahre die kommunistischen Parteidiktaturen jedenfalls im europäischen Raum hinwegfegte und allerorts

1 Dieses Vorwort ist abgedruckt z.B. in der Ausgabe Tocqueville (1976). Das Zitat findet sich auf Seite 3.

die Demokratie ausgerufen wurde, konnte man für einen kurzen Augenblick meinen, die Geschichte sei ihrem von Tocqueville proklamierten Ziel in einem Sprung ganz nahe gekommen. Francis Fukuyama rief damals, man erinnert sich, das Ende der Geschichte aus und meinte damit, dass es nun weltweit keine Alternative zu den Ordnungen des Westens, der liberalen Demokratie und der Marktwirtschaft, symbiotisch vereint, mehr gebe.[2]

Längst wissen wir, dass das eine Illusion war. Die Geschichte hat sich mit einiger Brutalität zurückgemeldet. Der Triumph der Demokratie über die marxistisch-leninistischen Parteidiktaturen war nicht mehr als ein historischer Etappensieg. Was er bedeutet, muss sich erst noch zeigen. Die Zukunft ist offener, unbestimmter, als viele das unter dem Eindruck der Ereignisse von 1989/90 meinten. Auch ist die Frage nach der Zukunft der Demokratie selbst komplexer geworden. Sinnvoll lässt sich diese Frage nur bedenken, wenn man drei Dimensionen der Demokratieentwicklung im 21. Jahrhundert unterscheidet und folgerichtig die Möglichkeit dreier verschiedener „Zukünfte" ins Kalkül zieht. Die Zukunft der Demokratie ist dann am ehesten in den vermutlich vielfältigen Wechselwirkungen zwischen den drei Dimensionen der Demokratieentwicklung zu fassen. Für sie bieten sich die Etiketten horizontale Dimension, vertikale Dimension und Binnendimension an.

Horizontale Dimension – das meint die Ausbreitung der Verfassungsform Demokratie in der Staatenwelt. Es geht um die Frage, ob die Demokratie sich in den – derzeit etwa 200 – Staaten der Weltstaatengesellschaft im 21. Jahrhundert endgültig durchsetzen werde. Vertikale Dimension – dieses Etikett birgt die Frage, ob die neuen, die staatenübergreifenden Modi des Regierens, die wesentlich aus der mehr oder weniger willigen Zusammenarbeit der Staaten hervorgehen, in denen aber auch nicht-staatliche Akteure eine bedeutende Rolle spielen, demokratisch verfasst werden können. Kürzer gefragt: Wird sich nicht-staatliches Regieren in globalen und regionalen Organisationen und Regimen demokratisch organisieren lassen? Diese Frage stellt sich mit besonderer Dringlichkeit, weil die

2 Fukuyama (1992).

Bedeutung solchen Regierens fraglos wachsen wird. Gewicht hat sie vor allem dort, wo sich über die Zusammenarbeit der Staaten hinaus supranationale Autorität herausbildet. Binnendimension – das dritte Stichwort – verweist uns auf die Frage, mit welchen Tendenzen der inneren Veränderung wir in den bestehenden Demokratien zu rechnen haben. Welche Gestalt wird die moderne Demokratie, die – um ihre beiden konstitutiven Merkmale in Erinnerung zu rufen – repräsentative und verfassungsstaatliche Demokratie ist, im dritten Jahrhundert ihrer Existenz annehmen?

Drei verschiedene Dimensionen der Demokratieentwicklung, drei mögliche „Zukünfte" der Demokratie – damit ist schon hier klar, dass die Antwort auf die Frage nach der Zukunft der Demokratie so einfach nicht ausfallen kann, wie sie von Tocqueville noch gegeben wurde. Dass sie nur spekulativer Natur sein kann, liegt ohnehin auf der Hand. Darf sich die Wissenschaft an Spekulationen beteiligen? Ist die Zukunft überhaupt ein Feld für sie? An dieser Vorfrage kommen wir nicht vorbei. Die einfache Antwort, die die folgenden Überlegungen voraussetzen, lautet: Es gehört zur *condition humaine*, dass der Mensch, der anders als das Tier weiß, dass es Zukunft gibt, die Zukunft sorgend und hoffend bedenkt. Wissenschaft kann dazu beitragen, dass dieses Sorgen und Hoffen jedenfalls ein Stück weit ein Fundament der Rationalität erhält. Wissenschaft kann, darin vor allem besteht ihr Beitrag, verlässliches Wissen über die Vergangenheit bereitstellen, das für das Nachdenken über die Zukunft hilfreich ist. Es lassen sich in der Geschichte immer wieder Dynamiken beobachten, die längere Zeiträume hindurch mit großer Kraft in eine ganz bestimmte Richtung wirken. Ihr Fortwirken in die Zukunft hinein zu unterstellen, ist plausibel. Zwar ist die Ereignisgeschichte so gut wie unvorhersagbar. Das hat gerade auch das 20. Jahrhundert mit seinen dramatischsten Geschehnissen den Zeitgenossen eindringlich vor Augen geführt. Und die Ereignisgeschichte wirkt machtvoll in die langfristigen Dynamiken hinein, beschleunigt sie, verlangsamt sie, lenkt sie um. Aber es gelingt ihr nur selten, sie ganz aus der Bahn zu werfen. Daraus ergibt sich überhaupt erst die Möglichkeit von Prognosen; die Ereignisgeschichte mit ihrer Unvorhersagbarkeit für sich genommen zieht die Grenze, über die Zukunftsspekulationen nicht hinausgelangen können.[3]

I.

Wie lässt sich, was die Verbreitung der Demokratie als politische Ordnung unter den Staaten der Welt angeht, das 20. Jahrhundert bilanzieren? *Freedom House*, eine amerikanische Organisation, die die Entwicklung der Demokratie weltweit beobachtet und jedem Land mit dem Vertrauen der Amerikaner ins Zählen und Messen in ihren Jahresberichten eine Note gibt, hat auf der Schwelle zwischen dem 20. und dem 21. Jahrhundert, im Jahr 1999, Zahlen für das zu Ende gehende Jahrhundert vorgelegt.[4]

Nach den von *Freedom House* zugrunde gelegten Kriterien – sie schließen das passive Wahlrecht für Frauen ein, das zu Beginn des 20. Jahrhunderts auch die freiheitlichsten Gemeinwesen, Australien und Neuseeland etwa, noch nicht eingeführt hatten – war im Jahr 1900 von den 55 souveränen Staaten, die es damals gab, nicht ein einziger eine Demokratie. Für das Jahr 1950 zählt *Freedom House* unter damals 80 souveränen Staaten immerhin schon 22 Demokratien. Im Jahr 1999 schließlich stuft *Freedom House* von den 192 souveränen Staaten der Weltstaatengesellschaft nicht weniger als 85, fast genau die Hälfte also, als „frei" ein; das heißt als in den beiden Freiheitsdimensionen, die *Freedom House* misst und die gemeinsam die Demokratie konstituieren – „political rights" und „civil liberties" – Mindeststandards genügend. Die Messungen von *Freedom House* sind Augenblicksaufnahmen. Unter den 85 freien Staaten des Jahres 1999 waren viele, die den Schritt über die Schwelle gerade erst getan hatten. Führt man zusätzlich ein Stabilitätskriterium ein, fragt, welche unter den Demokratien des Jahres 1999 schon 20 Jahre als Demokratie überlebt hätten – und dafür gibt es gute Gründe, so reduziert sich die Zahl auf weniger als die Hälfte. Aber auch dann

3 James Bryce's großes Werk „Modern Democracies" aus dem Jahr 1921, das mit einem Ausblick auf das damals noch junge Jahrhundert schließt, kann zur Warnung dienen. Es hat wenig von dem, was kommen sollte, vorausgesehen. Schwarz (1987).

4 Karatnycki (2000).

noch lässt sich nicht leugnen: Der Trend des 20. Jahrhunderts ist eindeutig, die Demokratie ist weltweit auf dem Vormarsch, einem Vormarsch, der sich nach heftigen Turbulenzen und dramatischen Rückschlägen in der zweiten Hälfte des Jahrhunderts deutlich beschleunigt hat.

Wird es so weitergehen? Muss es so weitergehen? Treibt der immer weiter ausgreifende säkulare Modernisierungsprozess Veränderungen voran, die die Demokratie begünstigen? Spiegeln die Jahrhundertzahlen, die *Freedom House* präsentiert, am Ende nicht doch jene Unaufhaltsamkeit wider, von der Tocqueville sprach? Oder muss man die Möglichkeit in Rechnung stellen, dass die Entwicklung im 21. Jahrhundert stagniert, sich gar umkehrt? So wie auch der Trend des 20. Jahrhunderts ja keineswegs ein gradliniger war; es gab dramatische Rückschläge nach dem Ersten. Weltkrieg und auch in der Phase des Rückzuges der europäischen Kolonialmächte aus der Dritten Welt.

Als erstes ist festzuhalten: Historische Statistiken teilen uns mit, dass die etablierten Demokratien eine ausgezeichnete Überlebensperspektive haben. Genauer: Die Daten geben die nicht überraschende, aber keineswegs triviale Auskunft, dass Demokratien Krisen umso besser überleben, je älter sie sind. In der Geschichte der modernen Demokratie gibt es kein Beispiel dafür, dass eine Demokratie, die einige Jahrzehnte überlebt hat, später noch gescheitert wäre. Die Demokratieforschung hat diesen Befund eher als selbstverständlich hingenommen. Ihr Hauptinteresse gilt seit Jahrzehnten beharrlich der Frage, wann und warum der Entwicklungsschritt von der Nicht-Demokratie zur Demokratie getan wird.[5] Natürlich ist diese Frage aufs Engste mit der anderen verknüpft, unter welchen Bedingungen der demokratische Modus der Politik Bestand haben kann. Aber es sind zwei verschiedene Fragen. Und es macht die Sache nicht einfacher, dass möglicherweise auch die Antworten verschieden sind.

Anfangs hat man sich auf die Bedeutung ökonomischer Faktoren konzentriert. Im Gefolge des einflussreichen Aufsatzes von S. M.

5 Einen Überblick über den Stand der politikwissenschaftlichen Debatte geben Lipset (2000) und Schmidt (2008) Kap. 24.

Lipset aus dem Jahr 1959 [6] hat man die statistischen Beziehungen zwischen ganzen Bündeln von Wohlstandsindikatoren und dem Vorkommen von Demokratie geprüft und, nicht überraschend, herausgefunden, dass es eine sehr starke positive, freilich nicht lineare Korrelation zwischen Wohlstand und Demokratie gibt. Fast alle etablierten Demokratien weisen ein Pro-Kopf-Einkommen oberhalb eines bestimmten Niveaus auf. Und umgekehrt: Die meisten Gesellschaften, deren Pro-Kopf-Einkommen oberhalb eines bestimmten Niveaus liegt, sind demokratisch verfasst. Insbesondere gilt, dass die demokratische Verfassungsform da, wo sie sich einmal durchgesetzt hat, umso bessere Überlebenschancen besitzt, je höher das durchschnittliche Pro-Kopf-Einkommen ist. In der amerikanischen politikwissenschaftlichen Literatur wird ein Grenzwert von 6000.- $ genannt; oberhalb dieses Niveaus seien Demokratien „impregnable“.[7]

Korrelationen sind freilich, wie man weiß, noch keine kausalen Erklärungen. Ob Wohlstand Demokratie begünstigt, ob Demokratie Wohlstand hervorbringt, ob Wirkungen in beiden Richtungen anzunehmen sind, darüber sagt die Korrelation nichts.[8] Auch andere Fragen bleiben bei aller statistischen Eindeutigkeit der Zusammenhänge offen. In Indien hat die Demokratie mit Mühe und Not, aber doch immerhin, trotz Massenelends überlebt. Der Ölreichtum arabischer Staaten hat – noch – nicht die Tore zu einem demokratischen Zeitalter aufgestoßen. Möglicherweise macht es einen Unterschied, ob der Wohlstand selbst erarbeitet oder durch einen Zufall der Natur geschenkt wurde. Im Fernen Osten scheinen Südkorea und Taiwan die These zu bestätigen, dass wirtschaftliche Aufwärtsentwicklung zur Demokratie führt. Singapur hingegen führt vor, dass sich offenbar erfolgreiche Marktwirtschaft und autoritäre politische Ordnung stabil miteinander verbinden lassen – in Asien jedenfalls.[9]

6 Lipset (1959). Lipset hat das Thema 35 Jahre später wieder aufgegriffen. Lipset (1994).

7 Przeworski e.a. (1989) S. 41.

8 Das Buch „Why Nations Fail“ (Dacemoglu/Robinson 2012), das auf einem breiten historischen Fundament die These entwickelt, Demokratie bringe Wohlstand hervor, kam mir leider erst nach Abschluss des Manuskriptes zur Kenntnis.

9 Zur Demokratieentwicklung in Asien Croissant e.a. (2009).

Die Forschung hat denn auch andere, nicht-ökonomische Indikatoren von Modernität in ihre Untersuchungen einbezogen, das – formal gemessene – Bildungsniveau einer Gesellschaft etwa, das sich unabhängig vom Wohlstandsniveau als mit Demokratie hoch korreliert erwies. Robert Dahl hat die Vielfalt der Faktoren, die offensichtlich den Übergang von anderen Herrschaftsformen zur Demokratie und/oder den Bestand einer demokratischen Ordnung begünstigen, zu einem Gesellschaftsmodell zusammengefügt, das er knapp mit den drei Etiketten modern, dynamisch, pluralistisch beschrieb.[10] Sie charakterisieren eine Gesellschaft im Ganzen in ihrer Struktur und ihren Antriebskräften.

Die Dimension der Einstellungen und Überzeugungen der Bürger ist im Dahl'schen Gesellschaftsmodell allenfalls implizit angesprochen. Das Stichwort politische Kultur bringt sie explizit zur Sprache. Dass eine bestimmte politische Kultur, genauer: die Verwurzelung bestimmter Werte in den Überzeugungen der überwiegenden Mehrheit der Menschen zu den Bedingungen der Möglichkeit von Demokratie zählt; dass Demokratie als legitim anerkannt sein muss, damit sie sich durchsetzen und behaupten kann – von der Anerkennung der Mehrheitsregel bis zur Bereitschaft, weltanschauliche Pluralität auszuhalten, scheint eine banale Feststellung zu sein. Sie ist tatsächlich alles andere als banal, sobald man sich klar macht, dass hier von politischer Kultur als einem eigenständigen Faktor die Rede ist. Eigenständig heißt: Eine demokratische politische Kultur stellt sich nicht mit anderen Demokratie begünstigenden Faktoren, etwa einem bestimmten Pro-Kopf-Einkommen, sozusagen von selbst ein.[11]

Je unüberschaubarer die Vielfalt der ins wissenschaftliche Gespräch gebrachten Demokratie ermöglichenden oder begünstigenden Faktoren wurde, desto stärker empfand die Wissenschaft die Notwendigkeit, sie in einer theoretischen Deutung der Bedingungen

10 Dahl (1989) Kap. XV.

11 Auch wenn die Weltwirtschaftskrise vermutlich eine Schlüsselrolle beim Zusammenbruch der Weimarer Republik gespielt hat, bleibt Weimar doch ein wichtiges Beispiel für die eigenständige Bedeutung des Legitimitätsfaktors.

der Entstehung und des Fortbestehens von Demokratie zu ordnen. Den Prozess der Demokratisierung theoretisch deuten heißt, die entscheidenden Wirkungszusammenhänge als regelhaft nachweisen, so dass verlässliche Vorhersagen möglich werden. An zwei Beispielen lässt sich abschätzen, wie weit die Politikwissenschaft mit diesem Versuch gekommen ist.

Der finnische Wissenschaftler Tatu Vanhanen hat die These entwickelt, dass die Verteilung der Machtressourcen in einer Gesellschaft der entscheidende Faktor sei.[12] Dieser Faktor bündle gleichsam alle anderen in der Wissenschaft diskutierten Demokratie begünstigenden Faktoren. Die Hypothese, die den Kern von Vanhanens theoretischem Versuch ausmacht, lautet: Zur Demokratisierung kommt es dann, wenn die Machtressourcen so weit verteilt sind, dass keine Gruppe mehr in der Lage ist, eine hegemoniale Position zu behaupten. Da Vanhanen in aufwendiger empirischer Arbeit auch Indikatoren für die Ressourcenverteilung entwickelt und operationalisiert hat, wird es für ihn möglich, die gesellschaftliche Ressourcenverteilung zu messen. Aus diesen Messungen kann er Entwicklungswahrscheinlichkeiten ableiten. Er hat auch den Mut, das zu tun, Land für Land rund um den Globus. Und kommt insgesamt zu einer sehr positiven Prognose über die Zukunft der Demokratie. Diese Prognose beruht freilich allein auf dem faktischen Befund zur gegenwärtigen Verteilung der Machtressourcen. Die gemäß seiner Hypothese für die Zukunft der Demokratie entscheidende Frage, ob es eine vorhersagbare Entwicklung hin zu einer immer gleichmäßigeren Ressourcenverteilung gibt, bleibt offen.

Ehrgeiziger noch ist der Versuch Christian Welzels.[13] Seine Prognose, dass die Demokratie sich bis zum Ende des 21. Jahrhunderts weltweit durchsetzen werde, stützt sich auf eine „Theorie der Humanentwicklung", die besagt, dass es eine Art von evolutionärer Entwicklung hin zur liberalen Demokratie gebe. Näherhin wird die Evolution – in starker Verkürzung – so beschrieben: Für alle Gesellschaften der modernen Welt ist, bei sehr unterschiedlichen Rah-

12 Vanhanen (1997). Die im Folgenden zitierte Hypothese findet sich auf Seite 24.

13 Welzel (2000).

menbedingungen und in unterschiedlichen Entwicklungsgeschwindigkeiten, ein Wachstum der materiellen wie der kognitiven Ressourcen charakteristisch. Dieses Wachstum hat mit einer anthropologischen Notwendigkeit einen Wertewandel zur Folge, die „Selbstentfaltungswerte“ werden stärker. Je stärker aber die Selbstentfaltungswerte werden, desto entschiedener wird die Forderung nach Mitbestimmungsrechten, also nach Demokratie, laut – so lange zumindest, wie die Demokratie sich im Systemwettbewerb auch in ihrer Leistungsfähigkeit als überlegen erweist. Im 20. Jahrhundert hat sie das getan.

Wir brauchen uns hier nicht mit diesen theoretischen Versuchen im Einzelnen auseinanderzusetzen. Für unsere Zwecke genügt es festzuhalten: Praktisch die gesamte empirisch arbeitende Demokratieforschung, gleichgültig ob sie nur beschreibend arbeitet oder theoretische Ambitionen hat, sagt voraus, dass der Trend des 20. Jahrhunderts auch das 21. Jahrhundert bestimmen werde; ja, dass er, so Manfred Schmidt, unter günstigereren Bedingungen weiterwirken werde, als sie im 20.Jahrhundert gegeben waren.[14] Alle Voraussagen verweisen freilich auch auf Fälle, in denen die Ungewissheit groß ist. Zu diesen Fällen zählen gerade auch Länder von größtem Gewicht – die drei Giganten China, Russland und Indien, die in der Weltpolitik des 21. Jahrhunderts so oder so eine bestimmende Rolle spielen werden. Womit die Frage aufgeworfen wäre, ob es für die Zukunft der Demokratie nicht vielleicht wichtiger ist, welche Länder sich im Laufe des 21. Jahrhunderts zu stabilen Demokratien entwickeln werden als wie viele es sein werden.

In Russland, das ist inzwischen das ziemlich einhellige Urteil der Fachleute, ist jedenfalls der erste Versuch, das Land nach dem Zusammenbruch der kommunistischen Herrschaft in eine Demokratie zu verwandeln, fehlgeschlagen.[15] Autokratische Traditionen haben wieder die Oberhand gewonnen, ohne freilich alle Spielräume politischer Freiheit zu beseitigen oder beseitigen zu können. Unter den

14 Schmidt (2000) S. 503.

15 Dazu eine Serie von Aufsätzen in der Zeitschrift *Journal of Democracy* (2004a). Ferner das Stichwort „Democracy. Russian Perspectives“ in der *International Encyclopedia of Political Science* (2011).

Nachfolgestaaten der Sowjetunion sind es allein die drei baltischen, die gute 20 Jahre nach ihrer Wiedererstehung als einigermaßen gefestigte Demokratien gelten können.

China ist die noch größere Unbekannte.[16] Angesichts der Staunen erregenden Dynamik, mit der das Land – anders als Russland – sich für die Markwirtschaft geöffnet hat, stellt sich, was China angeht, vor allem die Frage: Ist der Übergang zur Marktwirtschaft, wie man es im Westen gern glauben möchte, die Vorstufe zu einem Demokratisierungsprozess? Oder könnte sich in China, so sehr die Systemlogiken von Demokratie und Marktwirtschaft dagegen zu sprechen scheinen, eine stabile Verbindung von rigorosem politischen Autoritarismus und Marktwirtschaft herausbilden, günstigstenfalls so etwas wie ein gigantisches Singapur? Wir wissen es nicht. Aber der kulturelle Kontext lässt es als nicht unwahrscheinlich erscheinen, dass China diesen zweiten Weg geht. Dabei kann angesichts der besonderen Herausforderungen, vor denen das Anderthalb-Milliarden-Land steht, durchaus auch eine Rolle spielen, dass in einem nüchtern-rationalen Kalkül Zweifel der Herrschenden daran, ob die demokratische Regierungsweise mit diesen Herausforderungen fertig werden könne, die Oberhand behalten.

Indien schließlich, das Land, dass allen aus der westlichen Tradition kommenden Demokratieforschern Rätsel aufgibt; das Land, für das die Demokratieforschung nur ad-hoc -Erklärungen hat: Die Frage, welche Chancen das Land hat, sein Armutsproblem jedenfalls auf mittlere Frist in den Griff zu bekommen, und wie lange die Demokratie mit diesem Armutsproblem überleben kann, ist offen.

Unabhängig von der Einschätzung bestimmter Einzelfälle ist es Ausdruck des prinzipiellen Optimismus, mit dem die Demokratieforschung die Frage nach der Zukunft der Demokratie beantwortet, dass jedenfalls in der Wissenschaft, soweit ich sehe, nirgendwo die These explizit verfochten wird, Demokratie sei nicht nur das Produkt einer bestimmten Kultur, der europäisch-atlantischen nämlich, sondern werde auch dauerhaft an diese gebunden bleiben.[17] Das bedeu-

16 Dazu das Stichwort „Democracy. Chinese Perspectives" in der *International Encyclopedia of Political Science* (2011).

17 Dazu der Tagungsband Greven (1998).

tet aber natürlich nicht, dass ihre europäisch-atlantische Herkunftsgeschichte für das Nachdenken über die Zukunft der Demokratie bedeutungslos wäre. Diese Herkunftsgeschichte wird ja bis heute durch die schlichte Tatsache bekräftigt, dass der Herkunftsraum noch immer weltweit der Raum mit der weitaus größten Demokratiedichte ist.

Der europäische Entwicklungspfad der Demokratie verweist sehr deutlich darauf, dass neben den ökonomischen Vorraussetzungen auch – im weitesten Verständnis – kulturelle Faktoren bedeutsam für die Entstehung von Demokratie sind. Dieser Entwicklungspfad lässt sich, sehr schematisch, so charakterisieren: Der historische Prozess der Staats- und ihm folgend Nationbildung war erfolgreich abgeschlossen, das heißt er hatte zu stabilen Institutionen kollektiver Handlungsfähigkeit und zu einer belastbaren kollektiven Identität geführt. Es hatte sich, zweitens, eine Rechtskultur entwickelt, die eine Verrechtlichung der Machtkonflikte – und darum handelt es sich ja bei der demokratischen Regierungsweise – einigermaßen verlässlich trug; die auch das staatliche Handeln im Umgang mit den Bürgern berechenbaren Rechtsbindungen unterwarf. Drittens schließlich: Nur als säkularer Staat konnte der moderne Staat eine stabile Demokratie werden. Säkular meint hier: Die Entlassung der Politik aus der Vormundschaft der Religion ist jedenfalls in der modernen Welt eine Bedingung der Möglichkeit von Demokratie. Das Christentum, das lateinische Christentum, wie man präziser wird sagen müssen, hat sich mit dieser Entlassung zwar nicht leicht getan. Aber es hat sich schließlich dazu verstanden. Und mehr als das. Es hat sich am Ende positiv zu ihr gestellt. Das ist einer der Beiträge des Christentums, nicht der einzige, zur Entstehung jener kulturellen Konstellation, die die europäisch-atlantische Demokratie der Moderne möglich gemacht hat.[18]

Nimmt man diese Hinweise aus der europäisch-atlantischen Entwicklungsgeschichte der Demokratie ernst, so wird unmittelbar verständlich, warum auf der Weltkarte der Demokratie, wie sie *Freedom*

18 Dazu Kielmansegg (2008). Die Zeitschrift *Journal of Democracy* hat im Jahr 2004 in einer Serie von Aufsätzen das Verhältnis der verschiedenen Weltreligionen zur Demokratie behandelt. Journal of Democracy (2004b).

House Jahr für Jahr vorlegt, der islamische Raum und Afrika die Hauptproblemzonen darstellen. In weiten Teilen des nicht-mediterranen Afrikas ist der Prozess der Staats- und Nationbildung noch immer nicht abgeschlossen, wenn denn von einem gerichteten Prozess überhaupt die Rede sein kann. Und der Islam hat mit der Entlassung der Politik aus der Vormundschaft der Religion große Schwierigkeiten. Die Warnung vor vorschnellen Vereinfachungen, die gegenwärtig in allen Diskussionen über das Thema Islam und Demokratie ausgesprochen wird, mag gute Gründe haben. Aber sie kann nicht dazu verpflichten, das Offensichtliche zu ignorieren. Dass der Islam mit der Idee des säkularen Staates und folglich mit der Demokratie Schwierigkeiten hat und haben muss, ist offensichtlich. Auch wenn man in Rechnung stellt, dass Indien eine große islamische Minderheit hat; dass die Türkei der islamischen Welt zugehört; dass Indonesien der bevölkerungsreichste islamische Staat ist – wenn man, heißt das, zur Kenntnis nimmt, dass offenbar unterschiedliche politische Entwicklungen möglich sind, wo der Islam stark oder gar dominierend ist, bleibt es bei dieser Offensichtlichkeit: Der Islam, vorsichtig formuliert, begünstigt die Demokratieentwicklung nicht.

Zu den Fragen, die das Nachdenken über die Ausbreitung der Demokratie beschäftigen, gehört schließlich auch noch die, ob wir es statt mit einer stetig wachsenden Zahl von Demokratien vielleicht mit einer größeren Gruppe von Hybridregimen zu tun bekommen könnten, Zwitterwesen zwischen Autokratie und Demokratie. Sie hat uns schon im siebenten Versuch beschäftigt. Trotz der dort geäußerten Zweifel an der Stabilität dieser Zwittergebilde ist es schwer zu prognostizieren, welche Rolle der Typus in der Zukunft spielen wird. Alle Überlegungen zur Zukunft der Demokratie müssen diese Unsicherheit in Rechnung stellen.

Denkbar wäre schließlich auch, um noch einen weiteren skeptischen Akzent zu setzen, dass das 20. Jahrhundert sich, was die Ausbreitung der Demokratie angeht, nicht einfach ins 21. hinein fortschreibt, sondern als Vorgeschichte einer dilemmatischen Konstellation erweist. Denkbar wäre es dann, wenn die Demokratie kulturell noch vorraussetzungsreicher ist, als wir bisher angenommen haben. Der bisherige Verlauf des Demokratisierungsprozesses schließt das nicht aus. Noch ist die Zahl der etablierten Demokratien außerhalb des europäisch-atlantischen Kulturkreises nicht groß. Das Dilemma wäre so zu beschreiben: Wir haben es mit einer weltweiten Erosion der Voraussetzungen stabiler nicht-demokratischer Herrschaft zu tun, dem keine gleichzeitige weltweite Evolution der kulturellen Voraussetzungen der demokratischen Regierungsweise korrespondiert. Etwas anders formuliert: Die globalen Modernisierungsprozesse wirken sich auf Nicht-Demokratien als starke delegitimierende Kraft aus, aber sie bringen nicht zugleich auch die kulturellen Bedingungen der Möglichkeit von Demokratie hervor. Ob der negative Triumph der Demokratie – nicht-demokratische Herrschaft lässt sich nicht mehr dauerhaft stabilisieren – in absehbarer Zeit in einen positiven – die demokratische Regierungsweise setzt sich überall durch – umschlagen wird, bleibt in dieser Sicht der Dinge offen. Akte der Befreiung sind keineswegs notwendig Akte der Begründung einer Ordnung der Freiheit. Die Neigung, dass in emphatischen Augenblicken der Geschichte zu vergessen, ist groß.

II.

Die Demokratieentwicklung in der „Horizontalen", um an unsere Ausgangsbegrifflichkeit anzuknüpfen, das ist eine altes, klassisches Thema der Demokratieforschung. Die Demokratieentwicklung in der „Vertikalen" ist es nicht. Sie ist aber in den letzten beiden Jahrzehnten zu einem Schwerpunkt der Demokratiediskussion geworden. Gefährden die Prozesse, die das Etikett Globalisierung zusammenfasst, die Demokratie? Bieten sie Chancen für ihre Fortentwicklung, gar ihre kosmopolitische Vollendung? Trifft beides zu? Übrigens sind auch die Prognosen, auf die diese Fragen zielen, von durchaus anderer Art als die Prognosen zur horizontalen Dimension der Demokratieentwicklung. Dort lassen sie sich auf Erfahrungswissen stützen. Hier, wo es um die Ausweitung der Demokratie in immer weitere Räume, ja ins Unbegrenzte geht, gibt es kein Erfahrungswissen.

Gleich in der Frühphase der Debatte hat der Franzose Jean Guéhenno einen dramatischen Akzent gesetzt. Er hat in einem vielzitierten Buch eben dieses Titels das „Ende der Demokratie" verkündet.[19] Der demokratische Modus des Regierens, so Guéhenno, ist an den Staat, genauer: an den Nationalstaat, in dem er sich herausgebildet hat, gebunden. Grundsätzlicher, abstrakter formuliert: Für die Demokratie sind Grenzen konstitutiv, weil Gemeinwesen nur innerhalb von Grenzen jene Identität ausbilden können, die es ihnen möglich macht, sich demokratisch zu regieren – die „Wir-Identität" eines sich als politisches Subjekt begreifenden Volkes. Die Staaten aber, die das begrenzende Gehäuse der Demokratie sind, verlieren im Fortgang des Globalisierungsprozesses die Kontrolle über die Politik. Ihre durch das Prinzip der Territorialität begrenzten Handlungsmöglichkeiten greifen immer weniger in einer sich immer dichter vernetzenden Welt. Die Politik, heißt das, wandert aus dem Staat aus und die an den Staat gebundene Demokratie kann ihr nicht folgen. Von der für die Demokratie konstitutiven Kongruenz der an den politischen Entscheidungen Beteiligten und der von ihnen Betroffenen bleibt immer weniger. Da bedeutet es nicht viel, dass vielleicht immer mehr Staaten Demokratien werden – der Staat wird irrelevant.

In der Beschreibung der Entwicklung wachsender Interdependenz ist sich die gesamte Literatur zu Thema Globalisierung oder auch nur Internationalisierung der Politik mindestens in den Hauptzügen ziemlich einig. Auch darin, dass die Globalisierung weitreichende Folgen für die nationalstaatlich verfasste Demokratie hat. Aber vom Ende der Demokratie sprechen nur wenige. Die Optimisten natürlich nicht; und die, die nicht hoffnungsvoll in die demokratische Zukunft blicken, formulieren in der Regel jedenfalls weniger dramatisch als Guéhenno – aus gutem Grund.

Guéhennos These ist effektvoll, weil sie übertreibt, aber sie übertreibt. Es gibt bei diesem Thema überhaupt eine Neigung zur diagnostischen Übertreibung. Unzweifelhaft ist der Staat – dort wo es funktionierende Staatlichkeit gibt – von allen politischen Instanzen auch zu Beginn des 21. Jahrhunderts noch immer die, die die Bedingungen, unter denen die Menschen leben, am stärksten beeinflusst. Er entscheidet über die Höhe der Besteuerung, die Art der Altersversorgung, das Schulsystem, die Energieversorgung, die

19 Guéhenno (1994).

Wehrpflicht – und so fort. Gerade auf den alltagsbedeutsamen Politikfeldern dominiert er nach wie vor. Dabei handelt er oft in mehr oder minder großer Abhängigkeit von Entwicklungen, die er nicht selbst unter Kontrolle hat; größerer Abhängigkeit, als sie immer schon gegeben war. Aber diese Abhängigkeit nimmt ihm keineswegs alle Spielräume eigenständigen Handelns. Davon, dass die nationalstaatlich verfasste Demokratie gleichsam in Leere greife oder demnächst greifen werde, kann nicht die Rede sein.[20] Außerdem ist Staat nicht einfach gleich Staat. Es gibt Staaten, die den Prozessen der Entmachtung durch wachsende Interdependenz beträchtliche eigene Machtressourcen entgegenzusetzen haben – nicht viele, aber die Gruppe wird eher wachsen.

Dennoch: So wichtig es ist, sich nicht in so etwas wie einen „Problemrausch" hineinzureden – dass die Globalisierung der Demokratie zu schaffen macht und dass diese Herausforderung eines der großen Zukunftsthemen der Demokratie ist, ist ganz unbestreitbar. Dem genauen Blick auf die Entwicklungsdynamik zeigt sich, dass wir es mit zwei verschiedenen Prozessen zu tun haben. Zum einen verschiebt sich auf allen Ebenen die Grenze zwischen der Sphäre des Marktes und der der Politik zugunsten des Marktes, eine Verschiebung, die uns im sechsten Versuch schon beschäftigt hat. Zu anderen verliert der Staat sein Politikmonopol. Über den Staaten entstehen Staatenorganisationen, internationale Regime, Agenturen, in die die Staaten eingebunden sind, durch die sie gemeinsam handeln und mit denen sie ihre Kompetenzen teilen müssen. Dieser Entwicklung gilt hier unsere Aufmerksamkeit. Natürlich gibt es Zusammenhänge zwischen den beiden Problemfeldern, vor allem den, dass auf die Grenzverschiebung zwischen Markt und Politik politisch nur in dem Maß eingewirkt werden kann, in dem grenzüberschreitende politische Handlungsfähigkeit geschaffen wird.

Grundsätzlich kann man in den Bemühungen um solche Handlungsfähigkeit eine vernünftige Antwort auf die sich in dramatischem Tempo verdichtende Interdependenz in der Staaten- und der

20 Darauf, dass der Staat auch im Globalisierungsprozess Handlungsspielräume behält, weist mit überzeugenden Argumenten immer wieder Fritz Scharpf hin. Scharpf (1991).

Gesellschaftswelt sehen. Aber sie bringen auch gravierende Probleme mit sich. Neue Räume und neue Ebenen politischen Handelns bilden sich heraus. Die Frage wird unabweisbar, ob in diesen Räumen und auf diesen Ebenen das Demokratieprinzip so bestimmend sein kann wie im traditionellen Staat; und wie es mit der Legitimität politischer Macht in diesen Räumen und auf diesen Ebenen bestellt ist, wenn nicht.

„Regieren jenseits des Nationalstaates" (Michael Zürn) ist prinzipiell entweder durch Kooperation zwischen den Staaten, die sich natürlich institutionalisieren lässt, oder durch supranationale politische Autorität, die über eigene Entscheidungskompetenzen verfügt, möglich. Da auch supranationale Autorität in einer von Staaten bestimmten Welt regelmäßig mehr oder minder stark an die Staaten rückgebunden ist, verbindet sich im „Regieren jenseits des Staates" in der Wirklichkeit häufig das eine mit dem anderen. Aber das ändert nichts an der Nützlichkeit der Unterscheidung. Auch ist das „mehr oder minder" durchaus ernst zu nehmen. Es gibt supranationale Autorität mit hoher Autonomie, beispielsweise in Gestalt der internationalen Gerichtshöfe. Und es gibt supranationale Autorität, auf die die Staaten erheblichen Einfluss nehmen.

Wenn Staatenkooperation so intensiv und permanent wird, dass man von „Regieren jenseits des Staates" sprechen kann und sprechen muss, haben Demokratien es vor allem mit dem Problem zu tun, dass die Exekutiven beherrschend und die gesetzgebenden Körperschaften an den Rand gedrängt werden.[21] Als „exekutiven Multilateralismus" hat Michael Zürn den Politikstil der Staatenkooperation in der dicht vernetzten Welt beschrieben. Ob die staatlich verfasste Demokratie mit dieser Machtverschiebung so umgehen kann, dass sie nicht entscheidend an Substanz verliert, ist dann die Frage. Wenn aber das „Regieren jenseits des Staates" zum wie auch immer ausgeübten Regiment supranationaler politischer Autorität wird, dann stellt sich eine andere Frage; die nämlich, ob diese Autorität ihrerseits demokratisch verfasst werden kann. Sie vor allem interessiert uns hier.

21 Zürn (2003).

Das Spektrum der Antworten ist weit.[22] Es überrascht nicht, dass fast alle Autoren sehr viel wortreicher und eindringlicher über die Globalisierungsprozesse und die aus ihnen resultierende Notwendigkeit, ganz neue Formen der Institutionalisierung von Politik zu entwickeln, zu sprechen vermögen als über diese Formen selbst. In dieser Hinsicht bleibt alles sehr vage. Es ist eines festzustellen, dass Territorialität nicht mehr die Basis von (globaler) Politik sein könne; oder dass neue institutionelle Arrangements für demokratische Politik jenseits des Nationalstaates gebraucht würden. Es ist etwas ganz anderes, mit einer gewissen Konkretheit anzugeben, wie denn ein Regel- und Institutionengefüge zu denken sei, das demokratisches Regieren in den weiten Räumen jenseits des Nationalstaates möglich macht, und an welche Funktionsbedingungen es gebunden ist. Substantiell diskutieren lässt sich aber nur, wo das wenigstens versucht wird.

Fast alle einschlägigen Überlegungen der Wissenschaft gehen von einem Fortbestand der Staaten als Bausteine regionaler oder globaler Ordnung aus. Jenseits dieser Grundübereinstimmung aber werden sehr unterschiedliche Wege eingeschlagen. Die Fortentwicklung des Institutionensystems der Vereinten Nationen im demokratischen Sinn – etwa durch ein Weltparlament, das der „Staatenkammer“, der bisherigen Vollversammlung zur Seite tritt; oder durch die Mitwirkung von Repräsentanten der Betroffenen in den verschiedenen Agenturen der Vereinten Nationen – ist die nüchternste Variante; die föderale, also bundesstaatlich verfasste Weltrepublik die visionärste. Viele Diskussionsbeiträge haben ihren Ort zwischen diesen Eckpunkten. Manche Begrifflichkeiten, etwa die der konföderalen Weltrepublik, verharren bewusst im Uneindeuti-

22 Einer der wortreichsten Propheten der kosmopolitischen Demokratie ist David Held. Ähnlich wie Held in seinen zahlreichen einschlägigen Veröffentlichungen argumentiert etwa Archibugi (1998). Beispiele für skeptische Stimmen: Dahl (1999), Greven (1998), Maus (1996). Die pragmatische Mitte repräsentiert Michael Zürn (1998), der im Untertitel seines Buches von „Globalisierung und Denationalisierung als Chance“ spricht. Chance heißt bei ihm nicht, dass er sich die Visionen globaler Demokratie zu eigen macht. Chance heißt: Von den neuen Formen internationaler Kooperation sind Gemeinwohlgewinne zu erwarten, die auch Substanzverluste für die nationalstaatliche Demokratie aufwiegen.

gen. Wenn die konföderale, staatenbündische Weltrepublik die Souveränität der Staaten respektiert, kann sie dann mehr sein als die Vereinten Nationen? Und wenn sie es nicht tut, ist sie dann noch ein Staatenbund? Deutlicher ist das Profil jener Vorschläge, die größere Distanz zur Idee eines wie immer verfassten Weltstaates halten und stattdessen an einzelne Weltautoritäten mit spezifischen, auf bestimmte Problemfelder von globaler Bedeutung zugeschnittene Zuständigkeiten denken. Es gibt aber auch Visionen einer Weltverfassung, die keine Staaten mehr kennt, sondern sich auf nicht mehr territorial basierte „Betroffenheitsgemeinschaften" gründet,[23] was immer das heißen mag.

Die Vielfalt an Vorstellungen, die in die Diskussion über das „Regieren jenseits des Staates" eingebracht werden, ist hier nur zu registrieren. Die von uns zu erörternde Kernfrage ist allein die, ob die Erwartung und Hoffnung, die Demokratie müsse dabei keine Einbuße erleiden, zumindest prinzipiell plausibel ist. Was ist essentiell; wenn von Demokratie soll die Rede sein können? (Die verfassungsstaatliche Komponente ist im Folgenden mitzudenken, aber sie wird nicht ausgeführt.)

- Jeder Einzelne hat die gleichen Rechte der Teilhabe am politischen Prozess – von der Artikulation von Meinungen und Interessen bis zur Mitentscheidung.
- Die Bürgerschaft ist in einer Vielzahl von aktuellen wie potenziellen selbstbestimmten Gruppen politisch handlungsfähig.
- Es gibt einen öffentlichen Raum, in dem ein Nachdenken über die das Gemeinwesen betreffenden Fragen möglich ist und Meinungsstreit mit Argumenten ausgetragen werden kann.
- Das Recht, für das Gemeinwesen verbindlich zu entscheiden, wird durch die Bürgerschaft insgesamt verliehen. Die Amtsträger, denen diese Befugnis verliehen ist, können von der Bürgerschaft zur Verantwortung gezogen werden.

Wie verhält es sich mit diesen *Essentialia* und dem „Regieren jenseits des Staates"? Rechte der Teilhabe am politischen Prozess kann jedes Gemeinwesen unabhängig von Größe und Gestalt garantieren.

23 Der Begriff findet sich bei McGrew (1998).

Ob diese Rechte für den Einzelnen irgendeine Bedeutung haben können, ist freilich eine ganz andere Frage, sehr wohl von Größe und Gestalt des Gemeinwesens abhängig. Gruppen, in denen eine Gesellschaft politisch artikulations- und handlungsfähig wird, können sich durchaus auch über nationalstaatliche Grenzen hinweg bilden, obschon diese Grenzen keineswegs für alle gleichermaßen einfach zu überwinden sind. Für den öffentlichen Raum als Raum der Kommunikation hingegen ist das Medium Sprache konstitutiv. Natürlich ist es möglich, die gleichen Themen in einer Mehrzahl von einander separierter Öffentlichkeiten gleichsam parallel zu erörtern. Aber das Forum der Debatte gibt den Rahmen, in dem Politik in allen ihren Bezügen gedacht und diskutiert wird, vor. Ein Nebeneinander von öffentlichen Räumen bedeutet unvermeidlich eine Fragmentierung aller politischen Wahrnehmung und Kommunikation. In diese Fragmentierung kann sich eine auf das Ganze ausgerichtete politische Willensbildung kaum vollziehen. Man kann es auch so sagen: Ohne Einheit des öffentlich Raumes kann sich ein freiheitliches Gemeinwesen nicht konstituieren.

Schließlich die Akte kollektiver Entscheidung, in denen die politischen Autoritäten bestellt und abberufen, dadurch legitimiert und auch zur Verantwortung gezogen werden. Man kann argumentieren, für den Einzelnen sei die Teilhabe an diesen Akten immer nur von symbolischer Bedeutung, da der Anteil, den er an der Entscheidung des Kollektivs hat, in jedem Fall infinitesimal klein ist. Deshalb sei es gleichgültig, ob 50 Millionen oder 5 Milliarden Abstimmender an dieser Entscheidung mitwirken. Aber es ist nicht gleichgültig. Es geht um eben jene symbolische Bedeutung. Ohne sie wäre die Teilnahme an den Entscheidungsakten des Kollektivs für den Einzelnen sinnlos. Diese symbolische Bedeutung aber kann für den Einzelnen sein Handeln im Kollektiv nur haben, wenn er einen Zusammenhang zwischen seinem Votum und der Kollektiventscheidung dadurch herzustellen vermag, dass er sich als dem entscheidenden Kollektiv zugehörig wahrnimmt. Das hat viele Voraussetzungen, auch die, um das Thema Öffentlichkeit noch einmal aufzunehmen, dass das entscheidende Kollektiv eine Kommunikationsgemeinschaft bildet. Soweit es sich um die Wahl von Repräsentativversammlungen handelt, kommt ein Zweites hinzu. Repräsentativversammlungen sollen – wie auch immer definiert – gesellschaftliche Pluralität zur Darstellung bringen und sie politisch handlungsfähig machen. Jenseits bestimmter Grenzen der Größe wie der Vielfalt des zu repräsentierenden Kollektivs ist das nicht mehr sinnvoll möglich.

Mit diesem Satz von Kriterien ausgerüstet kann man Fragen nach der Möglichkeit des demokratischen „Regierens jenseits des Staates“ mit einer gewissen Genauigkeit beantworten. Nicht im Sinn scharfer Grenzziehungen, wohl aber im Sinn der Eindeutigkeit einiger grundlegender Feststellungen: Selbst bescheidene Annäherungen an die elementaren Standards demokratischen Regierens sind in Staaten, Völker, Kulturen überspannenden Großräumen schwer zu erreichen. Je weiter wir uns vom Nationalstaat entfernen, desto mehr an demokratischer Substanz geht verloren. Eine Weltrepublik als demokratisch verfasstes Gemeinwesen ist undenkbar, wenn denn das Attribut demokratisch nicht jede Bedeutung verlieren soll. Das heißt nicht, dass über die Fortentwicklung der institutionellen Architekturen supranationalen Regierens unter dem Gesichtspunkt demokratischer Legitimität gar nicht erst nachgedacht zu werden braucht. Es heißt, dass die Möglichkeiten, diesem Gesichtspunkt Geltung zu verschaffen, sehr begrenzt sind.

In den mehr oder minder visionären Skizzen kosmopolitischer Demokratie, die sich in der einschlägigen Literatur finden, spielt durchgehend die europäische Union als ermutigendes Beispiel eine wichtige Rolle.[24] Sie zeige, dass Demokratie auch in großen, staatenübergreifenden Räumen möglich sei. Aber kann man die Geschichte der europäischen Einigung nicht auch ganz anders lesen, was ihr übrigens nichts von ihrer epochalen Bedeutung nimmt? Muss

24 In Jürgen Habermas` Essay „Die postnationale Konstellation und die Zukunft der Demokratie“ (Habermas 1998) geht es bezeichnenderweise, sobald es konkret wird, nur noch um Europa. Europa muss den vorsichtigen Optimismus, auch andere, noch weitere Räume ließen sich in einem gewissen Sinn demokratisch verfassen, stützen .Die Literatur zu der Frage, ob die EU demokratisch verfasst sei oder demokratisch verfasst werden könne, ist kaum noch zu überschauen. Einen knappen Überblick gibt Schmidt (2008) Kap. 23. Siehe ferner Klingemann/Neidhardt (2000) Teil 2, Kohler-Koch/Rittberger (2007), Kielmansegg (2009).

man es nicht sogar? Die Europäische Union ist ein weltweit einzigartiges Gebilde. Die Bereitschaft der europäischen Staaten, Souveränitätsrechte zu vergemeinschaften, ist sehr besonderen historischen Erfahrungen geschuldet, und hat bis heute nirgendwo auch nur ansatzweise Nachahmung gefunden. Für diese neuartige Gemeinschaft europäischer Staaten gilt: Die Chancen, demokratische Prinzipien auf höheren Ebenen der Vergesellschaftung als der des Nationalstaates zu verwirklichen, sind vergleichsweise günstig, weil die Dichte und Stärke demokratischer Tradition in Europa einzigartig ist. Dennoch hat Europa beträchtliche Schwierigkeiten damit, einen demokratischen Modus des Regierens für die Europäische Union zu entwickeln; Schwierigkeiten, die auch darin ihren Grund haben, dass sich in einem halben Jahrhundert Integrationsgeschichte bei der überwältigenden Mehrzahl der Bürger der Union europäischer Gemeinsinn kaum ausgebildet hat. Was unter exzeptionell günstigen Bedingungen schwierig ist, kann dort, wo diese Bedingungen nicht gegeben sind, nur unvergleichlich viel schwieriger sein. Europa, das ist der ernüchternde Befund, ist aus globaler Perspektive eine Ausnahmeerscheinung. Und selbst zu dieser Ausnahmeerscheinung ist zu sagen: Dem Betrachter, der sich keinen Zweckoptimismus gestattet, werden im bisherigen Gang des europäischen Integrationsprozesses eher die Grenzen der Möglichkeit demokratischen „Regierens jenseits des Staates“ als ermutigende Perspektiven für die nicht-europäische Welt sichtbar.

Ganz besonders fällt der Umstand ins Auge, dass die europäische Union exklusiv eine Gemeinschaft demokratisch verfasster Staaten ist und nach ihren Statuten auch nichts anderes sein will. Es ist nicht vorstellbar – hier begegnen sich die Zukunftsfragen der horizontalen und der vertikalen Dimension –, dass die Welt in absehbarer Zeit eine Welt von Demokratien sein wird. Wie aber kann die Staatengemeinschaft, wenn das nicht der Fall ist, sich eine auch nur im weitläufigen Sinne demokratische Verfassung geben?[25] Über die

25 In der Literatur wird gelegentlich von „Demokratie“ in der Staatenwelt gesprochen, wenn in den Verfahren internationaler Rechtssetzung der Grundsatz der Staatengleichheit gilt. Aber das ist kein sehr sinnvoller Sprachgebrauch.

Kooperation souveräner Staaten kann eine solche Gemeinschaft nicht sehr weit hinauskommen, wenn kein Zwang ausgeübt werden soll.

Angesichts der Dringlichkeit, supranationale Autoritäten zu schaffen, die Welt als Ganzes oder jedenfalls in großen Räumen politisch handlungsfähig zu machen, ist der Befund, dass Substanzverluste für den demokratischen Modus des Regierens um so gravierender werden, je weiter wir uns vom Nationalstaat entfernen, ein harter. Wie soll man mit ihm umgehen? Pragmatiker könnten argumentieren, das Legitimitätsproblem, auf das diese Frage verweist, sei eher ein Problem der politischen Theorie als der politischen Praxis. Es ist wieder eine vor allem europäische Erfahrung, dass die Effektivität des „Regierens jenseits des Staates" nicht notwenig unter dem Mangel an demokratischer Legitimität leidet. Es gibt, außerhalb des Kreises der professionell mit diesem Thema Befassten, offenbar keine starke Nachfrage nach überzeugenden Antworten auf die Legitimitätsfrage – jedenfalls, möchte man vorsichtshalber hinzufügen, solange gewisse Schwellen der Intensität der Einwirkung auf den Alltag des Bürgers, etwa durch eine spürbare Besteuerung, nicht überschritten werden. Aber dieses pragmatische Ausweichen ist eben doch nur ein Ausweichen. So notwenig und berechtigt Güterabwägungen gerade auch in diesem Problemkontext sind – wo brauchen wir supranationale Handlungsfähigkeit auch um den Preis demokratischer Legitimität; bis zu welchem Punkt hat demokratische Legitimität für uns Vorrang vor supranationaler Handlungsfähigkeit? – zur Güterabwägung führen solche Fragen nur, wenn in beiden Waagschalen etwas liegt. Zudem gibt es deutliche Anzeichen dafür, dass sich Widerstand gegen die Macht internationaler Organisationen, da wo sie mächtig sind, regt – Weltbank und IWF können davon ein Lied singen. In Europa äußert er sich in den stärker werdenden Mehrheitsstimmungen, auf dem Integrationsweg nicht weitergehen zu wollen. Die Legitimitätsfrage lässt sich nicht einfach beiseite schieben.

Wie, noch einmal, umgehen mit dem Befund, dass der demokratische Modus des Regierens den Entgrenzungen der Politik nicht beliebig folgen kann? Er verweist uns zunächst auf den Staat zurück.

Demokratische Legitimität über den Staat hinaus wird am ehesten immer noch durch den Staat, den demokratisch verfassten Staat vermittelt. Es ist mithin nicht nur faktisch wahrscheinlich, dass der Staat Grundbaustein der transstaatlichen politischen Architekturen bleibt; es ist, soweit es sich um demokratisch verfasste Staaten handelt, auch normativ indiziert.

Über die Rückbindung an demokratisch verfasste Staaten hinaus liegt die größte Chance für eine begrenzte Demokratisierung des Regierens jenseits des Staates in den sich verdichtenden Aktivitäten internationaler Bürgerinitiativen, internationaler Netzwerke, die globale Gemeinwohlbelange im Visier haben. In allen Entwürfen globaler Demokratie spielt denn auch die weltweite „Zivilgesellschaft" eine Schlüsselrolle. Es handelt sich im Kern oft um relativ kleine Gruppen, quasi-professionelle Aktivisten mit organisatorischen Infrastrukturen von beachtlicher Leistungsfähigkeit; aber eben, dank der neuen elektronischen Kommunikationstechniken, weltweit vernetzt, für globale Gefolgschaften sprechend. Es haben bereits viele Initiativen dieser Art, von der Politik anerkannt, ihren Platz auf der Weltbühne gefunden, besonders auf dem Feld der internationalen Umweltpolitik. Ein Äquivalent für die Bürgergesellschaft des Nationalstaates ist das nicht; einen öffentlichen Raum, in dem die für die Demokratie konstitutive Begründungspflicht der Politik gegenüber dem Bürger ständig und für alle wahrnehmbar eingefordert werden kann, vermögen diese Initiativen nicht zu schaffen. Sie agieren themen- und ereignisgebunden, Öffentlichkeit entsteht allenfalls in Fragmenten. Dass von Mechanismen kollektiven bürgerschaftlichen Entscheidens, in denen das Prinzip der Verantwortlichkeit der Regierenden gegenüber den Regierten so institutionalisiert ist, dass Einwirkungen möglich wären,, jenseits des Staates ohnehin nicht die Rede sein kann, ist bereits gesagt worden. Zudem sind ja auch die global agierenden Bürgerinitiativen selbst nicht über jeden demokratischen Zweifel erhaben. Sie stehen für eine bestimmte Sicht auf die Weltprobleme, oft von radikaler Entschiedenheit und mit einem sehr engen Fokus. Und sind, was den Kreis der Aktivisten angeht, hoch selektiv. Ihr Mandat geben sie sich selbst. Ob sie in irgendeinem

Sinne etwas anderes als sich selbst in der politischen Arena zur Darstellung bringen, ist selten klar.

Gleichwohl: Sie haben begonnen, wie unvollkommen auch immer, eine Rolle als Impulsgeber für die Politik und als Kontrolleure der Macht in den politischen Räumen jenseits des Staates zu spielen. Es gelingt ihnen punktuell, weltweite Resonanz zu finden und in diesem Sinn situationsgebunden augenblicksweise so etwas wie eine globale Öffentlichkeit herzustellen. Und da sie nicht nur ihrem Selbstverständnis nach im Dienst globaler Gemeinwohlbelange handeln, an denen sich die staatlich verfasste Politik, auch die der Demokratien nur ausnahmsweise orientiert, erfüllen sie eine wichtige Aufgabe. Es scheint – dafür stehen sie als Beispiel –, als seien die Probleme der Kontrolle von Macht im politischen Raum jenseits des Staates eher lösbar als die ihrer demokratischen Legitimierung.[26]

Es gibt noch eine dritte Antwort auf die Frage, wie mit der beschriebenen, im Kern dilemmatischen Situation umzugehen sei. Wenn das Regieren jenseits des Staates auch nur in engen Grenzen demokratisierbar ist, so ist es doch vielleicht in höherem Masse rechtlich zu ordnen. Von den beiden symbiotisch verbundenen, ihrer Herkunft nach sehr unterschiedlichen Komponenten des demokratischen Verfassungsstaates, der demokratischen und der verfassungsstaatlichen, könnte die zweite für die graduelle Konstitutionalisierung des politischen Raumes jenseits des Staates wichtiger sein als die erste.

Tatsächlich schreitet der Ausbau, die Verdichtung einer überstaatlichen Ordnung des Rechtes sichtbar fort. Natürlich wirft diese Entwicklung die Frage auf, auf welche Quelle der Legitimität sich denn die Geltung dieses Rechtes letztlich gründet – eine Frage, die gerade auch Demokratien sich ernsthaft stellen, von ihren Bürgen

26 Man kann das auch als Gewichtsverschiebung zwischen verschiedenen Komponenten demokratischer Legitimität verstehen. So dürfte zu lesen sein, was Habermas über die Legitimation einer „Weltinnenpolitik ohne Weltregierung" sagt: „Dann zieht das demokratische Verfahren seine legitimierende Kraft nicht mehr nur, und nicht einmal in erster Linie, aus Partizipation und Willensäußerung, sondern aus der allgemeinen Zugänglichkeit eines deliberativen Prozesses, dessen Beschaffenheit die Erwartung auf rational akzeptable Ergebnisse rechtfertigt." Habermas (1998) S. 166.

stellen lassen müssen. In den USA, die immer sehr zögerlich sind, wenn es um die Unterwerfung unter internationales Recht geht, etwa geschieht das. So wird beispielsweise die Legitimität der Macht internationaler Gerichtshöfe, denen kein Gesetzgeber mit klarer demokratischer Legitimation zur Setzung internationalen Rechts gegenüber steht, zum Thema gemacht. Solcher Einwände ungeachtet: Die Erwartung, dass sich Schritt für Schritt so etwas wie eine *global rule of law* entwickeln könne und entwickeln werde, ist wirklichkeitsnäher, zukunftsträchtiger, als es die Visionen kosmopolitischer Demokratie sind.[27] Auch kann man argumentieren, dass die rechtliche Regulierung des Machtgebrauchs jenseits des Staates dringlicher ist als ihre demokratische Legitimierung. Die Geltung einer solchen sich langsam verdichtenden Rechtsordnung würde sich wohl eher auf die Funktionalität des Rechtes als auf die Verfahren seiner Setzung gründen. Wie ja ohnehin gilt: Regieren kann sich nie nur durch Verfahren, es muss sich immer auch durch Leistung legitimieren. Je schwieriger es mit der Legitimation durch Verfahren wird, desto mehr wird diese Notwendigkeit zur ausgleichenden Chance. Für das „Regieren jenseits des Staates“ ist das besonders wichtig.

III.

Die dritte der drei eingangs unterschiedenen Dimensionen der Demokratieentwicklung war die Binnendimension. Mit welchem Gestaltwandel haben wir in den bestehenden Demokratien zu rechnen, lautete die Frage. Da wir uns hier auf vertrautem Gelände bewegen, im Kern in der Welt der OECD-Demokratien, sollten Prognosen leichter fallen. Aber Vertrautheit bedeutet nicht notwenig Zukunftsgewissheit. Zudem ist auf diesem Gelände die Gefahr am größten, dass der Versuch, mögliche oder wahrscheinliche Entwicklungen zu prognostizieren, sich mit der Neigung, das Wünschbare vorherzusagen, verbindet. Sie gilt es im Auge zu behalten. Auch hier emp-

27 Otfried Höffes Entwurf einer „föderalen und subsidiären Weltrepublik“ (Höffe 1999) dürfte wohl eher hier einzuordnen sein Es geht weniger um eine Weltdemokratie als um eine rechtlich verfasste Welt. Siehe auch Bogdandy (2003).

fiehlt es sich im Übrigen, zunächst rückblickend Trends zu identifizieren, die in die Zukunft fortzuschreiben gute Gründe für sich hat.

So turbulent die Schicksale einzelner, vieler Demokratien im 20. Jahrhundert auch waren, für die verfassungsstaatliche Demokratie als Typus politischer Ordnung gilt: In ihrer institutionellen Grundgestalt weist sie eine erstaunliche Beständigkeit auf. Sie hat sich ohne ganz große Überraschungen auf einem Entwicklungspfad fortentwickelt, der von ihren Anfängen her vorgezeichnet war; natürlich in mancherlei Variationen, von der Schweizer Konkordanzdemokratie bis zur von de Gaulle geschaffenen französischen Präsidialdemokratie. Auch im Detail hat es folgenreichen Wandel gegeben, etwa die Entwicklung des Vorwahlsystems in den Vereinigten Staaten. Aber, um es noch einmal zu sagen: Das Hauptcharakteristikum der Entwicklung des Typus ist das Ausbleiben von Kontinuitätsbrüchen oder auch nur bedeutenden institutionellen Innovationen. Das hat vermutlich etwas damit zu tun, dass, wie jeder systemische Status quo, natürlich auch der politische von Interessen und Gewohnheiten gleichermaßen stark befestigt wird. Reformen, die die gegebene Machtverteilung berühren, sind auch in der Demokratie nur schwer durchzusetzen. Aber ihre Gradlinigkeit ist sicher auch ein Hinweis darauf, dass die Entwicklung der Demokratie einer institutionellen Logik gefolgt ist.

Der Rückblick auf das 20. Jahrhundert legt also zunächst einmal die Erwartung nahe, dass die institutionelle Architektur des demokratischen Verfassungsstaates, so wie sie sich in den ersten beiden Jahrhunderten seiner Geschichte in relativ wenigen Varianten herausgebildet hat, sich nicht wesentlich verändern wird. Allerdings lassen sich im letzen Drittel des 20. Jahrhunderts einige Entwicklungstendenzen ausmachen, von denen man annehmen darf, dass sie weiterwirken werden. Die verfassungsstaatliche Komponente hat an Bedeutung gewonnen. Dass Demokratien auch die letzte verfassungsstaatliche Konsequenz ziehen und einem Verfassungsgericht das Recht geben, den Gesetzgeber zu kontrollieren, wird von der Ausnahme immer mehr zur Regel.[28] Vor allem aber hat das Mas-

28 Dazu ist im fünften Versuch Näheres gesagt.

senmedium Fernsehen die Demokratie verändert, insofern es gänzlich neue Bedingungen für die öffentliche Präsentation von Politik geschaffen hat. Das Fernsehen ist entscheidend beteiligt einerseits daran, dass Politik fast nur noch über Personen wahrgenommen wird; andererseits daran, dass die massenmediale Darstellung von Politik wesentlich auf die „Erzeugung öffentlicher Erregungszustände“[29] hinausläuft, in denen der rationale Umgang mit Problemen schwierig wird. Es sind hier Marktgesetzlichkeiten am Werk; der immer härter werdende Wettbewerb zwischen den Massenmedien hat seine – sehr beträchtlichen – Auswirkungen auf die Demokratie. Weltweit hat sich, drittens, in den letzten Jahrzehnten beobachten lassen, dass die repräsentative Demokratie sich stärker für direkt-demokratische Entscheidungsverfahren öffnet.[30] Dem entspricht, dass das Vertrauen in den repräsentativen Modus der Demokratie offensichtlich zurückgeht. Insbesondere die Parteien sind von diesem Vertrauensschwund in hohem Masse betroffen –davon war im dritten Versuch ausführlich die Rede. Ob wirklich von einer Krise der repräsentativen Demokratie gesprochen werden kann, ist ungewiss. Dem steht entgegen, dass es im Grundsatz keine Alternative zur repräsentativen Organisation der Demokratie gibt und das wohl auch weithin begriffen wird. Aber dass die Bürger der etablierten Demokratien zweifelsfrei davon überzeugt seien, dass die Demokratie institutionell richtig verfasst ist, wird man zu Beginn des 21. Jahrhunderts nicht sagen können.

Allgemein wird denn auch das Verlangen nach mehr Beteiligung am politischen Prozess, mehr Mitwirkung, mehr „ Partizipation“, wie das Schlüsselwort lautet, als die derzeit vermutlich stärkste Triebkraft in der Entwicklung der Demokratie gesehen.[31] Und dies nicht zuletzt deshalb, weil sich diese Tendenzen mit den neuen Medien elektronischer Kommunikation verbinden können und tatsächlich verbünden. Es gibt in der Tat Anzeichen in hinreichender Dichte

29 Die Formulierung verdanke ich Hans H. Klein (Klein 2011).

30 Literatur zur Ausbreitung der direkten Demokratie führt der vierte Versuch auf.

31 In dieser Diagnose sind freilich analytische Prognose und demokratiepolitisches Programm oft untrennbar miteinander verbunden. Dazu Gabriel (2000).

dafür, dass das Interesse an Politik und die Neigung, sich einzumischen, größer geworden sind, dass neue Formen der Teilnahme an Politik entwickelt und genutzt werden, vornehmlich im Modus des Protestes, dessen Heftigkeit in der Regel mit einer Neigung zu drastischer Vereinfachung komplexer Sachverhalte zusammengeht. Das ist für die Demokratie keine bequeme, auch keine unproblematische Art der Teilnahme.

Vor allem aber verschärft sich mit gesteigerter Partizipation das Maß der Ungleichheit in der Teilhabe an Politik.[32] Politik ist und bleibt – jenseits der einfachsten Akte der Mitwirkung wie des Wählens – eine Sache von Minderheiten, in einem formalen Sinne gebildeten Minderheiten; und das gilt um so mehr, je anspruchsvoller die Formen der Partizipation sind. Natürlich spielt auch Abkömmlichkeit eine wichtige Rolle, die nicht einfach mit höherer formaler Bildung zusammengeht. Aber da, wo beides gegeben ist, da ist das Potenzial für mehr politische Beteiligung. Das aber heißt: Mehr politische Beteiligung verschiebt die Gewichte in einer bestimmten Richtung, und zwar zugunsten derer, die ohnehin mehr partizipieren und mehr Einfluss haben. Man mag argumentieren, dass gerade in den neuen Formen politischer Partizipation Gemeinwohlmotivationen verschiedenster Ausprägung eine starke Rolle spielen;[33] dass deshalb Verschiebung der politischen Gewichte zugunsten von Minderheiten nicht einfach Verschiebung der politischen Gewichte zugunsten der Interessen von Minderheiten bedeute. Beim Stichwort „Weltöffentlichkeit“ ist das schon zur Sprache gekommen. Aber dieser notwendige Hinweis ändert nichts daran, dass es zumindest die Anschauungen bestimmter Minderheiten sind, ihre Lagebeurteilungen und ihre normativen Präferenzen, die durch „mehr Beteiligung“ an politischem Gewicht gewinnen. Die Demokratie muss das in Rechnung stellen, so sehr sie an mehr politischer Beteiligung interessiert sein mag. Die repräsentativen Instanzen, die Autoritäten, die sich tatsächlich auf ein allgemeines Mandat berufen können, müssen die Fähigkeit behaupten, sich gegenüber jeder selektiven

32 Auf diesen Zusammenhang sind wir schon im vierten Versuch gestoßen.
33 Für lokale Protestinitiativen allerdings gilt, dass sie in der Regel in hohem Maße von örtlichen Interessen bestimmt sind.

Partizipation, sie mag sich noch so entschieden artikulieren, sich noch so sehr als „das Volk“ begreifen oder stilisieren, durchzusetzen.

Was die Medien elektronischer Kommunikation angeht, so hat man inzwischen, jedenfalls fürs erste, die Erwartung aufgegeben, sie würden ganz von selbst zum Instrument einer „partizipativen Revolution“ werden Dass sie das Potenzial haben, die Demokratie zu verändern, bleibt aber ein plausible Vermutung. Dabei lassen sich drei Wirkungsdimensionen unterscheiden: Das Internet eröffnet völlig neue Chancen der Selbstorganisation der Bürgergesellschaft. Das Internet könnte als Medium verstanden werden, das der direkten Demokratie in ganz anderer Weise den Weg ebnet, als das die traditionellen Urnenverfahren tun konnten. Und: Das Internet könnte die repräsentative Demokratie verändern, indem es ganz neuartige Möglichkeiten der Kommunikation zwischen Repräsentanten und Repräsentierten schafft.[34]

Ganz allgemein ist zu hoch gespannten Erwartungen noch einmal zu sagen: Politik – und so auch Politik im Internet – ist Sache einer Minderheit, einer ziemlich kleinen Minderheit. Nur ein Bruchteil der Nutzer des Internet geht im Internet politischen Interessen nach. Allenfalls in Augenblicken höchster politischer Erregung ist das anders. Gleichwohl ist inzwischen eindrucksvoll und vielfach belegt, dass das Internet sehr erfolgreich zu Zwecken der Mobilisierung und Selbstorganisation von aktiven Minderheiten, und zwar vor allem für den Protestmodus der politischen Beteiligung, genutzt wird. Dieses Potential ist für die Demokratieentwicklung zweifellos bedeutsam. Wie es sich genau auswirken wird, ist kaum vorherzusagen. Jedenfalls gilt, was zur demokratischen Ambivalenz des Umstandes, dass mehr Beteiligung in der Regel mehr Minderheitenbeteiligung bedeutet, gesagt wurde, auch in diesem Zusammenhang.

In der Wirkungsdimension repräsentative Demokratie stoßen wir auf ähnliche Ambivalenzen. Natürlich bietet das Internet beträchtliche Chancen der Intensivierung der Kommunikation zwischen Repräsentanten und Repräsentierten. Die Frage ist: Machen sie Ge-

34 Diese Unterscheidung übernehme ich von Thomas Zittel (Zittel 2010). Auch sonst verdankt der folgende Abschnitt seiner Studie, die es vor allem mit dem Thema Repräsentation und Internet zu tun hat, einiges.

brauch davon und wenn ja, welchen – die einen wie die anderen? Für die Abgeordneten gibt es einen systemischen Druck, sich im Internet den Wählern zu präsentieren. Die Wähler sind frei, sich auf Kommunikation mit ihren Repräsentanten einzulassen oder auch nicht. Tun sie es in größerer Zahl – und schon dreistellige Zahlen sind für einen einzelnen Abgeordneten, der damit umgehen muss, „größer" –, so wird es für den Abgeordneten sehr schnell schwierig, die Botschaften auch nur zur Kenntnis zu nehmen. Ohne Mitarbeiter, die dann auch Übersetzer der Botschaften sind, ist das unmöglich. Andererseits wird auch bei vergleichsweise großen Zahlen niemals Repräsentativität gegeben sein. Es sind um Themen gruppierte Minderheiten, die sich in der Regel zu Wort melden werden, besonders Betroffene und besonders Erregte, was keineswegs dasselbe sein muss. Was das alles im Licht der Forderung nach mehr Responsivität bedeutet, im Lichte der Erwartung, das Internet werde zu mehr Responsivität führen, steht dahin. Auf viel mehr als die – nicht sonderlich originelle – Einschätzung, dass das Internet der repräsentativen Demokratie gleichermaßen Chancen wie Herausforderungen präsentiert, wird man sich gegenwärtig nicht verständigen können.

Beim Thema direkte Demokratie kann das Votum eindeutiger sein. Die Prognose hängt eng mit der demokratietheoretischen Bewertung zusammen. Hier geht es nicht um Kommunikation sondern um Entscheidung – um verbindliche Entscheidungen, die Dritte treffen und die, jedenfalls der Idee nach, gegenüber den Betroffenen zu verantworten sind; in diesem Sinn um öffentliche Entscheidungen. Sie ganz und gar ins Private zu verschieben, in die dezidierte Nicht-Öffentlichkeit, Alltäglichkeit, Separiertheit, Beliebigkeit der privaten Behausung; sie einem Medium anzuvertrauen, das seiner Natur nach den Schutzmantel der Anonymität anbietet und in fast allen Zusammenhängen, in denen es genutzt wird, zu einer Art spielerischer Unverbindlichkeit einlädt – das wäre das Ende dessen, was die demokratische Tradition unter dem „Bürger" versteht und verstehen muss. Der Akt der Abstimmung könnte in keiner Weise mehr als ein Akt verstanden werden, in dem der Bürger ein dem Gemeinwohl verpflichtetes Amt – der Begriff des Amtes ist hier natürlich nicht als Rechtsbegriff gemeint – wahrnimmt, wie es der Gang zur öffentlichen Wahl- oder Abstimmungsurne jedenfalls andeutungsweise noch ist. Weil diese Verkehrung eines öffentlichen Aktes in einen privaten so offensichtlich ist und wohl auch weithin so wahrgenommen würde, kann es, von den gravierenden technisch begründeten Sicherheitsmängeln ganz abgesehen, nicht als wahrscheinlich gelten, dass sich in absehbarer Zeit eine wesentlich auf das Internet gestützte Praxis direkt-demokratischer Entscheidung entwickeln wird.

Damit ist freilich über das Gewicht direkt-demokratischer Entscheidungsverfahren in der Demokratie der Zukunft noch keineswegs alles ausgesagt. Davon, dass die direkte Demokratie in den letzten Jahrzehnten den Wind im Rücken hatte, war die Rede. Seine stärksten zukünftigen Impulse könnte der Trend daraus erhalten, dass es mehr politische Konflikte gibt, die nur durch einen letztinstanzlichen Entscheid einigermaßen zur Ruhe gebracht werden können. Das muss nicht an der Streitmaterie, es kann auch an einem Wandel der politischen Kultur liegen. Ganz unabhängig von der Frage, ob man dem Volksentscheid einen legitimatorischen Vorzug vor dem Parlamentsentscheid zuspricht, worüber sich durchaus streiten lässt, hat das Votum des Volkes den faktischen Vorzug eben der Letztinstanzlichkeit – es gibt hinter dem Volk keine politische Autorität mehr, die man noch ins Spiel bringen könnte. Das lässt sich vom Parlament, das gewählt wird, nicht sagen. Die Frieden oder doch jedenfalls Akzeptanz stiftende Kraft eines letztinstanzlichen Entscheides aber ist, wenn es hart auf hart geht, größer als die eines Entscheides, hinter dem noch eine andere Instanz steht.

In gewissem Sinne als Alternative zum Ausbau der direkten Demokratie lassen sich Konzeptionen der Demokratieentwicklung begreifen, die das Etikett „deliberative Demokratie“ tragen.[35] Deliberative Demokratie ist eines der zentralen Stichworte der Demokratiedebatte der letzten Jahrzehnte gewesen. Kaum etwas von dem, was unter dieser Überschrift diskutiert wurde und wird, ist bisher Wirk-

35 Die Debatte ist angestoßen worden von James Fishkin (Fishkin 1991). Siehe außerdem Fishkin (1997), Elster (1998). Der Begriff hat in der Demokratiediskussion eine steile Karriere gemacht. Vgl. das Habermas-Zitat in Anm. 26.

lichkeit geworden. Aber das heißt nicht, dass hier keine Anregungen für die Weiterentwicklung der Demokratie bereitliegen. Auch das Nachdenken über deliberative Demokratie verdankt sich der Suche und der Forderung nach neuen Möglichkeiten der Bürgerbeteiligung. Es bestätigt sich einmal mehr, dass von dieser Suche und Forderung gegenwärtig die stärksten Impulse zu einem Gestaltwandel der Demokratie ausgehen. Aber anders als die Plädoyers für mehr direkte Demokratie bleiben die meisten Überlegungen zum Thema deliberative Demokratie, soweit sie überhaupt bis zu institutionellen Anregungen gelangen, der Idee der Repräsentation verpflichtet. Sie entwerfen, wenn sie institutionelle Konturen skizzieren, in aller Regel Modelle der „Doppelrepräsentation". Mehr Bürgerbeteiligung, das ist der in verschiedenen Varianten immer wiederkehrende Grundgedanke, soll in repräsentativen Bürgerversammlungen, Bürgergruppen institutionalisiert werden, die, nach irgendeinem Zufallsverfahren zusammengesetzt, auf begrenzte Zeit zusammentreten, um über politische Entscheidungsfragen zu debattieren. Sie sollen als „deliberierende" Bürgerforen den Entscheidungsgremien, in denen die politische Klasse das Sagen hat, zur Seite treten. Der *common sense* der Bürgerschaft, repräsentativ gefiltert, in einem reflexiven Verfahren sich artikulierend, soll in die professionelle Politik hineinwirken. Es ist durchaus denkbar, dass solche Ergänzungen der repräsentativen Demokratie, die unter dem Politikmonopol der Parteien leidet, eine neue Perspektive eröffnen. Aber dass es schwierig ist, sie überzeugend in eine repräsentativ-demokratische Verfassungsordnung zu integrieren, so nämlich, dass ihre Wirksamkeit wie ihre Nachrangigkeit gleichermaßen gesichert sind, liegt auf der Hand. Das Stichwort „Doppelrepräsentation" selbst ist bereits so etwas wie ein Hinweis auf diese Schwierigkeiten.

Und noch ein Stichwort spielt eine Rolle, wenn Entwicklungstendenzen der Demokratie diskutiert werden: Verhandlungsdemokratie.[36] Es weist in eine ganz andere Richtung. Verhandelt wird in der Demokratie natürlich immer, weil anders die für die Demokratie konstitutiven Zustimmungserfordernisse gar nicht erfüllt werden

36 Dazu Scharpf (1993), Benz (1998), Grimm (2003).

können – in den Parteien, zwischen den Parteien, zwischen Regierung und organisierten Interessen undsofort. „Verhandlungsdemokratie" soll demgegenüber sagen: Organisierte Interessen gewinnen ein solches Gewicht, dass politische Lösungen für Probleme, die sie betreffen, von Regierungen mit ihnen von gleich zu gleich ausgehandelt werden müssen; ein Gewicht, das sich nicht einfach wirtschaftlicher Macht verdankt, sondern auch der Vertrautheit der Betroffenen mit den höchst komplexen Problemlagen, dem Sachverstand, den sie mitbringen, auch ihrer Unentbehrlichkeit bei der Umsetzung der gemeinsam getroffenen Entscheidungen. Das Aushandeln der Lösung zwischen Regierung und organisierten Interessen ist die eigentliche Entscheidungsphase im politischen Prozess,[37] nicht nur ausnahmsweise sondern regelmäßig. „Verhandlungsdemokratie" heißt, so verstanden: Politik ist genötigt, in eine andere Arena zu wechseln. Das Parlament im Besonderen wird marginalisiert. Allgemeiner: Politik verliert an Autonomie, eine Feststellung, die auf Überlegungen zur Demokratieentwicklung in der vertikalen Dimension zurückverweist.

Das Problem dieser Art von Kooperation, die durchaus sachdienlich sein mag, liegt für die Demokratie darin, dass die Demokratie auf der Letztinstanzlichkeit jener Entscheidungsarena bestehen muss, in der die rechtliche Gleichheit der Staatsbürger institutionalisiert ist. Es ist keineswegs undenkbar, dass die zuvor beschriebenen Vitalisierungstendenzen bürgerschaftlicher Beteiligung und die Verhandlungspraxis, die der Begriff „Verhandlungsdemokratie" im Visier hat, gleichermaßen Elemente der demokratischen Zukunft sein werden. Das wäre eine spannungsreiche Konstellation. Der demo-

37 Das Paradebeispiel aus der deutschen Politik ist der von der ersten rot-grünen Koalition mit den Betreibern der Kernkraftwerke ausgehandelte Ausstieg aus der Kernenergie. Die „Macht" der Industrie ergab sich in diesem Fall wesentlich aus ihrer Rechtsposition, aus der sich Schadensersatzansprüche in gewaltiger Höhe hätten ergeben können. Der zweite Ausstieg nach der Katastrophe von Fukushima war dann freilich eine politische Entscheidung, bei der auf die betroffene Industrie nicht weiter Rücksicht genommen wurde; kein Fall von „Verhandlungsdemokratie". Das zeigt, dass man die Handlungsspielräume der Politik nicht unterschätzen sollte.

kratische politische Prozess würde, wenn es denn so käme, nicht einfacher werden.

IV.

Die Bilanz unserer prognostischen Bemühungen lässt sich in wenigen einfachen Sätzen ziehen: Die Demokratie wird sich im 21. Jahrhundert wahrscheinlich weiter verbreiten. Aber ob die bestimmenden Mächte der Welt in absehbarer Zeit alle Demokratien sein werden, bleibt ungewiss. Der Nationalstaat wird die eigentliche Heimat des demokratischen Verfassungsstaates bleiben. Aber weil die sich verdichtenden Interdependenzen in der Staatenwelt die Handlungsspielräume der meisten Nationalstaaten zunehmend begrenzen; und weil über dem Staat neue politische Autoritäten entstehen, die nicht in gleicher Weise demokratisch verfasst werden können wie die Nationalstaaten, wird die Demokratie an Substanz verlieren. Dieser Prozess lässt sich abfedern, aber seine Richtung liegt fest. Seine Gestalt wird der demokratische Verfassungsstaat da, wo er etabliert ist, in den wesentlichen Zügen bewahren. Die stärksten Impulse des Wandels werden von dem Verlangen aktiver Minderheiten nach stärkerer aber keineswegs stetiger Beteiligung ausgehen. Sie treffen auf eine repräsentative Demokratie, die auch von einem weiteren Publikum kritisch wahrgenommen wird und die sich ihrer selbst nicht mehr sicher ist.

Diese Bilanz ist noch nicht der Schlusspunkt. Am Ende stellt sich noch einmal eine Schlüsselfrage. Die eigentliche Ungewissheit, was die Zukunft der Demokratie angeht, besteht darin, dass wir nicht wissen und nicht wissen können, wie sich der demokratische Modus des Regierens mit seinen uns bekannten Institutionen an den Herausforderungen der Zukunft bewähren wird; schärfer: ob er sich bewähren wird.[38] Dass es aus unserer Sicht zur Demokratie keine legitime Alternative gibt, bedeutet ja nicht, dass diese Bewährung garantiert ist. Um die offensichtlichsten säkularen Herausforderungen jedenfalls zu nennen:

38 Zur Frage der Leistungsfähigkeit der Demokratie Schmidt (2008) Teil IV.

- Viele Demokratien werden unter hohem, möglicherweise dramatischem Immigrationsdruck stehen, weil sie auf längere Frist Wohlstandsinseln im Meer einer viel ärmeren Welt bleiben werden. Wie immer sie mit diesem Druck umgehen, er wird auch zu anhaltender ungewollter Immigration führen. Ob gewollt oder ungewollt, Migration bringt ethnische, sprachliche, kulturelle, religiöse Diversität hervor. Das sind nach aller Erfahrung Diversitäten, mit denen sich Demokratien schwer tun; Diversitäten, die nur in lange dauernden gesellschaftlichen Gewöhnungs- und politischen Gestaltungsprozessen entschärft und eingehegt werden können. Die Gefahr wächst, dass es in den Immigrationsgesellschaften zu Identitätskonflikten kommt. Identitätskonflikte aber sind Konflikte von großer Sprengkraft. Die Frage „Wieviel Diversität verträgt die Demokratie?“ stellt sich am Beginn des 21.Jahrhunderts folglich mit großem Nachdruck.
- Die meisten Demokratien werden unter nicht weniger starken demografischen Druck geraten Sie werden mit dramatischen Alterungsprozessen zu tun haben. Diese Entwicklung verlangt den betroffenen Gesellschaften außerordentliche Leistungen der Anpassung und Neuorientierung ab; nicht zuletzt müssen neue Verteilungsmuster durchgesetzt werden.
- Wie alle Staaten werden auch die Demokratien unter hohem ökonomischen Wettbewerbsdruck stehen. Stärker als Nicht–Demokratien sind sie darauf festgelegt, ein bestimmtes, tendenziell steigendes Wohlstandsniveau zu gewährleisten, dazu Verteilungsgerechtigkeit nach einigermaßen konsentierten Standards. Je höher der globale Wettbewerbsdruck, desto schwieriger wird das.
- Alles spricht dafür, dass das 21. Jahrhundert ein Jahrhundert existentieller ökologischer Herausforderungen werden wird. Der Klimawandel ist das derzeit alles beherrschende Thema. Aber die Diskussion macht leicht vergessen, was hinzukommen kann: Energie-, Rohstoff-, Nahrungsmittel- und vor allem Wasserknappheiten, die die Menschheit ernstlich auf die Probe stellen. Die etablierten Demokratien sind durch diese Jahrhundertkrise besonders gefordert, weil es sich bei ihnen um hoch entwickelte

und offene Gesellschaften handelt, Gesellschaften also, bei denen sich die Handlungsfähigkeit hochentwickelter Staatlichkeit und eine stärkere Sensibilität für ökologische Krisen verbinden.

– Die Staaten- wie die Gesellschaftswelt des 21. Jahrhunderts wird in großen Regionen, nicht zuletzt, aber keineswegs nur wegen der drohenden ökologischen Krisen, eine Welt der Instabilität bleiben, immer wieder durch Gewaltausbrüche gefährdet. Auch hier gilt: Die etablierten Demokratien, zumal die von weltpolitischem Gewicht, sind in besonderer Weise gefordert, politische, ökonomische und militärische Beiträge zur Krisenbewältigung in der Weltgemeinschaft zu leisten, sei es durch die Vereinten Nationen, sei es auf andere Weise, wiederum weil sie einerseits über besondere Handlungspotenziale verfügen und andererseits als Demokratien im Zweifel sensibler für globale Verantwortlichkeiten sind als andere Mächte.

Das sind andeutende Hinweise auf ein Panorama von Herausforderungen, von denen wir jetzt schon wissen, dass sie zu bestehen sein werden. Der Raum des Unvorhersagbaren, der dunkel bleibt, ist weit. Dabei muss man gar nicht einmal zuerst an die Ereignisgeschichte denken. Der Erkenntnisfortschritt der Wissenschaft, eine der Grunddeterminanten der Entwicklung unserer Zivilisation, ist seiner Natur nach prinzipiell unvorhersagbar. Ob er uns helfen wird, Herausforderungen zu bewältigen, oder sich – mit der Entdeckung der Kernspaltung verhielt es sich so – als Herausforderung erweist, ist grundsätzlich offen. Vor allem die gänzlich neuartige Herrschaft über sich selbst, die der Mensch durch die Entschlüsselung des Genoms und die Entwicklung der Fähigkeit zum manipulativen Eingriff in das Genom gewonnen hat, mag gerade die Demokratien vor schwerste Wertkonflikte stellen.

Die Agenda, die hier sichtbar wird, macht jedenfalls nachdenklich. Wie ist es mit der Leistungsfähigkeit der Demokratie angesichts dieser Agenda bestellt? Das ist ein eigenes großes Thema. Hier müssen zwei Feststellungen genügen. Die eine: Demokratien, soweit sie Bestand hatten, haben sich im 20. Jahrhundert als erstaunlich leistungsfähig erwiesen.[39] Sie sind aus den beiden Weltkriegen siegreich hervorgegangen, haben sich gegen die Totalitarismen des Jahrhunderts behauptet, haben Wohlfahrtsstaaten unterschiedlicher Ausprägung aufgebaut. Mit ihrer Leistungsbilanz stehen die etablierten Demokratien am Übergang vom 20. zum 21. Jahrhundert in der Spitzengruppe der Staatenwelt. Die andere: Demokratien haben, was ihre Problemlösungsfähigkeit angeht, auch große Schwächen, nicht nur zufällig sondern als Demokratien. Ihre notorischste Schwäche ist die, dass demokratische Politik aus Gründen der Systemlogik unter dem Diktat der Gegenwart steht. Die nächste Wahl muss gewonnen werden – das ist fast immer der stärkste Imperativ. Vorausschauendes, zukunftsorientiertes politisches Handeln, wenn es denn die Gegenwart belastet, ist in der Demokratie mit großen Schwierigkeiten verbunden.[40] Ein gravierender Aspekt der Zukunftsschwäche ist übrigens, davon war in anderem Zusammenhang die Rede, die Tendenz der Demokratie, sich über die Grenzen des Verantwortbaren hinaus zu verschulden, hart formuliert: mit von der Zukunft geliehenem Geld Stimmenkauf zu betreiben.

Wenn man sich die eben skizzierte Agenda in Erinnerung ruft, wird klar: Diese Schwäche ist dramatisch. Denn es stehen auf der Agenda fast durchgehend Herausforderungen, die zukunftsorientiertes Denken und Handeln in hohem Maße fordern, in viel höherem, als das etwa beim Ausbau des Sozialstaates im 20.Jahrhundert der Fall war, der durchaus der Gegenwartslogik des demokratischen politischen Prozesses folgte. Das sind keine besonders ermutigenden Auspizien. Auf die Frage, ob das 21. Jahrhundert das Jahrhundert des demokratischen Verfassungsstaates sein werde, können wir deshalb auch nur antworten: Es ist möglich, mehr nicht.

Tocqueville hätte diese Antwort bei aller seiner prophetischen Sicherheit nicht eigentlich überrascht. Seine Prognose galt, genau gelesen, gar nicht dem demokratischen Verfassungsstaat. Sie galt der Unaufhaltsamkeit der demokratischen Revolution. Und damit meinte Tocqueville: Das Ideal der Gleichheit werde notwendig trium-

39 Schmidt (2000) S. 511 spricht davon, die Demokratien hätten im 20. Jahrhundert die Herausforderungen „bravourös" gemeistert.

40 Dazu Kielmansegg (2003), Schmidt (2005), Höffe (2009).

phieren, alle Strukturen der Ungleichheit würden nach und nach erodieren. Ob daraus eine Welt geordneter Freiheit hervorgehen würde, war für ihn durchaus ungewiss.

Literatur:

Archibugi, Daniele (1998): Principles of Cosmopolitan Democracy. In: Ders./Held/Köhler (Hrsg.) (1998) S. 198-228.

Ders./Held, David/Köhler, Martin (Hrsg.) (1998): Re-imagining Political Community. Cambridge

Acemoglu, Daron/Robinson, James (2012): Why Nations Fail. New York.

Beck, Ulrich (1998a): Das Demokratie-Dilemma im Zeitalter der Globalisierung. In: Aus Politik und Zeitgeschichte 48 B 38/39 S. 3-11

Ders.(Hrsg.) (1998): Politik der Globalisierung. Frankfurt a.M.

Benz, Arthur (1998): Postparlamentarische Demokratie? Demokratische Legitimation im kooperativen Staat. In: Greven (Hrsg.) (1998) S. 201-222.

v. Bogdandy, Armin (2003): Demokratie, Globalisierung, Zukunft des Völkersrechts – eine Bilanzaufnahme. In: Zeitschrift für ausländisches öffentliches Recht und Völkerrecht 63 S. 853-877.

Brennan, Geoffrey (Hrsg.) (2006): Preconditions of Democracay. Tampere.

Bryce, James (1921): Modern Democracies. London. Deutsch: Moderne Demokratien. München 1923-26.

Croissant, Aurel/Schächter, Teresa (2009): Demokratiestrukturen in Asien. In: Zeitschrift für Politikwissenschaft 19 S. 387-419.

Dahl, Robert A. (1989): Democracy and its Critics. New Haven e.a.

Ders. (1999): Can International Organization be Democratic? A Sceptic's View. In: Shapiro, Ian/Hacker-Cordon, Casiano (Hrsg.) (1999): Democracy's Edges. Cambridge e.a. S. 19-31.

Elster, John (Hrsg.) (1998): Deliberative Democracy. Cambridge.

Fishkin, James (1991): Democracy and Deliberation. New Directions for Democratic Reform. New Haven/London.

Ders. (1997): The Voice of the People. Public Opinion and Democracy. New Haven/London.

Fukuyama, Francis (1992): The End of History and the Last Man. New York.

Gabriel, Oscar (2000): Partizipation, Interessenvermittlung und politische Gleichheit. Nicht intendierte Folgen der partizipatorischen Revolution. In: Klingemann/Neidhardt (Hrsg.) (2000). S. 199-222.

Greven, Michael (1998): Mitgliedschaft, Grenzen und politischer Raum: Problemdimensionen der Demokratisierung der Europäischen Union. In: Kohler-Koch (Hrsg.) (1998) S. 249-270.

Ders. (Hrsg.) (1998): Demokratie – eine Kultur des Westens? Opladen.

Grimm Dieter (2003): Lässt sich die Verhandlungsdemokratie konstitutionalisieren? In: Offe (Hrsg.) (2003) S. 193-210.

Guéhenno, Jean-Marie (1994): Das Ende der Demokratie. München.

Habermas, Jürgen (1998): Die postnationale Konstellation und die Zukunft der Demokratie. In: Ders.: Die postnationale Konstellation. Frankfurt a.M. S. 91-169.

Held, David (1991): Democracy, the Nation-State and Global Governance. In: Ders. (Hrsg.): Political Theory Today. Stanford. S. 197-235.

Ders. (1995): Democracy and the Global Order: from the Modern State to Cosmopolitan Government. Cambridge e.a.

Ders. (1998): Democracy and Globalization. In: Archibugi/Held/Köhler (Hrsg.) (1998).

Ders. (2005): Global Governance and Public Accountability. Malden/Mass.

Höffe, Otfried(1999): Demokratie im Zeitalter der Globalisierung. München.

Ders. (2009): Ist die Demokratie zukunftsfähig? München.

Huntington, Samuel (1991); The Third Wave. Democratization in the late 20th Century. Norman/London.

International Encyclopedia of Political Science (2011). Hrsg. von Bertrand Badie, Dirk Berg-Schlosser, Leonardo Madino. Los Angeles e.a. Stichworte „Democracy. Russian Perspectives“ und „Democracy. Chinese Perspectives”.

Journal of Democracy 15 (2004a): World Religions and Democracy.

Journal of Democracy 15 (2004b): Russian Democracy in Eclipse.

Karatnycky, Adrian (2000). A Century of Progress. The 1999 Freedom House Survey In: Journal of Democracy 11 S. 187-200.

Kielmansegg, Peter Graf. Können Demokratien zukunftsverantwortlich handeln? In: Merkur Nr. 651 S. 583-594.

Ders. (2008): Kirche und Staat in Europa. In: Die politische Meinung Nr. 461 S. 13-18.

Ders. (2009): Lässt sich die Europäische Union demokratisch verfassen? In: Decker, Frank/Höreth, Marcus (Hrsg.): Die Verfassung Europas. Wiesbaden. S. 219-236.

Klein, Hans H. (2011): Metamorphose der Demokratie. Frankfurter Allgemeine Zeitung 29.8.2011.

Klingemann, Hans-Dieter/Neidhardt, Friedhelm (Hrsg.) (2000): Zur Zukunft der Demokratie. Berlin.

Kohler-Koch, Beate (Hrsg.) (1998): Regieren in entgrenzten Räumen. Sonderheft der Politischen Vierteljahresschrift 29. Opladen.

Dies./Rittberger, Berthold (Hrsg.) (2007): Debating the Democratic Legitimacy of the European Union. Lanham e.a.

Landfried, Christine (Hrsg.) (2001): Politik in einer entgrenzten Welt. Köln.

Lipset, Seymour M. (1959): Some Social Requisites of Democracy: Economic Development and Political Legitimacy. In: American Political Science Review 53 S. 69-105.

Ders. (1994). The Social Requisites Revisited. In: American Sociological Review 59 S. 1-22.

Ders. (2000). Conditions for Democracy. In: Klingemann/Neidhardt (2000) S. 393-410.

Maus, Ingeborg (1996): Vom Nationalstaat zum Globalstaat oder: der Niedergang der Demokratie In: Lutz-Bachmann, Matthias/Bohmann, James (Hrsg.): Weltstaat oder Staatenwelt? Frankfurt a.M. S. 226-259.

McGrew, Anthony (1998): Demokratie ohne Grenzen? Globalisierung und die demokratische Theorie und Politik. In: Beck (Hrsg.) (1998) S. 374-422.

Offe, Claus (Hrsg.)(2003): Demokratisierung der Demokratie. Frankfurt a.M./ New York.

Przeworski, Adam e.a. (1996): What Makes Democracy Endure? In: Journal of Democracy 7 S. 39-55.

Scharpf, Fritz (1991): Die Handlungsfähigkeit des Staates am Ende des 20.Jahrhunderts. In: Politische Vierteljahresschrift 32 S. 621-634.

Ders. (1993): Versuch über Demokratie im verhandelnden Staat. In: Czada, Roland/Schmidt, Manfred (Hrsg.) (1993): Verhandlungsdemokratie, Interessenvermittlung, Regierbarkeit. Festschrift für Gerhard Lehmbruch. Opladen.

Schmidt (Manfred) (2000): Entwürfe demokratischer Regierungsweise und die Zukunft der Demokratie. In: Klingemann/Neidhardt (Hrsg.) (2000). S. 503-522.

Ders. (2005): Die Zukunftsfähigkeit der Demokratie. In: Kaiser, André/Leidhold, Wolfgang (Hrsg.) (2005): Demokratie – Chancen und Herausforderungen im 21. Jahrhundert. Münster e.a. S. 70-90.

Ders. (2008): Demokratietheorien. 4.Auflage. Wiesbaden.

Schwarz, Hans-Peter (1987): Die Zukunft der Demokratie im 20.Jahrhundert. In: Funke, Manfred e.a. (1987): Demokratie und Diktatur. Festschrift für Karl-Dietrich Bracher. Düsseldorf. S. 598-613.

Tocqueville, Alexis de (1976): Über die Demokratie in Amerika. München.

Vanhanen, Tatu (1997): Prospects of Democracy. A Study of 172 Countries. London/New York.

Welzel, Christian (2000): Humanentwicklung, Systemwettbewerb und Demokratie. In: Klingemann/Neidhardt (2000) S. 471-502.

Zimmerling, Ruth (2003): The Future of Democracy. Tampere.

Dies. (2005): Globalization and Democracy. Tampere.

Zittel, Thomas (2010): Mehr Responsivität durch neue digitale Medien? Baden-Baden.

Zürn, Michael (1998): Regieren jenseits des Nationalstaates. Frankfurt a.M.

Ders. (2003): Global Governance in der Legitimitätskrise? In: Offe (Hrsg.) (2003) S. 232-256.

Vorveröffentlichungen

„Demokratie und Wahrheit“: Eine sehr viel kürzere erste Fassung dieses Textes findet sich in dem Tagungsband „Universalitätsanspruch und partikulare Wirklichkeiten“, hrsg. von Naoji Kimura und Karin von Moser-Filseck, Würzburg 2007. Diese erste Fassung wurde 2005 an der Sophia-Universität Tokyo vorgetragen und diskutiert.

„Die Quadratur des Zirkels“: Es handelt sich, leicht modifiziert, um das zweite Kapitel meines Buches „Das Experiment der Freiheit“, Stuttgart 1988. Dort trägt es die Überschrift „Die zweitbeste Lösung?“. Eine sehr viel ausführlichere ältere Fassung unter dem auch hier gewählten Titel „Die Quadratur des Kreises“ findet sich im Sonderheft der *Zeitschrift für Politik* „Aktuelle Herausforderungen der repräsentativen Demokratie“, hrsg. von Ulrich Matz, 1985.

„Braucht die Demokratie Parteien?“: Einen ersten Versuch zu diesem Thema habe ich zur Festschrift für Franz Urban Pappi „Interdisziplinäre Sozialforschung“, hrsg. von Christian Henning und Christian Mehlbeck, Frankfurt a.M. 2004 beigesteuert. In einem Vortrag zur Jahresfeier der Akademie der Wissenschaften Hamburg 2010 habe ich das Thema erneut aufgegriffen. Er wurde in der Wochenzeitung *Rheinischer Merkur/Christ und Welt* Nr. 39/2010 unter der Überschrift „Bausteine der Republik“ veröffentlicht. Die hier vorgelegte gründlichere Ausarbeitung ist bisher noch unveröffentlicht.

„Über direkte Demokratie“: Es handelt sich um die erweiterte Fassung eines im Jahrbuch „Extremismus und Demokratie“, hrsg. von Uwe Backes und Eckhard Jesse, Bd. 18, Baden-Baden 2006 erschienenen Aufsatzes, der seinerseits auf einen an der Universität Chemnitz gehaltenen Vortrag zurückgeht.

„Die Instanz des letzten Wortes“: Dieser Essay geht zurück auf die Theodor-Heuss-Gedächtnisvorlesung 2004 der Stiftung Theodor-Heuss-Haus in Stuttgart. In stark erweiterter Fassung wurde der Vortrag 2005 in der *Kleinen Reihe* der Stiftung veröffentlicht. Der Text ist für den erneuten Abdruck lediglich durchgesehen und um den Schlusspassus gekürzt.

„Demokratie und Marktwirtschaft“: Am Anfang stand ein Vortrag vor der Arbeitsgemeinschaft evangelischer Unternehmer. Daraus wurde ein Beitrag für die Monatsschrift *Merkur* (Nr. 613, 54. Jahrgang, Mai 2000) unter der Überschrift „Szenen einer Ehe. Zum Verhältnis von Demokratie und Marktwirtschaft“. Die hier vorgelegte Fassung erweitert diesen Text stark.

„Die Lektionen des 20. Jahrhunderts“: Der auf der Jahrestagung der Deutschen Gesellschaft für Politikwissenschaft 2009 gehaltene Vortrag erschien in ausgearbeiteter Fassung unter dem Titel „1989 – ein Datum in der Weltgeschichte der Demokratie?“ in dem entsprechenden Tagungsband (Eckhard Jesse [Hrsg.], 1989 und die Perspektiven der Demokratie, Baden-Baden 2011). Der Text wurde für die erneute Veröffentlichung durchgesehen.

„Das dritte Jahrhundert“: 2003 habe ich meine Abschiedsvorlesung in Mannheim über das Thema „Die Zukunft der Demokratie“ gehalten. Sie erschien dann leicht gekürzt in der *Frankfurter Allgemeinen Zeitung* vom 8. Dezember 2004 unter der Überschrift „Strukturen der Ungleichheit“. Der hier vorgelegte Text ist weitgehend neu erarbeitet und bisher noch nicht veröffentlicht.